▲ 湖南安塑集团公司（A股上市公司）起源地 —— 湖南省原黔阳县（现为洪江市）安江塑料厂。

▲ 时任湖南省委书记王茂林（前排右）一行视察1996年特大洪灾后的安江塑料厂。

▲ 我国中南地区集新药研制、中药制剂、中药饮片和生物工程产品生产、销售于一体的现代化高科技医药企业 —— 湖南新汇制药股份有限公司。

▲ 时任湖南省委书记杨正午（左图前排右）在新汇制药视察工作。

▲ 时任湖南省委书记杨正午（左图前排右）在新汇制药视察工作。

▲ 原安江塑料厂收购长沙三塑后发展成湖南安塑集团公司。

▲ 时任湖南省委书记杨正午（左）在湖南安塑集团公司视察工作。

企业运营管理读本

何述金 著

QI YE GUAN LI
SHI ZHAN MOU LUE

企业管理
实战谋略

经济管理出版社
ECONOMY & MANAGEMENT PUBLISHING HOUSE

图书在版编目（CIP）数据

企业管理实战谋略/何述金著. —北京：经济管理出版社，2015.12
ISBN 978-7-5096-4010-4

Ⅰ.①企… Ⅱ.①何… Ⅲ.①企业管理—研究—中国 Ⅳ.①F279.23

中国版本图书馆 CIP 数据核字（2015）第 244811 号

组稿编辑：杨国强
责任编辑：杨国强　张瑞军
责任印制：司东翔
责任校对：超　凡

出版发行：经济管理出版社
（北京市海淀区北蜂窝 8 号中雅大厦 A 座 11 层　100038）
网　　址：www. E-mp. com. cn
电　　话：（010）51915602
印　　刷：徐水县宏远印刷有限公司
经　　销：新华书店
开　　本：720mm×1000mm/16
印　　张：18
字　　数：302 千字
版　　次：2016 年 1 月第 1 版　2016 年 1 月第 1 次印刷
书　　号：ISBN 978-7-5096-4010-4
定　　价：48.00 元

前　言

现代汉语词典对“谋略”一词的释义是计谋策略，即通过对当下和长远的问题思考制定解决对策和方案，从而创造制胜条件。而且，谋略所追求的结果是以最小的代价赢得最大的胜利。当今时代，市场竞争集中表现为经济谋略的竞争，而经济谋略说穿了就是创造经济，故谋略便是企业走向成功的阶梯。

作者 1990 年出任黔阳县安江塑料厂厂长后，根据市场经济规律和企业的现状，在企业运营管理中注重实战谋略，以市场为导向，以提高经济效益为目的，研究创造了“资本增效目标管理法”的管理模式，即在企业内部引入市场机制，模拟市场买卖，把管理的主线由过去的注重实物形态转为注重价值形态，把可供企业支配的生产要素都视为资本，实行价值形态管理，把全体员工推向市场，使企业投入的有限资本获得了高额回报：仅 5 年时间，改变了企业管理不严、质量低、成本高、物资消耗大、资金周转慢、经济效益差、亏损严重的局面，使一个固定资产只有 145 万元的集体所有制的安江塑料厂发展为拥有固定资产 1.32 亿元的大型企业，成为全国同行业中“百强企业”和“100 家最佳经济效益企业”。1996 年 5 月 2 日，湖南省人民政府行文（湘政发 1996 年 17 号）号召全省“远学邯钢，近学安塑”，在全省范围内广泛深入地推广了安江塑料厂“资本增效目标管理法”。安江塑料厂“资本增效目标管理法——企业内部市场化管理创新”1996 年被评为“湖南省企业管理现代化创新成果一等奖”和“全国企业管理现代化创新成果二等奖”。

2002 年收购破产企业重组湖南新汇制药股份有限公司后，随着经济全球化的加快和市场竞争的日趋激烈，作者深刻领悟到企业的诚信文化以及企业核心竞争力对企业生成与发展的重要性，因而注重企业诚信文化建设与管理的实战谋略，研究创造了企业“诚信构建统筹管理”的新型管理模式，在构建起“企业诚信文化建设体系、诚信岗位职责考核体系”两大体系的基础上，同时建立起“履行职责监督机制、产品质量控制机制、奉献精神衡量机制、负面清单预警机制”四项保障机制，形成了“诚信构建统筹管理办法”，将诚信文化融入全价值链流程管理，把诚信文化理念融入企业经营管理的全过程，在企业内部建立起完整的诚信构建统筹体系，构建起诚信文化全价值链，增强了企业管理者、特别是新生代员工的价值驱动力和先进文化的凝聚力，从而把全体员工凝聚在一起，引导和规范员工的行为方式，培养员工的社会责任以及正确的价值观，激励员工树立起坚定的目标并为之奋斗，有效地整合各种有益资源，使企业核心竞争力不断得到加强和提升，使一个庞大的、毫无市场竞争能力的弱势群体不仅奇迹般地生存下来且一步步走向辉煌。2009 年 8 月 18 日，湖南省食品药品监督管理局以《湖南食品药品监管简报》形式在全省食品药品监督管理系统广泛推广了湖南新汇制药股份有限公司“诚信文化建设与管理”的典型经验。新汇制药股份有限公司“诚信构建统筹管理——企业文化建设与管理创新”2014 年被评为“湖南省企业管理现代化创新成果一等奖”。

市场竞争的激烈性和残酷性决定着它是谋略的重要发源地，随着人类社会的发展，竞争领域更加广阔和复杂。古有“谋事在人，成事在天”一说，“人谋”在前，“天成”在后，“人谋”虽未必“天成”，但没有“人谋”便无所谓有“天成”。作者从事企业管理实战几十年，对此体会甚深，谨奉献拙作《企业管理实战谋略》与广大读者共勉。

作　者
2015 年 7 月

目　录

上篇：实施“资本增效目标管理法”

——企业内部市场化管理创新（1990~2002年）

下篇：实施"诚信构建统筹管理"

——企业诚信文化建设与管理创新（2002~2014 年）

上 篇

实施“资本增效目标管理法”

——企业内部市场化管理创新（1990~2002年）

（1996年获湖南省企业管理现代化创新成果一等奖和全国企业管理现代化创新成果二等奖）

核心提示：本人研究实施的“资本增效目标管理法”是依据国民经济管理的原理，把市场经济规律引入企业内部，在认同企业内部具有共同利益的前提下，将内部进一步细分成具有独立或相对独立利益的经济实体，以全员的自我控制为核心依托，把生产经营各部门及每个环节按市场经济规律，塑造成一定意义上的“商品经营者”，以市场化管理为载体，从而形成内部纵横交错的、按市场机制运行的一种内部市场化管理模式。企业内部市场化管理，将原来单纯的生产者、管理者塑造成为“经营者”，在企业内部建立生产、技术、销售、后勤“四大市场”，由企业提供生产服务设施，以企业“内部银行”为依托，核定流动资金，各“市场”之间进行横向的经济联系，市场内部各环节形成纵向的商品买卖关系，企业以资金为纽带，有偿地提供产品和服务，实现企业资本增效的目标，即为“资本增效目标管理法”。

▲ 针对车间班组作业实际制定“资本增效目标管理法”

▲ 实施“资本增效目标管理法”，安塑股票 **2000** 年在深圳证券交易所成功挂牌上市

▲ 实施“资本增效目标管理法”，国家高技术产业化示范工程 **2000** 年在安塑集团正式投产

第一章　引入："资本增效目标管理法"产生

第一节　市场经济体制的形成及其特征[①]

一、社会主义市场经济体制的形成

市场经济，又称自由市场经济，是一种经济体系，在这种体系下产品和服务的生产及销售完全由自由市场的自由价格机制所引导，而不是像计划经济一般由国家所引导。社会主义市场经济体制的形成远不是一帆风顺的，1978~1992 年经历了一系列变革。

十一届三中全会之后，在拨乱反正和反对"两个凡是"，确定"实践是检验真理的唯一标准"的思想之后，经济体制改革实际上已经开始进行，只是城市经济体制改革一直难以实现。最终改革在农村开始了，家庭联产承包责任制的实行一时间极大地鼓舞了农民的生产热情，"交够国家的，留足集体的，剩下全是自己的"，这个口号实际上就是让农民占有了"地租"以外的劳动收益。实际上并没有改变太多，但是由于农民生产积极性长期被压抑，出现了报复性的反弹，1984 年农民人均纯收入比 1978 年增长了 2.49 倍，每年的增幅都在 15%以上，而 1985 年之后，农民的人均纯收入同比增幅都只有 5%左右，这可以说明一定问题。农村经济体制的改革并没有改变土地集体所有，而只是改变了使用权和使用方式，带来的效果显而易见，这坚定了改革经济体制的决心，1984 年十二届三中

---

①《市场规律》，豆丁网，上传时间：2012 年 8 月 29 日。

全会通过了《中共中央关于改革经济体制的决定》，这个决定提出，社会主义经济是公有制基础上的商品经济，商品经济和资本主义没有必然联系，那么社会主义发展商品经济也是可行的。从而以“放权让利”为起点，开始了城市经济体制的改革。

时至党的十三大（1987 年 10 月 25 日至 11 月 1 日），经济体制改革已经取得重大突破，特别是认为市场和计划是内在统一的，计划和市场只是经济调节的方法，只要对经济发展有好处都可以利用，利用市场调节不等于是资本主义，应该建立国家调节市场，市场引导企业的经济运行机制，此时市场经济与经济制度之间的关系开始变得清晰，这为社会主义市场经济体制的建立扫清了道路。

1992 年，经过邓小平“南方谈话”后，很多改革的成果得到认可，党的十四大（1992 年 10 月 12~18 日）明确提出了要建立社会主义市场经济体制，但具体措施并不明确，建立的方向也不是很明确，总体来说，需要探索着前进，但这标志着社会主义市场经济理论的正式提出和形成。从这里开始，我国的市场经济体制开始正式建设和完善。1993 年，党的十四届三中全会通过了《关于建立社会主义市场经济体制若干问题的决定》，勾画了“社会主义市场经济”体制的基本框架，标志着社会主义市场经济体制的确立。①

二、社会主义市场经济的规律

社会主义市场经济具有的一般市场经济的共性，主要表现在以下几个方面：一是经济关系市场化，二是企业行为自主化，三是宏观调控间接化，四是经济管理法制化②。一般而言，社会主义市场经济具有价值规律、竞争规律及供求规律。

（一）价值规律

价值规律不仅是商品经济的基本规律，在市场经济条件下，价值规律依然能够发挥其作用，其基本内容仍然是商品的价值量决定于生产该产品的社会必要劳动时间，各种商品均以各自的价值量为基础进行等价交换，价值规律是其他规律的前提。在社会主义经济中，价值规律依然有其作用，主要表现在三个方面：

第一，价值规律具有调节社会总劳动在生产和流通各部门之间按比例分配的

---

①《中国特色社会主义市场经济体制》，百度文库，上传时间：2011 年 3 月 18 日。
②《社会主义市场经济体制和经济运行》，Learning.sohu.com，2004 年 9 月 9 日。

作用。价值规律对社会生产的调解，是通过市场价格的上下波动实现的。一个产品在生产过程中，它的劳动消耗必须符合或低于社会必要劳动消耗，才能获得收益。市场价格与价值的相对高低，反映了商品的供求关系。价值规律正是通过这种手段起着调节社会劳动的作用。作为一种市场经济，该基本经济规律的要求是通过价值规律的作用而实现的。价值规律作为一种强制力，要求每一个生产者都要重视市场的需求，只有适应市场的需求，才能谈得上生产满足社会的需要。

第二，价值规律刺激生产企业不断改进技术，提高劳动生产率，改善经营管理，从而促进社会生产力的发展。价值规律的这个作用是通过竞争和个别劳动时间与社会必要劳动时间的矛盾运动实现的。个别劳动时间低于社会必要劳动时间越多，商品生产者就越有利可图，在竞争中越处于有利地位。为了降低个别劳动时间，生产者不得不断地改进生产技术和经营管理，而这一过程就是整个社会生产力不断提高的过程。因此，价值规律内在的要求推动着生产力的发展。

第三，价值规律还具有指导消费，更好地满足需要的作用。价值规律通过提供商品价格制定的客观基础，可以用于指导消费者消费。为了吸引消费者对某种商品的消费，生产企业可以制定一个较低的价格。相反，如果为了限制某种商品的消费，也可以通过高价格实现。这种对消费的指导作用，不仅是为了更好地满足社会消费需要，而且反过来还有助于实现社会主义的生产计划。

（二）竞争规律

竞争，从实质上说是商品生产中劳动消耗的比较。竞争规律是指商品经济中各个不同的利益主体，为了获得最佳的经济效益，互相争取有利的投资场所和销售条件的客观必然性，它和价值规律一样，都是商品经济固有的规律。它起着如下作用：

第一，实现产品的价值与市场价格。商品的价值是在竞争即市场上商品生产者的劳动消耗比较中实现的，只有通过竞争，才能在现实中知道决定商品价值的社会必要劳动时间是多少，一个新产品的价值也是在市场竞争中形成的。它还促使平均利润和生产价格的形成，说明它可以促使资源的流动和配置方面的效率提高。

第二，通过竞争，促使各种商品生产实现优胜劣汰，不仅能够促进资源的最佳配置，而且实现了市场的新陈代谢。自然淘汰的法则在市场竞争中具有同样的作用。通过优胜劣汰，产业结构得到最迅速、最有效、最彻底的调整，促进社会经济更加迅速的、合理的发展。

第三，竞争能够推动社会技术进步，推动企业创新。企业的创新是社会发展的根本动力，其中技术创新又是根本的。谁的技术先进，谁就在竞争中处于领先地位，立于不败之地。

（三）供求规律

供求变动引起价格变动，反之亦然，这种商品供求变化与价格变动相互作用，供给与需求相互适应，形成均衡价格的规律性，就是市场的供求规律。供求规律有以下几个作用：

第一，促使价格围绕价值上下波动，为市场提供不断变动的价格信号。

第二，直接决定市场总量与结构状况，推动市场在均衡和非均衡的状态中发展。

第二节　企业内部管理的现状及其弊病

名词溯源

安江塑料厂是湖南省原黔阳县（现为洪江市）的县办集体所有制小企业，始建于1966年。隶属黔阳县二轻工业局，系轻工业部在中南地区定点生产人造革的专业厂家。黔阳县人民政府于1984年开始为该厂策划引进PVC人造革压延生产线项目，通过三四年的努力，项目始终没有跑成，几乎是判了“死刑”的一个项目。县人民政府下定决心，于1988年6月10日成立“黔阳县塑料厂PVC人造革压延生产线工程指挥部”，当时我是黔阳县二轻工业局副局长，受县委县政府委派担任该工程指挥部指挥长，以对该引进项目做最后的努力。之后，由于安江塑料厂确实需要我，我把办好安江塑料厂当成了我人生追求的一个重要目标，于是毅然放弃了上级提拔重用的机遇，继而于1990年出任了黔阳县安江塑料厂厂长。我担任厂长后，凭我的管理方法以及各级领导的大力支持和全体工人的共同努力，不断刷新了黔阳县安江塑料厂面貌，故“安江塑料厂”的厂名随之不断变更：于1990年经湖南省工商行政管理局核准，注册更名为湖南安江塑料厂；1990年对安江塑料厂进行了较大的技术改造，从日本引进了全套的压延法PVC

人造革生产线，并由此迈入了一个新的台阶；1994 年 6 月 9 日，湖南省体改委湘体改字［1994］51 号文件批准，湖南安江塑料厂进行股份制改造，以定向募集方式设立湖南中圆塑料制品股份有限公司；1997 年 4 月为扩大生产规模，求得企业的更大发展空间而整体收购破产的长沙塑料三厂，并将生产、营运中心迁至长沙；1997 年 6 月 25 日，经湖南省证监会湘证监字［1997］90 号文件批准，将公司名称由湖南中圆塑料制品股份有限公司更名为湖南安塑股份有限公司。因此，为写作本书方便，随着时间的推移，书中凡涉及"安江塑料厂"等厂名或"湖南安塑股份有限公司"等公司名的，均用相应的"我厂"或"我公司"的称谓代替。

我厂 1990 年技术改造前，由于地方经济不发达，在全国各地普遍引进国外先进的压延法设备生产档次高、质量好的压延人造革时，我厂还是一个仅有固定资产 145 万元，员工 137 名的县办集体小厂，完全依靠一条低档的国产涂刮人造革生产线维持 100 多名员工和 20 多名退休工人的生活。由于设备陈旧，产品档次低，加之地区偏远的湘西山区，既没有原材料产地优势，也没有销售市场优势，更没有国家重点扶持的可能（因我厂属财政预算外集体企业），企业无开展更新能力，产品销售局限于容量极小的邻近县市的农村市场。尤其是人才的奇缺一直困扰着企业的发展，技改前从事塑料专业的大中专生仅 3 人，全厂中级以上职称人员为零。

由于受小农经济、小商品经济的影响，企业管理完全停留在作坊式管理阶段：制度不健全，消耗无定额，企业生产只讲产量，名牌意识差，听上级安排计划，不关心市场需求，管理人员凭自己的经验进行管理，没有统一的管理办法、动力机制和约束机制。工人和管理人员的培养也只是师傅传授自己的经验，没有统一的标准和要求，造成企业管理缺乏条理性、系统性。

一个企业能否占据市场，求得生存、发展，最关键是自身有何优势给用户带来某种利益（或是产品质量好；或是品种多，适合用户需要；或者是价格优势），但当时我厂的情况，没有一个方面能占据优势。就外部环境而言，也没有适宜企业发展的经济气候。企业生产成本高，销售日渐萎缩，经济效益不乐观（历史最好水平为 1985 年销售收入 800 万元，利润 50 万元），企业随时都有被市场排挤、淘汰的可能。

在如此严峻的情况下，我厂认识到：如果放任这种恶性循环不进行技术改造，只会“等死”，必须高起点引进国外先进设备、技术，企业才有出路。

在引进过程中，我们曾到国内各地以及日本进行考察、学习，发现很多企业的先进设备和技术未能发挥应有的效能，在产品质量、产量、经济效益等方面长期达不到应有的设计能力，甚至出现经营性亏损。为什么同样的技术装备却产生了如此悬殊的经济效果呢?

企业生产经营是一个系统工程，技术改造固然是一个重要方面，但能否发挥作用，发挥的程度如何主要是看管理这个后盾，使企业经营决策通过科学管理得以实现。许多企业在引进国外硬件过程中，没有注重加强管理、增强经济效益和广大员工积极性，主动性和创造性发挥不出来，发生决策与其他管理职能的分离，最终先进的设备、技术、科学的决策达不到理想的效果，甚至使企业背上沉重的包袱，陷入困境。

这些企业在管理中普遍存在以下问题：一是企业的管理人员没有管理现代化自动流水生产线的实践经验，缺乏一套行之有效的管理方法；二是虽有管理制度，有劳动定额，但考核中依赖行政手段过多，人为因素影响大，容易产生个人独断专行，割断横向联系，产生官僚主义，形成多头领导，反而考核不严，紧松不均，不尽合理；三是通过落实《企业法》，企业基本上做到了“自主经营、自负盈亏、自我发展、自我约束”，在市场经济的海洋里沉浮，但员工还没有切身体会到市场经济的酸甜苦辣和经营风险，还是计划时期吃大锅饭的陈旧观念，没有危机感、紧迫感，员工利益分配机制不健全、不合理，没有进行定量考核，这种不良因素势必挫伤员工工作积极性；四是实行厂长（经理）负责制以来，厂长居于生产经营的核心位置，“事无巨细，事必躬亲”，厂长或厂级领导既是决策者又是执行者，没有找到一条适度分权的途径而从事务性工作中摆脱出来，没有用更多的时间精力从事企业的经营决策，制订发展战略。

上述问题在我厂同样普遍存在，不解决好这些问题，企业很难发展，很难在激烈的竞争中立足。我们认识到解决这些问题的根本途径是：建立科学管理的新思维、新方法，综合运用现代化科学知识。在全面消化、吸收的基础上，我厂间断型的流水生产线可以结合“内部银行”以“市场购销”的办法进行结算，对生产车间内部各道工序、岗位的原材料、半成品以内部指导价进行交换，按质按量支付内部流通券（厂币），独立地核算其投入产出。基于这一认识，我厂根据社会主义市场经济的特征和规律，以企业内部市场化管理为手段和载体，创造出具有与自动流水生产线（或分散经营）相适应的现代化管理方法——"资本增效目标管理法"。

第三节 企业内部市场化管理的条件与创新

企业内部市场化管理是按照"资本增效目标管理法"的原则，针对我厂在过去很长时间的管理中，因主观因素普遍存在的诸多弊端而逐渐完善和形成的现代管理方法，它强调以经济手段为主，综合运用各种控制手段管理企业，使管理的灵活性、敏感性得到充分体现；同时也注重克服局部利益、眼前利益、以包代管的弊端，是一种能够充分地调动各岗位员工内在积极因素的管理模式。但是，企业内部市场化管理的推行，必须建立在扎实的基础管理和经济责任制之上，主要应具备以下几个方面的条件。

一是市场经济思想认识条件。企业的各级领导和全体员工都要充分认识到推行"市场化管理"的作用，切实增强对企业的"资本营运观念、市场观念、用户观念、竞争观念、开发观念、效益观念"，树立起时时处处讲究效益，厉行增产节约的好风气，以达到"资本增效目标管理法"的根本目标。

二是组织人事条件。推行市场化管理必须对各部门、各环节的投入及产出作出准确的经济核算，除健全组织系统外，还需要开展工作所必需的人力资源引进、储备、使用的扎实工作，即引进合适人才，充实有关机构，配备专业人员，培训工作骨干。在人员配备上，不仅要考虑计划、财务部门的需要，特别要重视结算和考核人员的配备，还应根据各个职能部门及车间、班组核算工作的需要加以考虑（有些核算员可以兼职）。

三是业务制度条件。业务制度条件主要包括有关的规章制度和基础管理工作。规章制度中最重要的是企业内部的经济责任制。此外，还要整顿计划管理、生产管理、质量管理、财务管理等工作制度，要清理资产，核定资金，查明家底，并在此基础上建立健全资产的管理制度，其基础工作主要包括各类定额、原始记录、计量、厂内价格等。

四是灵活的用工分配条件。推行企业内部市场化管理，必须打破固定的级别工资，真正体现按劳取酬的分配原则，按经营的优劣进行分配。同时，要推行全员劳动合同制，引入竞争机制，对不能合理配置企业资源的员工实行淘汰，才能使企业内部市场化管理得以顺利推行。

鉴于我厂脱胎于一个作坊式管理的集体企业，传统计划经济的思维方式和管理模式在内部管理中根深蒂固，改革和创新内部管理制度势在必行。我厂在创新内部管理制度的过程中，引进了市场经济规律，对内部生产系统、技术系统、销售系统以及行政后勤系统的各项工作全面实施市场化管理模式。因这一创新举措是人的观念形态的转变，涉及每个人的切身利益，我们先从基础工作入手，分几步走，其形成大体可分为三个阶段。

一、第一阶段（1991 年）：从严治厂，夯实基础管理，提高员工素质

企业管理基础工作，是为企业实现经营目标的管理职能提供资料依据、共同准则、基本手段和前提条件，是企业管理的一个重要组织部分，在整个企业管理系统中处于基层的部位，是企业一切生产经营活动的起点、信息反馈的转折点。这一阶段以强化企业基础管理、提高企业素质和经济效益为主要特点，严格制定标准，严格执行标准，严格监督检查，严格考核兑现。

我厂先后制定了 185 种近 20 万字的管理标准和岗位标准（本书略），从厂长到勤杂工，从生产经营到食堂就餐，有人就有制度，有岗位就有标准。落实责任，严细齐全，真查细究，坚决兑现。在制订标准过程中，我们采取了“跳起摘桃”的办法，参照国标、国内同行业先进水平，考虑工艺装备的实际情况，既不搞高不可攀、失去达到可能性的“天文标准”，也不搞低要求、不讲求工作质量失去意义的低标准。坚持实事求是、提高全厂员工主观能动性的原则，制定切实可行的标准、规则。

标准制订后，我们认识到，最关键的是执行标准，因此专门成立岗检处，从事标准的检查工作（岗检处也有标准，由厂长亲自考核）。执行标准过程中，坚持三个一样：新老职工一个样，干部群众一个样，亲朋好友一个样，包括来我厂进行设备调试的外国技术人员都被罚过款。厂领导坚决支持岗检工作，给予岗检人员一票否决权，工作中不讲人情味（在劳动纪律上，将违纪情况划分为甲乙丙

三类，甲类违纪一次，乙类违纪两次，丙类违纪三次，只要达到其中任何一种，实行厂内待业，自己联系工作岗位。三个月找不到工作的，解除劳动合同）。标准也在实践中不断完善，做到了行为有规范、办事有标准、工作有准则、好坏有考核。

在定额工作中，我们采取"层层剥"的办法制订消耗额，由于刚投入生产，本月的消耗定额以上月实际消耗为基础，降低或提高消耗数按20%进行奖罚，每月进行修改，一直坚持了9个月，消耗水平无大的波动后即将该水平定为消耗定额，并按10%进行奖罚。在劳动定额上，我们本着"精干、高效、工作饱满"的原则，为各个岗位定编定员，不留富余人员的后遗症。

计量工作是企业推行经济责任制的必要条件，在管理过程中，我们以定量分析为主（尤其是生产车间），为各个环节、岗位配备了必要的计量工具，并实行计量器具的全过程管理，为生产提供科学、准确的数据，并及时反馈给车间、厂部，为全厂管理工作提供了依据。在此基础上，我厂推行了企业内部经济责任制，以责任为主体、核心，以权限为条件、为保证，以利益为经济动力，坚持"责"字当头，以责定权、以责定利，密切结合，对内形成纵横交错的经济责任制体系。

这是我厂推行管理现代化的起步阶段，也是企业内部市场化管理的准备阶段（具体的管理标准和岗位标准本书略）。

二、第二阶段（1992年）：深化"三项制度"改革，转换企业内部经营机制

这一阶段主要是转换内部经营机制，深化企业内部改革，打破企业干部与工人、正式工和临时工、全民工与集体工的身份，建立起"干部能上能下、工人能进能出、收入能高能低"的竞争激励机制。树立职工只有做好本职工作，为企业作出贡献才是企业主人的新观念，使企业步入良性运行轨道。在这一阶段中，主要是以增强企业活力，扩大市场占有率为目标，相继出台了内部养老保险、管理岗位技能工资制、优化上岗三项制度改革的措施。全厂员工化压力为动力，在工作中追求卓越，使企业各个岗位的工作不断优化，为实现整体最优奠定基础。1992年7月以后，我厂在生产车间内部首先核拨流动资金，推行厂币结算。历时仅3个月，收到了喜人的效果，车间增产、降耗、提高质量蔚然成风，上下机

台、工序之间时时处处讲求节约，避免浪费，与1991年同期比较，消耗指标下降30%，产品质量提高60%，为我厂全面推行市场化管理积累了经验，增加了勇气。

这一阶段是我厂推行管理现代化的发展阶段，也是企业内部市场化管理的萌芽阶段。

三、第三阶段（1993~1994年）：全面引入市场机制，推行企业内部市场管理

企业内部改革的实践，使我们认识到企业是商品经济的基本单位，在企业内部横向的人财物和纵向的供产销等生产要素流动过程中，仍然可以细分出若干层次，使它们成为具有相对独立利益的经济实体，直至延伸到每个企业员工。

这些实体之间的关系与市场上商品生产者之间的关系非常相似，上工序以下工序为商品提供者，他们之间实际上存在着商品交换关系。因此，企业内部的生产、消耗、流通和利益分配的各个环节完全可以通过构造企业内部市场体系，按市场经济规律，对企业的各种资源进行调节和配置。基于这种认识，我们把市场机制引入到企业的内部管理，提出了具有本厂特点的管理方法——企业“资本增效目标管理法”。即在企业内部建立“生产—技术—销售—后勤”四位一体的市场体系，将单纯的行政管理变为行政与经济调控两者并用、以经济调控为主的管理模式，将责权利与风险机制引入每一个员工及企业经营管理的全过程。这是我厂推行管理现代化的提高阶段，也是我厂以企业内部市场化管理为手段全面应用“资本增效目标管理法”的初步成型阶段。

第二章 实操："资本增效目标管理法"内容

第一节 企业内部市场化管理的设计原理和内容

在市场经济条件下，企业要在激烈的市场竞争中立于不败之地，必须转变企业经营思想，提高经营管理能力，以提高经济效益为中心，用最优化的方法组织生产，并用最有利的条件把产品销售出去，以获取尽可能大的利润。企业内部市场化管理法就是在这种思想的指导下，按照社会主义市场经济的规律和社会化大生产的要求，实现资本增效的目标。围绕实现企业的战略目标，把现代化的管理人才、思想、组织、方法和手段，综合运用于各个管理功能系统而进行总体设计，其设计原理可概括为以下几个方面。

一是确保厂长为核心的行政领导系统畅通无阻的原则。企业的生产经营活动实际上是决策、计划、设计、开发、生产、销售及售后服务和信息反馈大循环的衔接过程，也便于发挥协同作用，它又是生产要素实现有机组合的过程。实行厂长负责制、按照"精简、统一、高效"的原则，建立纵向政令畅通，横向关系协调的行政指挥系统是推行企业内部市场化管理的组织保证。同时，企业内部市场化管理作为一种系统性很强的全员、全方位、全过程的管理办法，必须以搞好生产经营的每个环节的控制管理为基础，实现对个人—班组—车间—专业处室—厂部的一系列生产经营活动的有效控制，形成优化的企业整体功能，取得企业经营管理的最好质量、最佳服务、最低成本，从而取得最大的利润，使以厂长负责制为核心的企业行政指挥系统得以高效率运转。

二是与宏观市场相适应的原则。企业内部市场化管理必须以市场为导向，根据外部市场环境变化的竞争机制、激励机制和破产机制，实行优胜劣汰、使每个生产单位，每个劳动者都有紧迫感和危机感，提高企业适应市场经济发展的自我控制和自我完善能力。

三是物质利益的原则。在市场经济条件下，个人收入分配必须受市场机制的调节。企业市场化管理必须建筑在每个职工切身利益的基础上，完善企业经营激励机制，把生产经营与职工切身利益挂钩，使各项工作的优劣直接决定职工个人的收入，真正体现按劳分配的原则。

四是自我控制与行政控制相结合的原则。用必要的行政命令和规章制度约束职工行为，是社会化大生产的必然要求。实践证明，没有严格的行政控制，要实现社会化大生产是不可能的。但是，如果没有广大职工的自觉控制，要保证优质、高效、安全、低耗地进行生产也是不可能的。建立企业内部市场化管理，可以找到两者的最佳组合。

五是培植有利于强化管理的企业文化工作的原则。企业管理具有自然属性、社会属性，同时还具备文化特征，企业文化的培植与发展是推行企业内部市场化管理的重要保证。每一项改革措施、管理办法的出台，对被管理者都有一个短暂的心理压力，需要辅之以企业文化引导。因此，企业内部市场化管理必须始终把企业文化建设放在首位，并渗透到生产经营过程的每一个环节。

依据上述原理，我厂推行的企业内部市场化管理把市场机制植入现代企业管理之中，是根据企业内部情况在生产过程中建立的一种系统性很强的全员、全方面、全过程的控制管理方法。其基本内容包括以下四个方面：

一是建立生产市场，实行厂内商品化管理；

二是建立技术市场，实行技术成果有偿化管理；

三是建立销售市场，实行销售规范化、法制化管理；

四是建立行政后勤市场，实行后勤服务商品化管理。

这四个市场的运作方式通过厂内银行这个调控中心（我厂采取单轨制组建厂内银行），以厂币流通为手段，在各市场内部确立商品交换关系，各大市场再与内部银行进行单向结算。

年初，企业根据内外的各种因素和市场情况，确定企业生产经营的方针目标，内部银行（调控中心）将目标按比例分解落实到各市场，并给各市场发放定额流动资金。各市场又将目标分解落实到车间、班组、机台和销售市场各办事处。在落实流动资金后，各市场的生产经营全过程便按市场经济的规律运行，厂部只通过内部银行对经济运行进行调控，而不干涉其自主权。

第二节　生产系统市场化管理办法

企业要根据销售的需要，保质、保量、按期生产出用户满意的产品，同时为了取得预期的利润，必须按照一定的目标成本生产产品。如果生产管理不能保证生产用户需要的品种，不能保证产品的质量，不能按期如数交货，不能保证较低的生产成本，经营目标就会落空，企业就必然在竞争中失败。

为了探索企业生产管理的合理化、科学化，我厂首先建立了生产市场。从原材料采购一直到产品入库实行生产过程全方位的生产货币结算制，保证了整个生产连续、稳定、均衡进行，降低了生产成本，提高了质量，充分发挥了生产管理的力量，为我厂打开销路、创造利润提供了坚强的后盾。

一、生产系统市场化管理运行方案

我厂建立内部银行后，对生产、销售、技术、行政后勤四大市场发行厂内流通货币（由于各市场货币含金量不同、不能流动混用），并办理结算手续。

对生产市场，由内部银行根据年度计划，考虑生产淡旺季的实际情况，核定三条生产线的定额流动资金，以厂币形式发放（共 188 万元，其中：涂布车间 80 万元，涂刮车间 8 万元，压延车间 100 万元）。各生产线再将厂币额度分配到各车间、班组、工段和机台。从原材料供应开始，车间与仓库、各班组、机台之间，上下工序之间实行材料、半成品和成品买卖制，通过收付厂币形式办理结算手续（各班组建账、核算），变以前无偿转移相关商品为买卖关系。产品生产出来后，按质论价，实行质量管理全过程、全方位的中间控制。各车间、班组、机台实行"独立核算，成本（费用）包干，节约有奖，超支受罚"的核算形式。每批产品入库后，由仓库保管员开具产品入库单（注明产量、品种、质量合格率等）送内部银行，内部银行据此结算、补充生产厂币。车间当班生产完毕即可见盈亏，节约和超支一目了然。生产车间运转如图 2-1 所示。

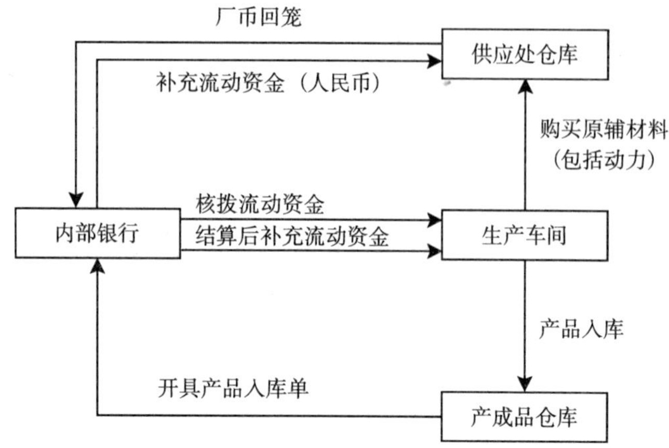

图 2-1　生产市场运转（作为结算依据）

生产市场运转过程中，厂部只控制如下五大指标：

（1）交货时间和产量。为及时适应市场竞争，加强计划和时间观念，厂部根据不同产品正常生产周期制定了《产品生产周期一览表》，生产计划处在下达生产计划的同时，根据用户要货时间，按正常生产周期，加上不可预料因素，注明了每批产品的交货时间，如生产部门不按时交货，影响产品销售时间，造成产品积压，厂部将采取如下三个办法控制：一是每推迟交货产品一次，该批产品结算时价格下浮 10%；二是如因产品交货不及时造成积压，责任机台承付该批产品的全部银行利息，并租借厂部仓库存放，每天收取 0.01 元/平方米的仓库租金；三是该批积压产品要算作责任机台的流动资金占用，内部银行不核消耗，不补流动资金。

（2）产品质量。核定生产市场一等品合格率为：涂刮革为 96%，PVC 压延革为 96%，PU 革为 94%，由生产市场将厂部这一指标分解到各车间和机台，每一个机台和工序都有自己明确的质量责任控制指标。如果上道工序的质量指标未达到控制要求，下道工序可拒购或降价购买上道工序的产品。生产市场如因质量问题造成积压，积压期间，责任机台应承担罚息、仓库租金和流动资金占用，该批积压降价销售后，损失部分由生产市场责任机台承担。产品销售如因质量问题造成退货或削价处理，损失由生产市场责任机台或把关不严的职能部门承担（包括削价损失、往返运费、利息等）。车间生产的产品经质管处检验后，按产品等级入库，凭入库单到财务审核，按质论价，分等级兑现，在售出无质量问题的前提下，正品按 100%计价（计划价），检验品按正品的 80%计价，等外品按正品的 70%计价，处理品按等外品的 70%计价，废品按 1.5 元/千克计价，每售出一批，结算一次，在结算时 6%的等外品价按正品价差返回给车间班组；使职工经济收入与质量直接关联，指标落实到每一个机台、每个职工头上，真正做到全面质量管理。

（3）原辅材料消耗。厂部根据历年消耗水平和国家标准制定科学、合理、可行的消耗定额指标，生产计划处在按销售市场订单下达生产计划的同时，由财务结算中心按产品消耗指标，车间备料工段只能用定额指标和厂币到仓库购买原辅材料。月底，由结算中心与生产车间进行结算，高出额定的流动资金部分（即盈亏厂币）上交结算中心，结算中心再将 20%的奖励金额发放到盈余车间、班组、机台及个人，不足部分由责任部门承担，从其提成收入中补足定额流动资金，以维持正常的生产。车间花辊、网纹辊、刀片、机物料等低质易耗品使用年限，按设备处《低值易耗品的使用年限表》执行。在使用年限内损坏的由车间全额赔偿，采用这种做法，改变了过去"财务抓成本降消耗、车间工人只管生产、不管成本"的做法，变成了现在"人人抓成本、降消耗"，抓好成本、降低消耗，个人多得实惠，消耗与职工收入贴近了，变成了看得见、摸得着的东西。

（4）现场管理。首先，我厂的现场卫生工作没有量化到车间、机台，只有普遍号召和领导带头，结果领导每次带头搞卫生，变成了领导的职责，而工人却产生了依赖，卫生工作干脆丢给了领导。后来，我厂将现场管理转化为硬指标，每人每天 1 元（1994 年每人每天 2 元），从其提成工资中先预提，由岗检处按现场管理的标准进行严格检查。合格则当班将厂币发放到人，月底到内部银行兑换现金。这种做法，完成了"领导带头抓现场管理"向"职工积极主动搞现场管理"的转变。

（5）安全生产。厂部每月按每人平均 10 元的额度（1994 年为每人平均 10 元），从其计件工资中提取，由安全保卫检查，日清日结、月底兑现。当月该班组、机台无安全事故，则安全生产费用发放到人，否则全部上交厂部，不予发放。过去，机台的职工发生安全事故，其他职工"事不关己，高高挂起"，因为他们之间没有利益关系。实行这种办法后，全机台成员结成安全生产的利益共同体（一人出事全体受损，安全费全部扣缴），人人关心安全生产，注意安全生产，安全事故率大大下降。同时，在这种机制下，职工之间的团结协作、互助友爱的精神也大大加强。

另外，厂部指令性生产产品，按出售产品对待，由内部银行按质论价，产量全数核给车间（销售公司库存产品，按各办事处要货程序办理）。车间动力、消耗由设备环保处负责统计，内部银行按实际产量与车间结算。厂部每月承担食堂、招待所煤耗50吨。

在以上五大指标的调控过程中，由厂币仲裁部门（临时性机构，由财务、统计、计划及相关厂领导组成）协调解决一些部门之间难以决断的问题。此外，生产车间、班组或机台因以上五大指标控制不当，核定的流动资金占用过多或损失而无法维持正常生产时，可向内部银行申请有息贷款一次，如资不抵债，当事机台实行“破产”，主要负责人解除合同，其余人员下岗待业，另行优化组合（各班组、机台配兼职核算员、保管，收付本班组、机台的内部厂币，并建账核算）。

生产市场建立以来，全体员工在经济杠杆的作用下，蕴藏的巨大积极性和创造潜能得到了充分发挥，生产工人眼睛盯在市场上，功夫下在生产上，心往一处想、劲往一处使，变过去“给企业生产”为现在的“给自己生产”，真正把自己看成企业的主人，现代化的时间观念、市场观念、效益观念、价值观念在职工中普遍树立，大家都为控制原辅材料消耗、提高产品质量发挥积极作用。

六是生产厂长助理的工资分配。生产厂长助理参与生产车间的第二次分配，其工资按厂部岗位技能工资待遇发放。不享受厂部档次奖金，可以享受厂部责任奖金，从销售收入中提取万分之一的金额。未能完成当年厂里制定的销售收入指标任务的，该项奖金不得提取；完成的按万分之一比例提取，上不封顶，年底一次性核发。

二、生产系统市场化管理结算办法

（一）生产车间结算机构及人员配备

生产车间包括涂布、涂刮、压延三个车间；厂内银行负责办理三个生产车间的经济核算、结算工作；各生产车间配备一名专职核算员，与厂内银行进行结算，对本车间内部各班组、工段产品实行货币交换并办理车间核算、结算业务；锅炉产汽由锅炉班（隶属物资综合供应处）向各生产车间出售，直接办理结算，每吨汽价37.40元（1994年价），以厂币结算。生活区用汽由宾馆、食堂、澡堂三个部门各按1/3分摊（后勤看表、锅炉计量、月底进行结算）。

（二）生产车间结算程序及考核办法

结算程序。生产车间接到生产计划后，从仓库领料开始与各有关部门办理结算业务，内部进行商品有偿转让，其结算程序如图 2-2 所示（以压延车间为例）：

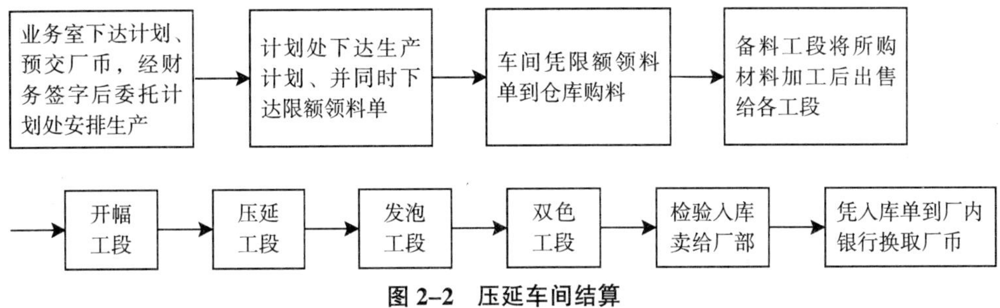

图 2-2 压延车间结算

考核办法。①全厂物资实行厂内计划价核算。②每月底财务和车间、公司进行全面盘底，财务根据计划安排的产量，每月核定流动资金给车间。③厂内银行建立资金收支明细账，车间建立资金、收支台账，包括班组、工段、银行收支账户。④厂内实行商品货币买卖关系，工段生产的半成品出售下工段按计划价格进行交换（具体详见压延车间工段原材料消耗额表）。⑤车间生产的产品，经检验，按产品等级入库，凭入库单到厂内银行审核，按质论价，分等级兑现，正品按计划价格核算（详见计划价格表），检验品按正品 80%计价，等外品按正品的 70%计价，处理品按等外品的 70%计价，废品按 1.5 元/千克计价，每入库一批，结算一次，在结算时将 6%的等外品按正品价差返回给车间（计算公式：返回车间资金数=全部产量×6%×差价）。⑥车间应按规定时间、质量要求生产，如不能按规定生产出合格产品，由车间承担仓库租金，并降价处理，厂部不予结算流动资金并承担库存产品的利息。⑦如因质量问题产品已经发出但又退回，应由车间承担 80%损失的费用。

新产品试制的结算：①试制产品的原材料由研究所负责，研究所需试制新产品，须先报计划，经厂长批准，财务核实后签字，投入生产，如未经允许而投入批量试制生产，则由研究所负责。②试制产品每种控制在 50 米、100 米、200 米以下，在此范围内的由财务按 20%的标准返回车间，在此范围之外的按 4%返回车间。③其他不可预见、有争议的问题，均由生产市场、财务、计划、质管进行仲裁或协调解决。④如试制失败，厂方概不负责，试制失败所造成的损失，经过分析由责任方承担。⑤关于成品库租金的收取问题。凡积压退货产品须从 10 天起开始计算租金，租金收取标准为每件每天 0.10 元。新产品试制合格率为 80%以上，流动资金盈余部分按 20%返回压延车间。

（三）工资、奖罚兑现办法

第一，确定车间产品计件单价（1994 年价）。

表 2-1　压延车间产品计价单价

单位：元/万平方米

压延产品	合格率	一次成型	二次成型	沟底革	三次成型
		606.05	900.75	1021.26	1105.62

第二，涂刮产品一次成型的合格品计件单价：1994 年价为 328 元/万平方米（包括机修、运输人员工资）。

第三，等外品不核发工资。

第四，其他福利津贴：①中晚班津贴由岗检人员签字证明，车间汇总。按实际天数核算（中班 0.8 元/天，晚班 1.5 元/天）。②职务津贴由厂部每月核拨 177 元（其中：主任 2 人 45 元，班长 7×12=84 元，副班长 6×8=48 元）。③药费包干（按规定发放金额核拨到车间）。④工伤工资费用由车间负责，病假一周内由车间承担。

第五，现场管理工资考核，每月财务处拨发车间每人每月 60 元（其中 30 元从车间结算工资中抽出）到岗检处，由岗检人员检查兑现，月终财务全额兑现。

第六，厂部每月按每人平均 10 元拨发给生产车间（136 人）作为安全生产的奖励款项，直接兑现到机台，当月某一机台未发生事故，安全奖全额发放，机台出现安全事故，每人平均直接损失 20 元以上（含 20 元）安全奖全扣，其他情况由安全保卫处考核，酌情发放。

第七，原材料节约奖罚分别按 20%奖罚兑现。

第八，货币买卖制的考核。各车间内部工段、机台，必须严格按照货币买卖实施方案执行，如工段与工段间没有严格兑现，发现 1 次扣当月全车间工资总额的 5%。

第九，煤耗由车间向锅炉班购汽，单价为 37.40 元/吨（1994 年价），用多少则交多少款，月底由设备处统计。

（四）原材料节约奖比例与完成生产任务挂钩

以 1994 年为例：年任务为 730 万平方米，月任务由生产计划处下达，如表 2-2 所示。

表 2-2　任务

当月完成计划任务比例（%）	原材料节约奖享受比例（%）
60 以下	0
60~80	10
81~90	15
91~99	18
100	20

三、生产市场调控办法

（1）车间与厂部结算以及车间内部各工段、机台、班组之间的买卖制应贯彻于原材料领用到产成品入库的生产管理全过程，发现 1 次不按规定办理内部购销，扣车间当月工资总额的 5%，由车间具体核扣到责任人（责任人 1 次扣 100 元）。

（2）生产市场质量把关不严，造成用户退货或降价处理等外部质量故障，由质管处赔偿损失部分的 20%，车间赔偿 80%（指往返运费、降级降等差价、其他费用等），如属设计质量问题由研究所负责赔偿 10%。该条由内部银行核实兑现（内部质量故障属流动资金流失）。

（3）压延车间在产品生产最后一道工序的机台必须做到数量准确，并将产品清单复写 3 份，在把产品转交定长车间时由定长人员验收并在清单上签字，车间、定长、财务各持 1 份，车间核算办凭有定长人员签字清单核算资金到机台。

（4）检验定长各班在交《检测数量等级汇总表》时，必须随车间清单（2 份）一并交定长核算员，核算员将产品汇总日报表和有关清单一并交财务（定长核算自留 1 份作为核算依据），财务凭生产日报表和车间清单一起核对方可进行结算，缺一不可。

（5）检验定长在检验废革时应将废革测量以米数为计量单位，仓库入库以米数和千克重量同时入库。

（6）检验定长将正品数量和废革数量一并计算汇总。

（7）检验定长入库数量如少于车间转交清单数量，由定长人员负责赔偿，从工资中扣除。

（8）物理检测人员在取样检测时必须通过定长人员，填写领出单，检测后可按规定留样存档，剩余部分应退回检验定长予以冲账。

（9）车间核算员应认真把好内部结算关，车间原材料消耗发生亏损扣除核算员工资总额的 10%~20%，由财务审核监督车间执行。

（10）检验定长在检验过程中发现确属车间转交数量不准，差别过大时，应及时报财务、车间一并查明原因进行处罚。

四、物资综合供应市场的运行与结算方案

（一）物资综合供应市场实施运行方案

1. 综合供应处的职责和经营权限

供应处负责全厂原辅材料、燃料、包装用品、五金器材、工卡量具、劳动用品的采购供应工作，包括全厂生产用水、电、汽（煤）的供应等，确保生产顺利进行。供应处行使采购职能的同时，必须对采购物资的数量、质量、价格、时间四大指标负责。

（1）负责物资的采购数量。综合供应处根据年度、月度计划和有关部门的材料申报供应计划，编制年度、月度采购计划，按核定的流动资金采购和储备物资，满足生产的正常需要。

（2）负责物资的采购质量。供应处采购进厂的原材料必须由质管处进行质量检测，合格后方能入库待用，原辅材料合格率必须达到 100%，因质量或规格型号不符合要求而造成退货，运费由供应处承担，并负责退货或者调换，若造成损失，由供应处全额赔偿，从提成收入中扣除。

（3）负责物资的采购价格。供应处采购物资，必须执行厂部指导价格，由财务依据采购物资的供应渠道及市场价格而定，每月制定一个指导价格，报厂部审批后，与供应处进行具体结算，计划指导价和实际采购价的差异，作为供应处的盈亏。盈亏按 40%奖罚，高于指导价部分未经批准的由供应处自负。如供应人员弄虚作假，一经查出，除由供应处全额赔偿外，还要加倍处罚。

（4）负责物资采购时间。供应处要确保所需各种材料的供应，因供应不及时造成停产（累计 24 小时）的，每次从该处提成中核扣 500 元（不可抗拒的非人力因素除外）。

2. 厂部对供应处的管理

（1）财务处按销售市场收入的 50%每月灵活调度给供应处支配，作为物资采购的周转金，由供应处根据生产或实际需要自主调度，但现有库存材料全部作为供应处流动资金占用，由财务盘底清库予以落实。对现有的库存产品，能消化的

要尽量予以消化，不能消化的，能退则退，如实在不能退货则由供应处列出清单，提出处理意见，经财务审核，厂部批准后再由供应处负责处理。为盘活资金，供应处应压缩库存，经供应处努力盘活的部分资金，财务处暂不收回支配。从 1994 年开始，一切库存所造成的损失，厂部概不负责，由供应处承担。

（2）供应处必须执行厂部一切规章制度，服从厂部统一管理。

（3）常用零配件，量、卡及工具类由供应处按最低储备量申报计划，随时购进，以备急用，特殊和新增的品种由计划处按程序下达采购计划到供应处。

（4）供应处电报、电话、传真费用全年按 1.5 万元包干，不允许虚打盈要。

（5）供应人员应加强业务学习，如在业务过程中因处理欠当而发生诉讼纠纷，供应处承担一切诉讼费用的 50%。

（6）为了加强责任感，供应处长上任时向厂部交纳 1.8 万元风险抵押金，年底如流动资金损失，则按 1/10 的比例核扣其风险抵押金。

3. 关于能源供应方面的问题

全厂的水、电、汽（煤）由供应处负责供应，作为商品形式出售给生产车间和后勤市场。其中：原煤由供应处购进，计划处过磅，质管科检验合格后方能入库，原煤经供应处转化成汽后出售给生产车间和后勤市场；生产、生活用电由供应处从电力公司购进，然后出售，制品分厂的动力用电由制品分厂付费，生活用电（除公共场所）由后勤市场付费；金利公司直接向供应处付费，家属区、医务室、宾馆、食堂由后勤市场付费，车间动力用电由生产车间付费，办公楼用电及公共照明用电由厂部负担；生活用水由供应处出售给后勤市场，由后勤市场付费，生产用水由生产车间自行抽用。

（二）物资综合供应市场结算细则

（1）物资综合供应处的收入来源与分配（以 1994 年为例）。物资综合供应处与厂部岗位工资完全锐钩，厂部核定供应处编制为 18 人，其中，供应人员 9 人，抽水人、锅炉 8 人，编内人员的工资、奖金、差旅费等全部从提成收入中开支，其收入主要来自如下五个方面：①从产量中提成，厂部所有采购人员的工资、奖金、差旅费等摊入全年产量计划中，算出产量的提成含量，供应处即从产量中提取费用，具体提成比例是 198 元/万平方米。金利产品从产量中提取工资收入按消耗含量比例与产量提成，提成比例按 198 元/万平方米提取。计算公式：提成收入=万平方米产量×198 元。②核定煤的采购以计划价格 100 元/吨，1 吨煤产汽

2.7 吨，煤、汽盈亏部分按 40%提取奖罚，车间生产一次成型人造革耗汽 0.7 千克，二次成型耗汽 0.8 千克，三次成型耗汽 0.98 千克。③供应处锅炉班向车间出售蒸汽，单位价为 37.40 元/吨，以厂币方式实行买卖制，按日结账付款，锅炉班的工资来源从卖汽收入和购煤价差中提取。④抽水工按耗水吨位核发工资，每吨提取 0.06 元工资。⑤供水人员的职责：保证厂内 24 小时供水，包括生活区、办公区域、宾馆、食堂、澡堂等，3 个部门的水费各按 1/3 分摊，生活用水每停 1 次，扣抽水人员工资 10 元（6 小时 1 次），每月核定维修费 50 元，节约超支自己负担。⑥每年核定供应处电话、电报费 15000 元，由办公室按季核发，超过自负，节约不奖。⑦供应处对供应物资负责，对采购物资的数量、质量、时间、价格按照《综合供应市场实行运行方案》中综合供应处职责和经营权限有关规定进行奖罚。

（2）结算考核办法。①每月 10 日前与供应处结算工资，由供应处造册批准发放工资，供应处每月结算时应提留 15%提成工资作为其他费用开支，年终结算平衡兑现。②供应处形成市场后与厂部工资脱钩，厂部不再预发工资。③供应人员在采购原材料结算后，还有余款在对方单位的由供应处承担余款部分的银行利息（利率 12‰/月）。④原材料采购消耗形成市场化后，锅炉房应对原煤采购的质量、消耗负责，因此《原煤购进报告单》应同时由质检、锅炉班共同把关后才能付款。

第三节　技术系统市场化管理办法

“科学技术是第一生产力”。我厂以前对科研工作重视不够，管理滞后，采取行政措施进行技术研究，科研成果也无偿转让，因此不能充分调动技术人员的工作热情。尤其是科研成果不能转化为现实的生产力，难以打开销路，难以占领市场，难以从内涵上提高经济效益。鉴于这种情况，我们将技术开发研究所推向市场，以其科研成果取得的经济效益衡量技术人员成绩，以绩取酬，有效地提高了技术人员的工作积极性。

一、技术系统市场化管理运行方案

（一）建立新产品技术市场，实行科研成果有偿转让

继生产市场成功推行后，我厂将技术也推向市场，实行科研成果有偿转让，成立了"新产品技术研究所"。所长通过竞选产生，厂长聘任，其余技术人员由所长在编制范围内自行选择，优胜劣汰，唯才是举。研究所在厂内属独立核算、自负盈亏的直属机构（不能对外经营），内部银行核拨研究所10万元流动资金作为购买新产品及原材料和进行试制的周转金（如属新材料，可委托厂部计划处下达采购计划，供应处按当时的指导价进行采购，也可由研究所自行委托专人采购；如属仓库储备材料，则由厂部直接划拨给研究所，购买原材料的款项由内部银行计入研究所独立核算的账户上）。

研究所研制的新成果（一年内的新工艺、新配方、新花型、新花色），其所有权归厂部，任何人不能对外转让，更不能泄露技术机密。新成果对内转让出售给厂部（新成果经鉴定，产生效益后其研制费用由厂部负责），研究所从运用新的科研成果生产出来的产品所增加的销售收入中按一定比例提取科研成果费，上不封顶、下不保底。实行技术成果有偿转让，其收入主要来自如下几个方面：一是从转让的新产品销售收入中提取1‰的金额，但PU革和PVC压延产品的销售额必须达到100万元以上，涂刮革达到10万元以上，才能享受提成，这种办法，旨在将科研成果与市场需求接轨，确保了科研成果的适应性。二是从新产品所产生的利润中提取2%的金额，旨在鼓励研究所开发高附加值的新产品。三是从在新配方、新工艺上节约成本部分提取3%的金额，旨在降成本，最大限度地提高企业经济效益，同时也可增强产品的市场竞争能力。四是从新配方、新工艺对提高产品质量所产生的价值中提取，按厂部规定的合格率考核，每稳定提高2个百分点，一次提成1000元，但批量不得少于10万米，旨在通过提高产品质量来提高企业经济效益。

（二）建立技术风险与激励机制，实行高风险高激励

研究所的技术人员与厂部的岗位工资脱钩，将工资、奖金、研制费用、考察国际、国内市场的差旅费（每个技术人员每年须出国考察1~2次）全部包干，从有偿转让费中列支，包括车间试制由研究所从提成中支付。每种产品规定补偿车间50元试制工资，使研究所成果与经济效益挂起钩来。这样，既有风险更有激

励，风险与激励并存。同时，所长在受聘前，必须向厂长立下“军令状”，签订保密合同，并交纳1万元的风险抵押，以确保对10万元流动资金负责，年底结算时，如流动资金损失，所长应承担全部经济责任和法律责任。

二、技术系统市场化管理结算办法

技术市场从花辊、低值易耗品的采购到新产品试制以及购买试验原材料都必须经过严格的审批和结算程序，避免资金流失。保证新产品适用、新颖、附加值高，其结算（含审批）程序如图2–3所示。

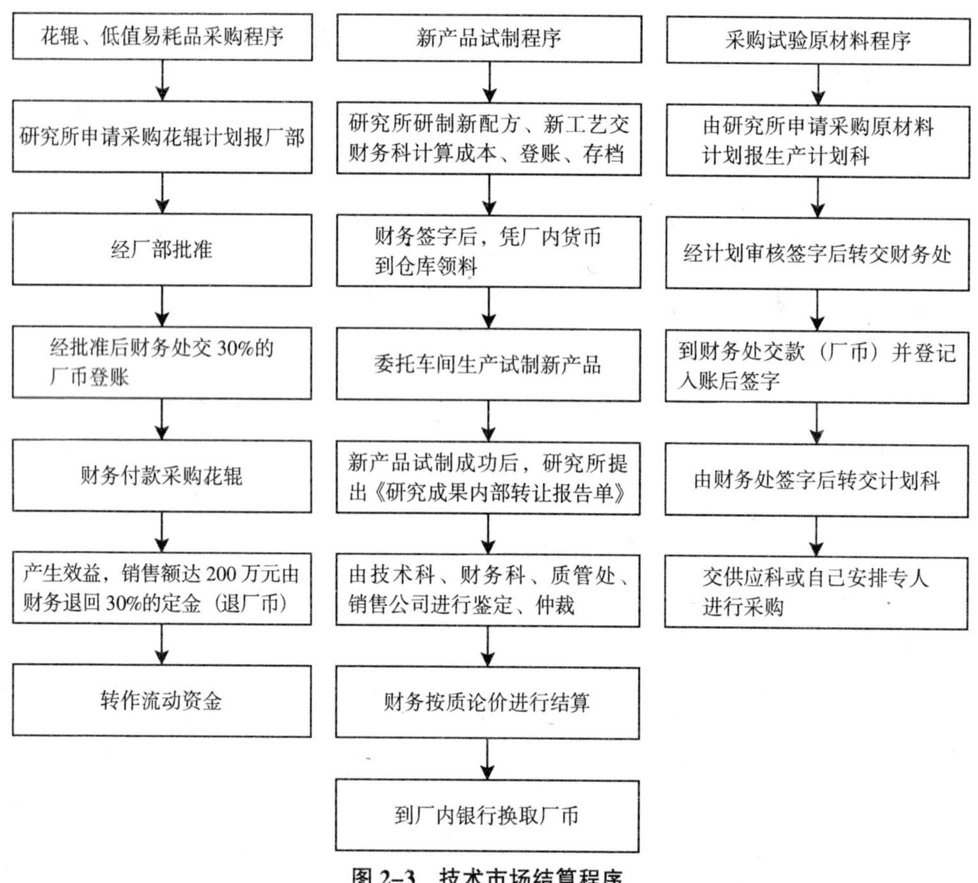

图2–3　技术市场结算程序

三、技术系统市场化管理调控方案

为保证技术市场流动资金不流失，规范技术市场运行，维护企业利益，我厂对技术市场运行进行了必要的调控。

（1）研究所当月提取超过 1500 元以上的，必须提留 50%，其余部分自行分配，所提留部分作为年终平衡资金和弥补流动资金损失及外部质量故障的损失赔偿，年底多退少补给研究所。

（2）销售收入新产品率按 50%进行调控（新产品时间规定以一年为界），每增减一个百分点提成工资增减 0.5%，逐月结算，年终平衡。

（3）技术研究所在总提成额每人平均超过 2 万元工资（差旅费除外）以后，研究所超出部分提取 40%的金额作为添置研究所仪器等方面的发展基金或者作为研究所的专项奖励基金，另外 60%由研究所自行分配。

（4）新产品的试制与研究挂钩，每试制一个新产品，研究所必须承担 50 元的试制工资补偿给车间，从研究所提成收入中列支。

（5）研究所人员严格履行保密协议，一旦泄露或转让出售研究成果给其他单位和个人，公司除解除当事人合同外还将依据有关法律对其提起诉讼，收回原提成收入。

（6）研究所未按"采购试验原材料程序"申报采购计划，自行造计划所购的材料 3 个月没有用完的要承担银行利息，交纳仓库租金。

第四节　销售系统市场化管理办法

企业生产的产品能否满足用户的需要，为本企业获取预期的盈利，最关键的环节是销售。市场营销观是在坚持以销定产、适应市场经济发展基础上产生的经营观念。企业竞争是市场的竞争、技术的竞争、管理的竞争，但归根结底是人才的竞争。我厂打破传统的"产品型"、"生产型"观念，结合企业生产中档产品的特点，采取以人员推销为主，在全国 20 多个大中城市设立销售办事处，形成辐射全国市场的网络。

针对以前发出商品占用多，呆账、烂账情况严重，销售缺乏有效的激励机制、约束机制，我厂将销售推向市场，不仅打开了销售局面，保证了稳定的用户，最关键的是将销售工作纳入规范化、法制化的良性轨道，有效地控制了呆账、烂账的产生，盘活了企业资金，开拓了销售市场，为公司均衡生产、提高经济效益奠定了基础。

一、销售系统市场化管理运行方案

（一）建立销售市场机制

内部银行核拨给销售市场500万元（厂币），具体是第一销售公司220万元，第二销售公司180万元，金超公司100万元，包括1993年前所占用的发出商品。1992年以前形成的呆账、烂账部分，销售公司要尽量挽回损失，实在无法收回的要提出处理意见，报厂部通过法律途径解决，销售公司承担所有费用的10%，同时承担利息。属1993年后形成的烂账、呆账，由销售人员承担责任。各公司再将发出商品额度市场容量分配到各办事处，各办事处凭厂币到生产车间购买产品销售（各办可委托公司管理、支付厂币），月底结算时，再携现金或汇票到内部银行结算，回笼多少现金则兑换多少厂币。在分配上，对销售公司实行包干政策。厂部核给销售市场的提成比例为12‰（含办事处租金，如不租房，办事处提成比例降低4‰，不分淡旺季节，一年内提成比例不变）。销售公司在厂部给定总提成比例的基础上，根据不同地区、销售任务和市场容量，参照近年销售进行综合平衡，制定各办事处不同的提成比例，要求一次分定，不留差额和尾巴。核定提成比例超任务后，不论哪个办事处，提成比例统一按12‰由财务审定提取，总提成比例不得突破。各办销售人员从实现的销售收入中提成（指现款回笼），销售人员的工资、奖金、差旅费、办事处房租、仓库租金、应酬等全部自负。销售公司不进行二次分配，销售行管员不参加办事处的提成分配，也不享受厂部岗位工资，而从实现的销售总额中提取1‰的金额作为一切费用的开支。

（二）通过法制化规范销售行为

通过法制化来规范销售行为，这是我厂在销售方面的最大突破。销售公司经理在上岗前须交纳定额的风险抵押金，销售人员上岗前每人须交纳6000元的风险抵押金（第二销售公司适当减少到4000元）。同时，对旺季销售提成总额采取年终平衡制，先预留30%，年底结账时，根据烂账、呆账的金额及退货金额，按比例核扣风险抵押金和预留工资。销售人员在上岗前必须与厂部签订销售合同，对各自额定的发出商品负责。合同签章后，经公证处公证即产生法律效力，从而使销售工作纳入法制化的轨道，严重者将追究其法律责任。这样使过去难以解决的三角债、货款回笼难等问题得到充分解决，实行经济调控和法制建设两手抓，有效地使销售工作按正规化、法制化、良性化运转。

（三）建立销售市场调控机制

为了抓紧货款回笼，加速资金周转，我厂将货款回笼时间与提成比例、罚息挂起钩来。具体如下：

（1）10 天内入账的提成比例不变（即 12‰），10~30 天内入账的提成比例为 10‰，30 天以后入账的提成比例为 6‰，90 天以上未收回货款的视同呆账、烂账，从提成工资和风险押金中扣除。如果抵押和提成工资不足以赔偿呆账、烂账，则先扣其应罚利息，到年终一次性交清，通过法律途径解决。

（2）1991 年以前的发出商品承担银行利息的 30%，法院已受理的，承担银行利息的 20%（利率按 12‰/月）；1992 年的发出商品承担 60%的银行利息；1993 年 1 月 1 日以后的发出商品超过 30 天收回货款的，承担银行利息的 120%（即 14.4‰/月），超过 60 天未回款的承担银行利息的 180%（即 21.6%/月）。

（3）提成比例与销售挂钩：第一销售公司年销售任务 5200 万元，第二销售公司年销售任务 4800 万元，未完成任务按欠任务的比例下浮提成工资，逐月结算，年终平衡。

（4）推销新产品的管理：销售公司的新产品销售份额必须达到销售收入的 50%。新产品必须是新技术开发研究所研制开发的，经厂部鉴定认可的产品，否则每增减一个百分点，从销售公司管理人员或总额中奖罚 100 元（公司内部新产品销售额度的确定，由公司制订细则，自行安排）。1993 年各办事处仅罚息一项就承担了 20.5 万元。

销售市场建立以后，我厂销售渠道不断拓宽，销量直线上升，现我厂的产品已畅销全国 26 个省、市、自治区，并已小批量进入国际市场，尤其是有效地防止了呆账、烂账的产生，控制了发出商品，盘活了资金，加快了资金周转速度（其中，发出商品由 1992 年底的 800 万元压缩到了 400 万元）。

（四）销售管理人员及公司经理工资收入考核发放办法

1. 销售公司经理工资、奖金及考核办法

（1）工资、奖金基数确定。销售公司经理工资基数为 1000 元/月，奖金基数为 200 元/月，当月考核得 80 分以上才能享受奖金（按指标考核）。

（2）考核指标。①任务：年销售收入完成 1 亿元，其中第一销售公司完成

5200万元，第二销售公司完成4800万元。②呆账、烂账与销售公司经理挂钩。全年第一销售公司呆账不得突破10万元，烂账不得突破5万元。第二销售公司呆账不得突破8万元，烂账不得突破4万元。

（3）办事处基础管理工作。厂部对销售办事处每年进行一次评定，评定分为重点办、达标办、不合格办三种。各销售公司管辖的办事处，重点办必须达到30%，其余应基本达标。销售利润率应达到8%。

（4）办事处达标条件：①办事处人员品行正、忠于职守、没有贪污、挪用公款现象，没有从事第二职业现象，没有吃喝嫖赌现象，用户没有一次举报卖高价现象。②全年完成任务80%以上。③当年无呆账、烂账，如果销售办事处当年度有少量呆账、烂账，但该办收回1993年以前老欠款达20万元以上的也可适当予以放宽，但呆账、烂账额不得超过20万元。④办事处有固定的地点，有门牌号码并有通信联络，宣传广告醒目，产品样品齐全、干净、整洁，现场管理符合公司规定标准。⑤有齐全的《用户名录》和用户购买产品量、产品用途等正规记载。

2. 销售公司经理工资奖金发放办法

（1）对销售公司经理考核以100分标准，超额完成可加分，未达到减分。

（2）考核标准记分：当月应得工资实行分数×基数。

表2–3 考核标准记分

项目	考核内容	基本分	考核
1	任务：第一销售公司，全年实现销售5200万元，月416万元；第二销售公司，全年实现销售4800万元，月333.3万元	40	每欠1%扣2分
2	利润率8%	20	每欠1%扣4分
3	呆账、烂账	20	呆烂账每2万元扣5分
4	办事处基本管理	20	一个不达标扣5分

3. 销售业务室人员工资考核办法

（1）业务室人员工资基数从销售公司实现的销售总收入中提取2.3‰的金额，新提金额按100分考核。

（2）业务室人员工资收入按当月考核实际得分数发放，累进计算。

表 2-4　业务室人员工资考核

项目内容	基本分	核扣办法
任务完成	40	每欠 1%扣 1 分
利润率 8%	10	每欠 1%扣 2 分
呆账、烂账	10	呆账、烂账达 2 万元扣 2 分
办事处基础管理	15	一个不达标扣 3 分
各种表、销售会议考核	10	每欠一次扣 3 分
销售业务衔接	15	一次未衔接好扣 3 分

二、销售市场结算办法

（一）销售市场运行

结算从厂部核拨流动资金开始到业务人员收回货款的全过程，其结算程序如图 2-4 所示。

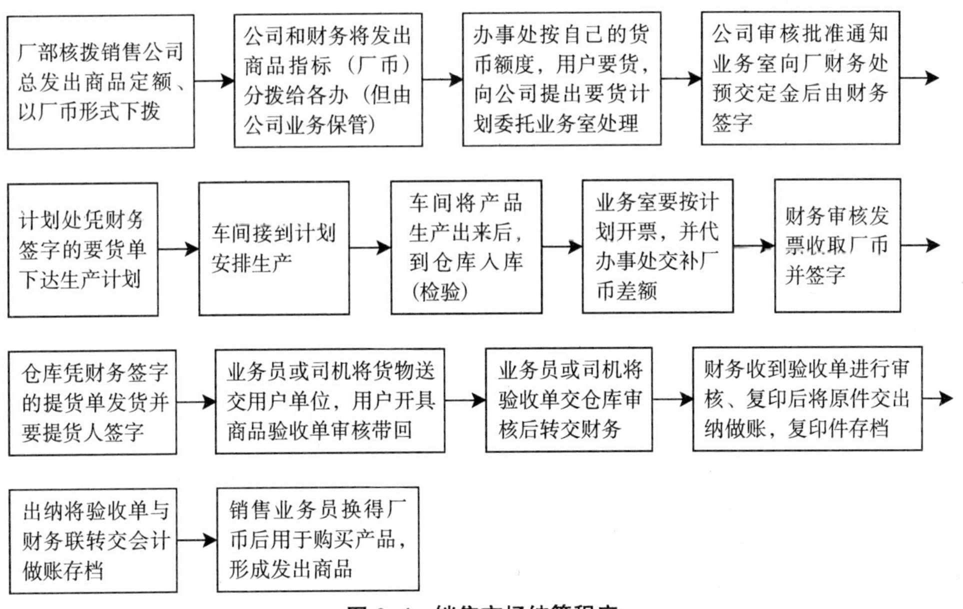

图 2-4　销售市场结算程序

（二）销售市场具体结算细则

1. 销售形式

在厂部统一领导下，提成比例与销售任务挂钩，实行上下浮动、厂部结算到各个销售公司。

（1）第一销售公司全年任务为5200万元，平均每月任务为434万元，第二销售公司任务为4800万元，平均每月400万元，销售公司在完成任务并保证产品出厂价格的基础上，原则上不得加价，应经厂部同意批准，加价部分的税金由当事人负责。

（2）销售任务以销售收入价值量计算（金额），并以货款进入厂部账户为依据，计算提成工资。

（3）在保证出厂价格的前提下，对发出商品总量负责，对货款回笼负责，对销售任务负责。销售收入与工资、奖金、各种补贴、差旅费、应酬费、办公费、电话费、房租费以及其他费挂钩。

（4）各销售公司按区域、任务划分提成比例。

2. 货款回笼考核办法

厂部核定各销售公司的销售提成比例为12‰（含办事处租费、仓库租金，如不租房和仓库的办事处降低提成比例4‰）。

（1）提成比例与销售任务挂钩。销售公司完成任务按12‰提成，未完成任务按10‰提成，只完成任务的80%以下（含80%）按8‰提成，按月结算，年终平衡。

（2）提成比例与回款时间挂钩。10天内入账的提成比例不变，10~30天入账的提成比例为10‰，30天以上入账的提成比例为6‰（按下浮比例降提成比例），同一业务单位来的货款按产品发出先后顺序推算出回款时间，90天以上未收回货款的视同呆账、烂账，从提成工资和风险抵押金中扣除。

（3）有关罚息考核办法。①对1991年以前的老欠款结算考核办法：收回1991年以前的老欠款提成比例上浮100%；对1991年以前的发出商品应承担银行利息30%，法院已经受理的承担银行利息20%（12‰/月）。②对1992年12月31日以前的发出商品考核办法：收回1992年12月31日以前的货款提成比例不变，但从超过日期起承担银行利息60%（12‰/月）。③对1993年1月1日以后的发出商品超过30天未收回的货款承担银行利息120%（14.4‰/月），超过60天没有收到货款的承担银行利息180%（27.6‰/月）。④销售公司在收回货款时必须按照产品所属账户办理汇款入账，否则取消该笔货款的提成工资，如属预付款或其他原因已成事实，则应由公司在3天内负责办理转账手续，只扣提成工资50%（预付款除外），超过三天没有办好的，除扣除全部提成工资外，还应视同发出商品对待，开票人员在开票时必须将金利公司的产品和压延产品分开开票，否则不予提成。⑤每月公司在结算工资时，应留30%的提成作为订货会开支和其他开支以及扣除呆账、烂账损失，存入厂部账上，到年终结算兑现。

3. 发出商品的管理及结算办法

（1）发出商品的管理。

1）厂部核定发出商品限额500万元，其中，金超公司100万元，第一销售公司220万元，第二销售公司180万元。

2）核定销售部门流动资金周转金600万元厂币，其中，金超公司100万元，第一销售公司300万元，第二销售公司200万元，以厂币形式核发给各个公司，厂部通过结账也可控制各办。

3）发出商品本着谁发、谁负责收款的原则，烂账、呆账则经办人负责赔偿，产品发出一律按销售市场结算程序办理，对超过资金占用发货的发出商品应从发出之日起承担银行利息（12‰/月）。

4）对1992年以前未收回的货款全部纳入1994年流动资金占用的正常管理。同时，各销售公司应对1992年以前的债权债务负责，烂账、呆账部分各销售公司要尽量挽回损失，实在无法收回的要提出处理意见，报厂部通过法律途径解决，但必须承担损失部分的10%，属1993年新造成的烂账、呆账应全额赔偿损失及费用，从结算中扣除。

5）厂部核定各销售公司流动资金，以厂币形式核发给公司，公司再将发出的商品额度按市场容量分配到各办事处，办事处要货时，公司凭电报开具要货单，到财务审核后预交80%的厂币委托厂部计划处下达生产计划，生产车间根据计划单进行生产，产品生产出来后，订货的公司再用厂币交足全部资金，各销售公司收回的现金或汇票到财务结算，将金额换成厂币，回笼多少则兑现多少厂币，各销售公司及各办事处每月持额定的发出商品数量（即流动资金），在流动资金额定的前提下，现款回笼越多发出商品可相应增多，反之则相应减少。

6）产品发出的程序。车间按计划单将产品生产出来后，公司与财务结算，交足全部金额，财务签字后到仓库提货，仓库凭财务签字的提货单复核并按提货单上的品种、规格、数量等级发货，来人自提的必须由司机或业务经办人员（提货人）签字后才能入库。经办人员或司机必须保证将货物安全送交收货单位，不得送交与发票上的单位名称不符的单位或个人。用户单位收到货后，应开具验收单并加盖公章。验收单的数量、规格、金额应与发票上的金额一致，否则造成损失由经办人员全额赔偿。司机在规定时间内将收条交仓库，仓库两天内交财务。仓库人员应认真审核每张提货联，必须要有财务签字收条的依据或自提人员签字依据，产品发出后凡是没有收条或没有自提人签字，造成的损失由仓库全额赔偿。销售公司申报供货计划后，生产车间按时生产交货，无质量问题，但因销售公司的原因，不能按计划发出产品的，由销售公司借租厂部仓库存放并承担银行利息，属生产部门承担责任的则由车间会同财务、销售部门按质论价卖给销售公司。

7）为使结算正确、及时、无误，各办事处、销售公司必须将货款从用户单位直接汇入我厂账户，不得汇入办事处账户，如特殊情况需现金销货，必须将货款及时电汇回厂，并同时寄回汇款单位明细表，汇款金额与汇款单位明细表必须相符，每推迟一天罚 10 元。

8）推销新产品的管理。销售公司推销新产品必须达到销售收入的 50%，这里指的新产品必须是新技术开发研究所开发的，经厂部签订认可的产品，每增减一个百分点，则从销售公司结算工资中奖罚 100 元，每半年兑现一次。

（2）退货的管理。①各销售公司市场化后，退货问题也就为销售部门的内部管理问题，各销售公司要严格控制把关，如属特殊情况需退货，可分别对待，属质量方面的问题，经质检部门签字认可，则损失部分由车间承担 80%，质检部门承担 20%，从工资中扣除。包括仓库租金利息，往返运费，差额及降低等级的损失。②属销售方面的问题，则由销售部门全额承担仓库租金，承付利息及往返运费和降低等级的损失，同时还将作为发出商品对待。③倘若原因不明、责任不清而产生争执，厂部可委派质管处、计划处、财务处等部门进行鉴定和仲裁。

（3）结算程序和办法。财务分别按货款回笼时间进行统计汇总计算，财务将工资总额结算到各销售办，提留 30%到年终兑现，销售公司进行分配，造册交财务处长审核后签字予以发放，年终兑现时经厂长签字予以发放，年初各销售公司将公司内部分配方案、区域提成比例交厂部审核，由财务结算兑现。

（4）各销售公司经理工资待遇。

1）第一销售公司经理工资待遇。一是销售任务好坏与提成比例挂钩（公司经理工资）。公司全年销售任务 5200 万元以上的可按 5‰提取，如平均 3 倍的工资高于 5‰的提成工资，可按平均工资享受，如完成任务在 4200 万元以下，只能按 1.5%提取，分月结算，年终平衡（公司经理的差旅费除外）。二是呆账、烂账与经理工资挂钩。全年（1994 年）公司没有产生呆账、烂账，公司经理可按实际销售收入提取 1‰的工资，如发生呆账、烂账，金额在 10 万元内扣公司经理工资 1000~2000 元，呆账、烂账金额在 10 万元以上扣公司经理工资 2000~5000 元，所扣工资全部上交厂部。三是公司经理工资与发出商品挂钩。销售公司发出商品限额控制在 300 万元以内，超过限额指标不予发货，应集中精力收款（现款现货除外），发出商品每欠 1%，扣公司经理工资总额的 0.5%，以此类推。四是公司经理的工资来源从公司总提成工资中列支。

2）第二销售公司经理工资待遇。一是销售任务完成的好坏与提成比例挂钩。公司全年销售收入实现 4800 万元，公司完成任务，经理的工资按销售收入 3%提取，超过 4800 万元以上可按 5%提取，如平均工资高于 5%提成工资，可按平均工资的 3 倍发放，如完成任务在 3800 万元以下，只能按 1.5%提取，分月结算，年终平衡（公司经理的差旅费除外）。二是呆账、烂账与经理工资挂钩。全年公司没有发生呆账、烂账，公司经理可按实际销售收入提取 1%的工资，如发生呆账、烂账，金额在 10 万元以下扣公司经理工资 1000~2000 元，呆账、烂账金额在 10 万元以上扣公司经理工资 2000~5000 元，所扣工资全部上交厂部。三是公司经理工资与发出商品挂钩。第二销售公司发出商品限额控制在 200 万元以内，超过限额指标不予发货，应集中精力收款（现款现货除外），发出商品每欠 1%，扣公司经理工资总额 0.5%，以此类推。四是公司经理的工资来源从公司总提成工资中列支。

（5）业务开票员及发票审核的管理。①开票员应按编号、顺序依次进行开票，全份填写，字迹清楚，不得涂改、挖补，开票人员应签字。使用时，如开错可将开错的发票报废，应全套保存，并注明作废字样，不得撕毁，交财务存档。②开票员必须凭业务单位的介绍信联系业务，在开票时不得随便改开用户单位名称，发票上的名称应与介绍信上的名称一致，否则造成的损失由开票员和财务审核签字人员各负责 50%，同时每次罚款 10~100 元。③开票员在开票时不得低于厂价开票，如在处理降价产品，应凭审批签字批条开票，开票后将批条交财务审核，如不按规定办理，造成损失，则由开票员赔偿 60%，财务审核人员赔偿 40%。

（6）产品价格的管理。①产品价格归口财务管理，新产品价格的制定由财务计算报厂长批准执行。新产品生产入库后第二天将价格计算出来，产品价格出台后必须坚决执行，如需加价，须经厂部同意，但加价部分的税金由经办人承担。如有处理产品必须经财务处长和厂长同意后，凭财务通知执行。②在计算价格时必须准确无误，保证正常的利润收入。③销售公司必须按厂部规定价格执行，如遇规定变动厂价，必须接到厂部调整价格通知后才能执行。④关于因质量、差价或其他原因需冲减差价（红票）必须在当时开票的，业务员应在开具发票同时将红票开出附到发票联，但必须经财务人员签字方可生效。财务人员必须严格审核，审核不严造成损失则由财务人员、业务开票人员赔偿，凡跨月冲减红票的一律无效。

三、销售市场调控办法

（1）销售公司及各办事处在结算后每月所提工资应提留30%作为赔偿利息和呆账损失的机动资金，逐月结算兑现。如1994年发生的新货款呆账、烂账，则用提留工资或风险抵押金赔偿，严重者按法律程序解决，如90天以后（含）未回款视同呆账、烂账处理。

（2）销售部门年销售任务按1亿元指标进行调控（第一销售公司5200万元，第二销售公司4800万元），每增减10万元，另增提成费500元，对于另增减的部分由公司承担50%，其余50%由公司按任务完成情况奖罚到办事处或个人。

（3）发出商品限额500万元（其中，第一销售公司220万元，第二销售公司180万元，金超公司100万元），每超过10万元处罚1000元，并全额承担利息（月息12‰）。

（4）呆账、烂账与销售公司经理挂钩：呆账、烂账为10万元（含）以下者，扣公司经理1000~2000元，10万元以上扣2000~5000元。

（5）退货与销售公司经理挂钩。凡有退货，责任在销售公司的每万元扣公司经理50元，以此类推，退货的办事处按销售市场方案的有关条款处罚。

（6）按时结账问题。各办事处每月必须按规定回厂结账，每推迟一天结账罚款（责任人）50元，以此类推。

（7）财务处和销售公司必须严格执行销售市场买卖制方案，如经检查发现未执行买卖制，一次扣除销售公司提成总额的5%（只扣公司行管人员），同时还应核扣财务经办人员工资20元。

（8）各销售办事处在销售过程中原则上不得自行加价，如加价经厂部同意，加价部分的税金由当事人负责。

第五节　行政后勤系统市场化管理办法

一、行政后勤市场的管理范围及负责人的责权利

行政后勤市场化管辖范围包括：食堂、宾馆、医务室、幼儿园，后勤市场负责人由厂长聘任，负责管理以上部门。在管辖范围内，后勤市场负责人可以行使如下权力：

（1）在厂部总量控制的前提下，行使优化组合权，择优上岗权；

（2）行使内部分配权；

（3）行使处罚权和解聘权。

后勤市场负责人的分配：工资享受厂部档次工资，不享受月奖。

二、后勤市场必须遵守的原则

（1）遵守"为生产服务、为一线服务"的原则。全厂所有后勤部门必须遵守这一基本原则，增强服务意识，提高工作质量，为广大员工和来宾提供高质优良服务，维护企业正常的生产生活秩序。

（2）遵守"切断脐带、脱离母体、要想活着、全靠自己"的原则，增强效益观念，通过提高服务质量，扩大服务范围，降低成本，最大限度地扩大营业收入等途径来多创效益，达到养活自己的目的。

（3）遵守"讲究公德，合法经营"的原则，随着市场机制的不断变化，市场竞争已从企业外部引入企业内部，后勤市场在内、外市场竞争中必须讲究公德，在遵守国家法律法规和厂规厂纪的前提下，平等竞争，合法经营，用诚实劳动和智慧提高收益和生活水平。

三、厂部对后勤市场的管理

（1）厂部对后勤市场的管理是通过对行政后勤市场负责人的管理来实现的，

后勤市场负责人必须对厂长负责。各后勤部门负责人（或承包人）由该市场负责人聘用，其余人员由后勤部门负责人（或承包人）优化组合，未能优化的下岗待业，厂部不另外安排。

（2）各后勤部门必须严格遵守厂部作息时间，服从厂部统一管理，遵守厂部一切规章制度，维护好全厂正常的生产和生活秩序。

（3）后勤市场除接受厂部领导监督检查外，还必须接受工会的监督和检查。

（4）各后勤部门的管理形式：食堂、医务室实行利润上交包干制，完成上交利润后，部门可以自主分配；宾馆按营业额计算工资、奖金，确定营业额基数和与之相应的工资基数，工资、奖金随营业额上下浮动；幼儿园按入托人数和收入计算工资、奖金，确定入托儿童基数和与之相应的工资基数，工资、奖金随之浮动。

（5）后勤市场负责人须交纳5000元风险抵押金。

（一）食堂市场化管理实施细则

1. 具体实施细则

①食堂共分为四个组，即生活区食堂为一个组，宾馆食堂为一个组，生产区食堂区为两个组。由于前两个食堂带有特殊性，对这两个食堂初期不分班竞争，但生产区食堂两个组必须分班竞争。②撤销食堂总务岗位，废除餐票制，食堂和生产区食堂实行现金买卖；宾馆小食堂还可经批准少量对外营业，用现金买卖。③厂部核定给食堂计息流动资金为5000~10000元，作为食堂的周转金。④食堂必须严格遵守厂部作息时间，按时开餐，确保全厂生产、生活秩序的正常运转，因停餐而影响正常生产、生活秩序的，一次罚款100元。⑤食堂水、电、汽等费用由各食堂承担。⑥生产区食堂和宾馆食堂如普遍反映质量差，经工会检查属实，一次罚款50元。

2. 分配办法

食堂每月交水、电、汽费及流动资金利息以后，其余部分由后勤市场负责人自主分配到各班组和个人。

3. 食堂固定资产的添置及管理

食堂在市场化之前，由财务劳资处会同后勤市场负责人对食堂所有固定资产进行清理造册，并根据固定资产的新旧情况和使用年限合理估价，使之纳入厂部固定资产的正常管理。具体方法是：①由设备环保处开列所有固定资产（100元以上）的使用年限，财务劳资处计价后，制成《食堂固定资产清单》，由后勤市场负责人与厂部签订资产责任担保书，如固定资产在使用年限内损坏或报废，由食堂按值赔偿；如食堂维护有方，固定资产超年限使用达半年或半年以上，厂部奖励后勤市场固定资产余值的10%。②现有的100元以下（含100元）的易损耗件，如锅、碗、刀、勺等由后勤市场负责人进行清理，建立单独管理台账，损坏或报废及时登记，食堂市场化后，100元以下易损件由食堂自行添置，厂部不予负担。③食堂现有的账务由财务劳资处会同后勤市场负责人、食堂总务进行全面清理，将余额作价后计算出盈亏，亏损由厂部承担，盈利全额上交。④食堂上交的利润厂部实行专款专用，主要用于食堂固定资产的更新换代。食堂市场化后，100元以上的固定资产原则上在近2年内不再添置，如需添置，则由后勤市场负责人上报厂长批准，从食堂上交利润中列支。

4. 其他事项

食堂晚班津贴厂部按规定补发到后勤市场；食堂人员可以享受厂部一切福利待遇。

（二）医务室市场化管理实施细则

（1）医生室人员的待遇。医务室人员的工资、奖金与厂部档次工资脱钩，在厂部宏观领导下，自主经营、自负盈亏，其收入主要来自如下几个部分：①就诊挂号费收入（本厂员工0.3元/次，工伤除外，其他人员自订）。②医药品的零售利润。③在对内、外营业过程中所获得的注射费、护理费等非药品收入。④完成厂部交办的各项工作任务的有偿服务费：每人每月60元。

（2）厂医务室的日常工作任务。①负责工伤的抢救、医治及鉴定。费用：挂号费免收；治疗费按厂部有关公伤规定执行。②按规定开出门诊休假证明（包括住院证明等）。③做好全厂的卫生防疫工作：一是每季度要将全厂的办公室、会议室消毒1次。二是搞好全厂的防暑降温工作，及时发放防暑药品（药品费由厂部承担）。三是不定期检查幼儿园的卫生保健工作，每月1次，要有记录、有被查人签字、信息反馈记录。

（3）考核及管理。①医务室的工作任务由后勤市场检查、监督，如医务室人员工作任务未完成或工作不认真，由后勤市场负责人扣除该项有偿服务费。②医务人员应遵守国家医药卫生方面的法规，讲究职业道德，若违诊或因工作不负责而造成医疗事故，一切责任由责任人承担。③厂部核定医务室流动资金第一年为10000元，超过部分计利息，第二年为8000元（含库存药品，库存药品由财务会同后勤市场进行清理计价），超过部分可向厂部有息贷款（按银行利息执行）。④医务室现有医疗设备、器具由设备处参照有关医疗部门规定制定具体的使用年限，在使用年限内报损的、其间隔期间的残值由医务室赔偿。如设备超年限使用半年以上，则奖励设备残值部分的5%，修理费自负。⑤严禁医务室在本厂员工医疗、药品费用中加价，对本厂员工医药品零售利润及注射费、护理费等非药品收费必须按物价局规定的收费标准减半收取，违反规定1次，经查实罚超收部分的4倍。⑥医务室向厂部交纳1000元的风险抵押金，以确保对流动资金和医疗设备负责。⑦医务人员应严格遵守厂部各项规章制度。⑧医务室市场化后，医务人员仍享受企业职工的其他福利待遇。

四、澡堂市场化管理实施细则

为了适应后勤市场的需要，解决好职工洗澡难的问题，加强澡堂管理，为全厂员工提供优质服务，厂内澡堂执行收费制度，具体实施办法如下。

（1）澡堂开放时间。早上8：00~9：00，中午12：00~13：00，下午16：30~20：00，凌晨：1：00~1：30。

（2）收费标准和澡堂工作人员的工资待遇。①每人每次收费0.30元（包括职工家属、子弟）。②收费后必须给票，洗澡票由工作人员到行政处领取，并按澡票的金额交款，每月按收入的50%提成作为工资待遇。③零点班可享受厂部中班补助，取消原有工资、奖金，享受厂部的一切福利待遇。

（3）工作责任。①必须服从厂部的统一管理，遵守厂部的一切规章制度。②保证按时开放澡堂。③保证冷、热水的正常供应。④必须节约用水，经常检查水龙头的开关，如有损坏及时报修。⑤做好澡堂内外的卫生工作（原卫生区划分不变）。

（4）管理考核办法。①不按时开放1次罚款5元。②冷、热水供应不足1次罚款5元。③因工作失职，储水池溢水，1次罚款2元。④澡堂卫生不合格1次罚款5元。以上由岗检处检查，如有违反，处罚澡堂工作人员。

五、宾馆小食堂市场管理实施细则

为了加大行政后勤部门市场化力度，使宾馆小食堂适应市场经济需要，提高服务人员工作质量，切实贯彻按劳分配的原则，将宾馆小食堂全面推向市场，使其成为"自主经营，自负盈亏"的经济实体。具体实施细则如下：

（1）隶属关系及人员组合。宾馆小食堂行政上受厂行政后勤市场领导，负责人由后勤市场负责人聘任，其余人员由宾馆小食堂负责人自行组合，行政后勤市场对其工作职责、服务质量进行督促、检查，进行经济调控。

（2）宾馆小食堂经营范围、方式、收入分配。①经营范围：经营外来我厂人员（包括各级机关、部门、业务单位来人等）的伙食及酒类、饮料，在不影响本厂接待任务的前提下也可对外经营。②收入来源：一是靠经营伙食方面的收益部分提取30%；二是厂部发给的60元补贴费（由行政后勤市场依据其工作职责进行调控）。③凡来厂的人员需进餐，由陪同人员到行政后勤处按规定领取进餐券，食堂按报餐的标准备餐，陪同人员可以对伙食按质论价，当场交付用餐券（厂币），属对外经营部门的由东道主到行政处用人民币换取厂币，食堂收取厂币，月底到厂内银行将厂币兑换成人民币。④收入分配：由宾馆小食堂负责人对收入进行分配，发放其组合人员的工资、奖金。

（3）工作职责。①每天的客餐和工作餐必须按时开餐，客餐伙食不得随意降低或提高标准。工作餐要做到两菜一汤，保证饭菜质量，外国客人的用餐要尽量符合其民族习俗，使客人满意。②各种餐具、餐巾、筷杯设施齐全，摆放有序，大件设置合理，物品干净、整洁。③严禁出售变质、发霉影响顾客身体健康的食品。④遵守厂部的其他各项规章制度。以上各条由行政后勤处和岗检处负责考核检查，对其进行调控，若一条未做到一次性扣20~50元的罚款，当月兑现。

（4）其他。厂部对宾馆小食堂注入有息贷款2000元，作为流动资金。宾馆小食堂负责人须交纳800元风险抵押金，保证宾馆小食堂所有财产不流失、不损坏。

六、幼儿园市场化管理实施细则

（1）幼儿招收范围。在保证本厂职工幼儿入园的条件下，可以对外招收部分幼儿。

（2）幼儿园负责人由后勤市场负责人进行聘用。

（3）幼儿园负责人责任与权力。①管好幼儿工作，负责对幼儿的教育、保育、开餐等事务。②搞好园内的清洁卫生工作，保证幼儿身心健康。③幼儿园负责人必须交纳500元的现金作为保证金。④幼儿园负责人享有的权力：优化组合权；内部分配权；罚款和解聘权。幼儿园负责人的工资可高出其他人员的工资

10%~20%。

（4）工资来源。凡招收的幼儿每月必须报名登记，招收幼儿达16人次，则每月享受工资400元，多招收1人增发工资23.00元，每少收1人扣除工资25.00元，按此金额类推，厂部另外补发物价补差120.00元，享受厂部的一切福利待遇，取消原有的岗位工资和奖金。

（5）幼师工作职责及处罚。①负责幼儿在园内的安全，幼儿入园或出园必须由幼儿家长接送，否则走失幼儿或在园内发生伤害事故全部由幼师承担责任。②搞好幼儿的玩具、用具、餐具的卫生，摆放整齐，做到勤洗和消毒，如幼儿在园内患传染病，全部的医疗费用由幼师负责。检查玩具、用具与餐具卫生不合格1次罚款5元，摆放不规范一次罚款2元。③招收的幼儿必须有报名登记表和花名册（登记表由家长填写），花名册每月底报财务处，否则不予发放工资。弄虚作假的除不发放工资外，另罚款10元。④严禁非工作人员及外来人员入园，违者1次罚款2元。⑤其他工作职责按原《幼师工作标准》考核，必须遵守厂部的一切规章制度，违者按员工手册处罚。⑥以上由后勤市场负责人、医务室、岗检处检查处罚。

七、打字室市场化管理实施细则

（1）公司内部打字、复印一律采取货币买卖制结算办法，处室车间，发放一定量的打字、复印专用厂币，控制限额发行总量，1994年限额发行厂币为1353元。其中：办公室100元、财务处100元、岗检保卫处100元、计划供应处80元、设备处80元、行政处18元、质检处100元、销售公司80元、工会17元、压延150元、金利150元、运输18元、研究所30元、进出口办30元、技改100元、厂部200元，每季度发放1次。

（2）各处室、车间因工作需要打字、复印的，凭专用厂币交打字室，由打字员予以复印或打字，没有专用厂币一律不予接收。

（3）打字、复印定价为16开黑色字每张7分，复印彩色16开每张1.18元。

（4）打字室的设备只限工作人员使用，非打字工作人员不得私自操作，否则处罚打字员工资10元/次。

（5）财务每季度对打字室进行盘底审查，核算打字室的收、支是否平衡，损失部分由打字员负责赔偿。

（6）外单位来公司打字、复印，必须凭财务收据才能受理，规定收费标准为16开打字价2.00元/张，复印16开0.30元/张，8开价格为0.16元/张，双面复印16开为0.09元/张，8开为0.18元/张。

八、办公用品市场化管理实施细则

（1）公司内办公用品的领发全部实行挂账结算，处室、车间限一定量的办公用品，控制限额总量为11050元/年。其中：金利1700元、质管处380元、压管车间1700元、运输处180元、工会100元、计划供应处1200元、财务内部银行1000元。研究所30元、保卫处300元、设备处80元、销售公司1100元。机电车间100元、工程技改300元、办公室800元、进出口办80元。厂部2000元。

（2）各处室、车间需领用办公用品的，应由部门负责人购买，在领用单上签字后，予以发放，超过限额指标一律不予发放，办公用品价格按财务统一价格执行。

（3）办公用品保管员必须每月盘点1次，次月2日将办公用品消耗库存表交财务结算中心一并附结算汇总表，发放数要与结算数相符，否则差额部分由保管员负责赔偿。

（4）办公用品及印刷品入库必须按照类别、规格、数量进行验收，验收后应填制入库单，做到账、物相符，收、发、存无差错，盘点发生亏损，应由保管员负责赔偿。

（5）财务结算中心应按季度盘点一次，将盘存情况书面向总会计师汇报。

九、宾馆市场化管理实施细则

（1）经营范围。主要对象是来厂联系业务的供销人员及其他业务来往客户，在保证厂方客户住宿的前提下，空余床位可以对外营业，但厂部不承担纳税。

（2）聘用宾馆人员。宾馆负责人由后勤市场负责人聘用，宾馆的工作人员由宾馆负责人实行优化组合录用。

（3）宾馆负责人的责任与权力：①搞好宾馆管理工作，遵守公安部门和厂部的一切法律和规章制度。②竭诚为旅客服务，搞好宾馆内外的清洁卫生。③保障宾馆所有设施完好无损，并交纳1000元保证金。④负责人享有优化组合权、内部分配权、行使处罚权和解聘权。⑤宾馆负责人工资可高出其他的人员工资10%~20%。

（4）工资来源。①宾馆的营业收入每月必须据实上交财务，每月底由财务结算，按营业收入的50%作为宾馆人员的工资奖金。工资按营业收入的好坏上下浮动，享受厂部的一切福利待遇，取消原有的岗位工资和奖金。②从电话费收入中提取5%。

（5）工作职责及处罚。①经常检查宾馆的所有设施，如有损坏及时报修，如属管理不善造成损失，则由宾馆负责人赔偿损失的50%。②经常按照标准搞好宾馆内外的环境清洁卫生，检验一次不合格扣罚当班人员的工资5元。③严禁在宾馆内进行赌博、卖淫、嫖娼等违法活动，经查出，所收的罚款全部由宾馆人员承担并追究法律责任。④凡在宾馆住宿的旅客都必须进行登记，开出发票，住宿的人数必须与登记簿住宿的人数相符（如为厂部的重要客户，住宿免费的，必须由厂长签字同意），如弄虚作假或收钱不开票，住宿不登记，一律罚款50元。⑤严禁非工作人员进入宾馆使用设施，违者1次扣罚当班人员工资5元。⑥其他工作职责按《宾馆工作标准》考核，必须遵守厂部的一切规章制度，违者按员工工作手册处罚。⑦以上由市场负责人、保卫处、岗检处、财务处检查监督执行。

第三章 复制："资本增效目标管理法"求证

第一节 重灾思变 迁址省城

我厂的"资本增效目标管理法"以"内部市场化管理模式"为依托，自1990年开始酝酿，1991年起以"从严治厂，夯实基础管理，提高员工素质"着手打基础；1992年正式起步，开始"深化'三项制度'改革、转换企业内部经营机制"；1993年、1994年全面推进，即进入"全面引入市场机制，推行企业内部市场管理阶段"，所创新的"资本增效目标管理法"基本成型；1995~1996年继续推进，进一步在实践中得到了验证，最后形成了较为成熟的管理思想体系——"资本增效目标管理法"。

我自1990年出任安江塑料厂厂长以来，始终坚持实施自创的"资本增效目标管理法"。截至1996年，连续5次实施了大刀阔斧的技术改造，使企业从一个作坊式的小厂成为生产高档人造革的国家大二型企业，全省塑料行业、全国人造革行业的排头兵，特别是我创造的"资本增效目标管理法"，被企业界和管理学界称之为"安塑管理模式"。于是，"远学邯钢，近学安塑"一度成为全省工业战线喊得最响亮的口号。

但是，1996年7月17日，我厂遭遇了百年不遇的灭顶洪灾：1.03亿元的固定资产（主要是引进的三条现代化生产线）被淹没，价值3000多万元的流动资产（原材料）被冲得一干二净，400多名员工中有233名员工无家可归，直接经济损失达4000多万元，我和我的职工们像做了一场噩梦，恐怖气氛弥漫在安江塑料厂中。"完了完了，安江塑料厂完了！"厂里、社会上都发出这样极度悲观的哀叹。在这种到了崩溃边缘的态势下，我厂凭着过硬的“资本增效目标管理法”，提出了“人心不散，干劲不减，指标不变”的口号，凭400多双手，清除淤泥3万多立方米，修复围墙140多米；靠这种拼命精神，所有机械设备经清洗污泥、烘烤等办法处理，恢复到灾前水平，就连厂区绿化树木上的污泥都冲洗干净了，整个厂区容貌恢复到灾前的模样。只用了2个月就全面恢复了生产。

尽管我和我的职工们都使尽全身解数，创造了仅用2个多月时间使全厂恢复了生产的抗洪救灾奇迹，但“洪魔会在哪年哪月再来光顾”?！全厂职工心有余悸。当我和职工的担忧产生共鸣后，我由此产生了另一种想法，那就是“异地发展”。我想：安江地处省府边远山区，交通相对落后，原材料要从外面拉进来，产品要从山里拉出去，排除运送人工和多耗时间以外，按当年产量和物价，仅每年的运费成本就要比同行厂家高出200万元，竞争根本就不在同一起跑线上。与此同时，安江塑料厂已成为全省工业战线乃至全国人造革行业的一面旗帜，为了寻求更大的发展空间，安江塑料厂必须走出山门。

古人有句话，叫“祸兮福之所倚，福兮祸之所伏”，“塞翁失马，焉知非福”，寓意因祸可以得福，坏事可以变为好事。一切事物都在不断发展变化，好事与坏事，这一矛盾的对立双方，无不在一定的条件下，向各自的相反方向转化。1996年“7·17特大洪灾”已经把我和我的伙伴们弄得精疲力尽，已经使我的企业元气大伤，这种坏事可以变为好事吗?

当年，我是湖南省人大代表，我经常研究国家及省内政治经济社会发展态势，特别是工业发展形势。1996年底，我获悉到长沙市被列为“全国优化资本结构试点城市”的信息，与此同时，得知“长沙塑料三厂因经营管理不善而破产”，工厂负债率已达163%，500多名职工生活已无着落，企业矛盾将一触即发，已成为长沙市政府的重头“包袱”。我心里豁然开朗，决计紧跟国家和湖南省优化资本结构试点的步子，到省城去收购长沙塑料三厂。一则替省委、省政府分忧，为下岗职工排忧解难，二则抢抓机遇，为安江塑料厂找到更高的发展平台，以筑起湖南塑料行业的发展高地。

然而，我的这一大胆想法被传开后，朴实憨厚的工人们大多想不通，在厂里一时间引起了不大不小的风波，甚至还有风言风语，觉得“花钱收购一家破产企业，弄不好会拖垮自己”。我认为，风险当然与机遇并存，如果走出这一步，其结果无非出现两种全然不同的局面，或跃上一个大展宏图的新台阶，或跌入一个难以自拔的深渊。当然，"千兵只望旗头动"，我力排众议，坚信国家"优化资本结构"的政策和工业企业发展的趋势，"不能再犹豫了，必须痛下决心往外拓展"。于是，我带领我的助手们进入长沙考察。

通过全面考察和认真商讨，我厂（收购方）和拍卖方一拍即合。经周密部署，科学安排，一鼓作气，半年工夫，我厂于 1997 年 3 月，依法成功收购了整体破产的长沙塑料三厂，重组成立了长沙安塑塑料制品厂。于是，我厂走出了大山，搬迁到省城，在收购的原长沙三塑所在地长沙市望城坡安营扎寨，建起了新的发展平台。

第二节　整合文化　检验成果

我厂经科学安排，仅用半年时间，一鼓作气，重组成立了长沙安塑塑料制品厂，后改制更名为"长沙中圆科技有限公司"（以下简称"我公司"）。这一奇迹般的收购重组，赢得了上级领导及社会各界的好评，对我给予了充分的肯定和鞭策鼓励，舆论界比较统一的说法是，"何述金在领导安江塑料厂艰苦奋斗，寻求自我发展的同时，时刻不忘自己是一名人大代表，时时注意以大局为重，宁愿牺牲局部利益而为社会安定、为大多数群众利益多做贡献，他以坚忍不拔的毅力，以有理、有力、有节的策略，收购、重组长沙破产企业塑料三厂，妥善安置了 500 余名下岗职工，被长沙乃至省内企业界传为佳话，此举被誉为长沙国企改革史上的精品"。

1997 年 10 月 29 日，中央电视台《经济半小时》栏目以《墙内墙外的对话》为题作了长达半个小时的专题报道，在全国产生了广泛深远的影响。但是，由于平台的提升，规模的扩大，特别是"一个边远山区的集体小厂"要驾驭省城那几百名"长沙里手"、"国营老大"谈何容易！不过，我的底气还是比较足的，底气足的原因主要有三：第一，我是湖南省人大代表，拯救这个 500 多人的国营破产企业，是履行人大代表的职责，我出于公心，这是与省、市党委政府保持一致的政治意义，也是收购长沙三厂之本；第二，我的举措符合当时国家新的工业经济改革发展政策趋势，符合湖南省和长沙市当时工业经济发展的要求，方向是正确的，会得到各级党委、政府的支持；第三，我有一套自创成功的、已经过6年实践检验的企业管理办法“资本增效目标管理法”，这在当时的长沙三塑是没有的。于是，我在收购重组的新公司全面复制推广了“资本增效目标管理法”。

一、“资本增效目标管理法”转化了人的认知观念

我厂1997年3月依法收购整体破产的长沙三塑后，标志着地处边远山区的安江塑料厂进了城。伴随着企业的破产兼并收购重组，安江塑料厂职工和长沙三塑职工在对待“收购长沙三塑”这一重要经济事件的认知观念上，存在着巨大的反差和冲撞。为了动员起安江塑料厂职工的斗志和力量，为了安置好长沙塑料三厂的职工，为了转化大家的观念和思想，让两厂职工对改革和发展达成共识，我和安江塑料厂职工一起，承受了异乎寻常的压力。因为，这一切涉及产权和切身利益的改革，搅动了每个人的心思和行为。我厂新址——长沙市望城坡上的老虎岭见证了这一转化过程。

当我和我的团队开始进入长沙三塑时，长沙三塑一些职工投向我们的是一种鄙视的眼光。因为，眼看乡下小厂的人要来收购他们的厂子了，心里似乎感到很不平衡，但随着安江塑料厂的进入，企业又出现了活力，大家都感到新鲜和好奇。然而，接下来的具体操作便有些令人难受了。听说安江塑料厂收购长沙三塑后要实施什么“资本增效目标管理法”，要采取什么“内部市场化管理”，要搞“按效益发工资”，“所有上岗的工人都要考试，中层干部也不例外”……这可是从未有过的“刁难”啊！于是，原长沙三塑职工中有人议论纷纷，似乎感到“这下子老火了”，甚至有人还背地赤裸裸地发出“反抗”言论：“乡下人来管城里人，翻了天了！”这部分职工，明明看到自己原来的厂子已破产倒闭，收购重组也既成事实，但还是对原来厂里旧的工作方式及分配制度抱着希望。殊不知，17世纪荷兰哲学家斯宾诺莎关于“观念的存在并不依赖于外物的存在，而仅仅依赖于感知它们的心灵”的这一精辟论说，在原长沙三塑少数职工中得到了印证。

随着对长沙三塑的收购，产权改革一步步到位，对企业方方面面的严格管理进一步落到了实处。原长沙三塑一些闲惯了的人更加不习惯了。尤其是少数人更是直接对抗收购，喊出了“安塑人滚出去”的口号。有的人甚至将大粪泼到了支持改革者的家门口。连我的办公桌，也被抬出来砸得七零八落。

我们试想，在三塑资不抵债，工厂负债率高达163%的穷途之日，在“长沙

市被列为全国优化资本结构试点城市"的大政方针和大势所趋之下，处在嗷嗷待哺状态的长沙三塑，一些职工为何表现出如此固执甚至极端的言行？不难理解，这就是人的认知观念问题了。

这其实也好理解。

首先，从我国传统的角度来看中国城乡人口的差别。城乡差别是指城市和乡村之间在经济文化水平和社会经济关系上的不同和差异，是自有城乡以来人类社会发展的普遍现象。城乡差别随着社会分工、阶级分化和城市的形成而产生。城市和乡村的分工促进了社会生产力的发展，但在私有制社会中表现为对立关系，一般集中表现为城市统治阶级和乡村劳动群众之间的对立关系。无产阶级夺取政权后，建立了社会主义公有制，消除了私有制社会的城乡对立，加强了无产阶级领导下的工农联盟，建立新型的城乡关系。但是，由于乡村落后于城市的历史原因，两者在生产水平、经济收入、文化水平和生活条件等方面还存在着本质差别。

其次，从湖南行政区划看长沙三塑与安江塑料厂的城乡差别。长沙是湖南省的省府地，是湖南人民心目中的大都市，长沙三塑建在省府大都市，长沙三塑的工人是"城里人"，自然有得天独厚或居高临下的区域优势自豪感，而安江塑料厂建在湘西南边陲的山区县城黔阳县，是历史上朝廷无暇顾及的南蛮之地，所以安江塑料厂的职工就被长沙三塑的一些职工视为"乡下人"。"乡下人"来管"城里人"，"岂有此理"。由"乡下人"来考试"城里人"，岂不"冒天下之大不韪"，所以发生了极端言行。

简言之，认知观念是人们在实践中形成的各种认识的概括，城乡观念亦如此，自城市产生之日起，城乡之间就产生了差别。随着经济的迅速发展，我国城乡差别越来越明显，城乡观念差别作为城乡差别的体现之一，也越来越显著。这种现象折射出的是长期以来城乡观念的分裂与对峙。因此，有的城里人高高在上，自命不凡，自以为是，表现出十足的傲慢与偏见，成为经济社会发展的负能量。新中国成立以后，我国历届政府都在为消灭城乡差别而努力。

我认为，在长沙三塑少数下岗工人中对改制重组存在的阻力和障碍，主要是观念陈旧和文化差异。因此，改制后的新公司紧紧依靠党的领导和各级政府的支持，紧紧依靠广大工人群众的基本力量，始终坚定改革的步伐，始终讲究工作方法技巧和政策策略，每个环节都做到合理合情合法，运用"资本增效目标管理法"，一步一步推进了改制后的各项工作。

开始，新公司用安江塑料厂“乡下人”吃苦耐劳、顽强拼搏的特有精神和工作效益感化带动全厂职工。例如，原长沙三塑让引进的两条先进的生产线闲置了5年，新公司发挥资产重组的优势，我和员工们一起，吃盒饭，住办公室，加班加点，夜以继日，尤其是原安江塑料厂以山里人特有的吃苦拼搏精神，扎扎实实地工作，硬是通过技术改造，把原长沙三塑闲置了5年的进口设备“玩转了”，原长沙三塑职工和附近的老百姓都服了，逐步认可了原安江塑料厂的管理模式，彻底改变了对“乡下人”的看法，终于两家企业合成一家，原安江塑料厂不但收购了原长沙三塑的产权，也收拢了人心。

然后，在重新组建的新公司逐步渗透原安江塑料厂特有的企业文化。根据新公司组成人员原安江塑料厂与原长沙三塑职工间存在的价值观念差异、经营目标差异、管理方式差异所带来的文化冲突，在重组企业的企业文化整合“支配注入式、融汇一体式、一体吸纳式、各自保留式”四种方式中，新公司果断决策，选择了“支配注入式”企业文化整合方式，对新公司全面注入和强势复制了安江塑料厂企业文化，即运用安江塑料厂“内部市场化管理”模式，全面推进了“资本增效目标管理法”，对各项工作实施激励机制与管理机制双管齐下，在新公司开创了新局面。

为复制安江塑料厂“资本增效目标管理法”模式，新公司专门在原三塑职工中组织开展了“工资怎么拿”的大讨论，激烈的交锋历时半个多月，许多员工逐步认识到自己的认知观念已经远远赶不上时代发展的要求。认识到过去那种“不管‘道场’好不好，只要三餐斋饭饱，工资只向财务室要”的“大锅饭”没有了，现在是市场经济，按效益获得薪酬，工资的高低要看自己工作效益的高低，等于“从自己手上拿工资了”。有名干部先后被安排从事管理、供应等工作，均不能胜任，不得不低下头进入新公司的绿化组。根据新公司规定，绿化员工每人每天需移栽5棵树木，他叫苦喊累，每天才移栽1棵树。公司按绩计酬，发月工资时他傻了眼，人家近千元，他只能拿到基本生活费。从此，他月月超额完成植树绿化任务，厂区绿地面貌很快发生了改变，昔日的杂草丛生，变成了绿树成荫，花团锦簇，胜似一座花园。

为把无形的思想形态转换为有形的价值形态管理，收购长沙三塑后，新公司更加注重这一模式的覆盖与完善。企业内部各工序、班组、机台之间的物料流动一律实行买卖制，运用厂币办理结算，且现币现货，按质论价，使每个员工劳动质量、数量、技能和成本消耗都被拉到了市场的天平上，模拟的市场机制被引入到企业生产、销售、技术及后勤服务各环节中。

之后，新公司又创造性地实施了"内部破产制"：凡机台或员工超过核定厂币发生亏损，实行"负债""经营"，当亏损越过规定范围，"资不抵债"时，则对机台或员工实行"破产"，关机走人。1997 年 5 月，干法机台因操作不当，多次停顿，当月亏损 3 万多元，超过亏损指标，整个机台立即被宣布破产，辞退机台长，其余 7 人分散安排，并停发当月工资。该机台换上新的机台长和员工后，再也没有发生亏损，还节约成本 1.9 万元，公司为此拿出其中 10%作为"节约工资"奖励了他们。湿法机台一名配料工操作中造成价值 3000 多元的原料损失，在交纳了 500 元赔偿金后，湿法机台被公司视为"负债"生产，不久又造成亏损，于是他自动离岗走人。当年，内部破产制自 1 月实行以来，有两个机台宣布破产，辞退 5 人，使企业的市场压力和经营风险细化到了每个员工身上，逼着员工努力适应市场经济的形势。

改制后的新公司全面推广实施"资本增效目标管理法"，原安江塑料厂的职工对新公司坚持实施"内部市场化管理模式"有一种特别的自豪感，工作中自觉地起到了模范带头作用，成为促进新公司持续发展的正能量；原长沙三塑原先未能接受该管理模式的部分职工在良好的工作氛围感染和熏陶下，经历了从逐步适应"内部市场化管理模式"到完全适应该模式的转化过程，"城"、"乡"两厂融为一体，拧成了一股绳，经过短短几年的艰苦奋斗，使新公司发展成为安塑股份的核心子公司、"长沙市利税过 1000 万元企业"、"长沙市企业管理示范单位"，并先后被省科技厅、国家科技部授予"湖南省高新技术企业"、"国家火炬计划重点高新技术企业"，被国家计委确定为人造革行业唯一的"国家高技术产业化示范基地"。

对此，湖南省主流媒体进行了大力赞扬，在记者刊发大量有关文章后，《湖南日报》编者以《老典型的新发展》进行了点评。点评文章指出："安塑"（安江塑料厂）作为一个老典型，让人们又看到了新发展。"安塑"不仅将自己的公司总部从偏远山区搬来长沙，进了城，而且在思想观念上走进了一个新的境地。

二、“资本增效目标管理法”转化了人的市场观念

从计划经济到市场经济，企业的发展可以说经历了生产导向和市场导向的转型阶段。生产导向是以产定销，生产什么就销售什么，不考虑市场的需求。市场导向是以销定产，市场需要什么，企业就生产什么。从生产导向到市场导向是一次质的飞跃。在市场经济条件下，品牌的价值、产品的价值、企业的价值包括人的价值，最终都要通过市场来体现。对于现代企业而言，产品是其生产经营的载体，企业生产出来的产品能否畅销市场，则要看该企业在产品研发过程中是否对市场进行了深入研究、对市场消费需求进行了充分预测。

纵观原长沙三塑的前前后后，原本交通、地理位置得天独厚，硬件设施建设堪称先进，但为何工厂负债率高达163%而无法再振兴，以致造成500多名职工生活无着落，成为长沙市政府的重头“包袱”？当然原因是多种多样的，但缺乏对市场导向的研究，产品未能满足日益变化的市场需求是导致其破产倒闭的重要因素。

收购长沙三塑改制后，我对新公司班子成员不断灌输新的市场观念，灌输“企业仅靠单一主导产品很难在市场上站稳脚跟”的市场规律，灌输“摆正企业与市场、技术与市场的关系是牵着市场跑”的新观念，要求主动研究市场的潜在需求，对需要开发的产品要具有前瞩性和预见性，要积极开拓市场，引导消费。因此，新公司在每次技改项目投产后，我总是瞄准市场的空档，配合产品结构调整，狠抓新产品开发。

在新的市场观念指导下，新公司形成了一支勇于创新的技术队伍。公司的产品开发部下设适用产品开发组和中长期产品开发组。与此同时，公司充分运用成熟的“资本增效目标管理法”，使产品开发与市场开发紧密结合，对新产品开发的科技人员和市场销售人员增强了激励和风险机制，主要依据当年新产品销售收入率的高低提取工资奖金，因而公司的长期产品开发与产品更新不断增强，先后开发出多个花色品种，形成高档、中档合理组合的产品结构，每年的新产品销售额占全年总销售额的40%以上。在公司得到快速发展的同时，新产品开发的科技人员和市场销售人员个人也得到了丰厚的回报，激励着新产品开发人员和市场营销人员转变市场观念。

为从根本上启发、转变原长沙三塑职工的市场观念，我常常利用不同层次会

议的机会，谈起原安江塑料厂的有关案例：原安江塑料厂虽处在边远山区，但注重高起点引进和滚动式发展，继 1990 年引进日本 PVC 压延法人造革生产线技改项目成功后，1993 年又从意大利引进具有 20 世纪 90 年代国际先进水平的多用途涂布塑料胶皮生产线，并从中国台湾引进湿法 PU 生产线进行配套，使安江塑料厂具有年产量达 2000 万平方米的生产能力，产品档次高，竞争能力强，能够抢占市场，这是原安江塑料厂高出原长沙三塑一筹、能够快速腾飞的重要因素，使得他们心悦诚服，增强了转变市场观念的信念。

在此基础上，新公司坚持"科学技术是第一生产力"的原则，坚持产品技术创新和更新换代。在产品研发总体战略上，公司针对自己的产品现状和市场需求，创造了个性化的"三个一代"产品开发模式，即"生产一代、研制一代、开发一代"，不断优化自身的产品结构，并在长期的实践中，每一种新产品开发成功投入市场之初，都要让项目负责人直接进入市场对市场销售进行调研，让他们直接了解市场对该产品的评价和进一步要求。因而，形成了"坚持研究市场——适时调整产品结构——不断开发新产品"的良性循环，实现了产品开发与市场营销的有效互动，做到了有的放矢地进行产品结构调整，有效地助推企业持续、快速、健康发展。与此同时，公司在进行新产品开发时，运用"资本增效目标管理法"，制定激励机制，促使公司技术研发团队，一定要关注市场、深入市场看准市场的脸色，不断求新、求精、求变，开创了新公司"所向披靡，无往不胜"的主动局面，成为人造革行业的佼佼者。

企业重视产品研发，这是必须的，也是必要的，但最重要的一点是要让研发落地，让产品得到市场的青睐，否则产品的研发是徒劳无益的。因此，企业在重视产品研发的同时，要读懂市场，要以市场营销为导向。为做好技术创新与市场开发的有效对接工作，新公司在进行技术创新的过程中，准确把握产品的继承和创新的关系，在生产线改造投资上有计划，不盲目。例如：公司第二条生产线与第一条生产线很明显是相辅相成的关系，在第一条生产线的产品进入成熟期之前就已经迅速转型，而新产品的起点高，属于新兴市场，具备一定的技术水平，市场准入较难，我公司总是先入主，占据新兴市场，走在市场的前面。如公司在实施的技术改造尚未结束的时候，公司营销市场开拓工作往往已经起步，技术培训工作也开始并行实施，大大地缩短了新产品进入市场的周期，赢得了宝贵的时间，实现了产品与市场的迅速互动，变被动为主动，领导了消费潮流，抢先占领了市场。

市场信息在产品结构调整中的价值是很高的，我公司信息网络建设比较超前，能够抓住市场信息的关键，具备了较准确的市场调研分析能力，并充分运用可靠的市场信息，采取以市场为导向、以客户为中心的发展理念，不断调整产品结构，大力进行产品的开发与推广，并在充分利用自身优势，全力抓好产品开发、市场营销和内部挖潜的同时，重点做好品牌建设和技术创新，不断提升公司品位和产品科技含量，时刻把握住市场和核心竞争力。同时，积极进行营销策划，开展宣传活动，充分利用良好的技术基础和强大的财务资源，逐步实施产品结构的优化和升级，常常以高品质、高质量、低价格的产品打入市场，赢得市场。因此，1997 年 3 月收购长沙三塑改制成立新公司后，立即着手针对市场需求开发新产品，当年开发出 32 个深受消费者青睐的新产品投放市场。与此同时，向新公司人员全面灌输“技改与管理的关系”以及“管理也是生产力”的思想观念，说明“先进的技术和严格科学的管理是企业腾飞的两个翅膀，二者缺一不可”的道理。当年制定 1998 年的工作计划时，明确提出了 “以市场为导向，不断调整产品结构”的市场观念，明确要求“在新产品开发方面，着重中长期产品开发，将产品开发与市场开发有机结合起来，产品开发员全部上市场去了解市场、开发产品，要求新产品收入达到 60%以上”。在市场营销方面，采取在全国主要城市召开座谈会、产品免费试销会等形式，加大了产品销售力度，1998 年策划了四次较大规模的产品销售活动，并紧锣密鼓地加强了销售团队建设，通过召开大规模的订货会，加大了 PU 革的销售力度，抽调精干力量组成 4 个“透气革销售突击队”，在全国主要市场进行销售。1997 年，“新芽”牌聚乙烯低压吹膜获得“湖南优质产品”，开发的 PU 高档弹性透气人造革系列产品在国内独家生产，形成了公司主导拳头产品，产品畅销美国、意大利、法国、俄罗斯、日本、印度、巴西、泰国、澳大利亚、墨西哥、巴基斯坦、阿尔及利亚、土耳其、南非、中国香港、中国台湾等 30 多个国家和地区，1997 年实现销售 2200 多万元。

无论新公司制定当年工作计划还是中期工作计划，在公司顶层酝酿拟定后，交由中层干部充分讨论，形成共识，并使每项计划能量化，严格按“内部市场化管理”的规定进行考核，把公司的“资本增效目标管理法”真正落到实处，增强了新公司人员的紧迫感和市场观念。

三、"资本增效目标管理法"转化了人的创新观念

我国四个现代化的总设计师邓小平同志说过一段话："世界在变化，我们的思想和行动也要随之而变。过去把自己封闭起来，自我孤立，这对社会主义有什么好处呢？历史在前进，我们却停滞不前，就落后了。马克思说过，科学技术是生产力，事实证明这话讲得很对。依我看，科学技术是第一生产力。我们的根本问题就是要坚持社会主义的信念和原则，发展生产力，改善人民生活，为此就必须开放。否则，不可能很好地坚持社会主义。拿中国来说，50 年代在技术方面与日本差距不是那么大。但是，我们封闭了 20 年，没有把国际市场竞争摆在议事日程上，而日本却在此期间变成了经济大国[①]。"

因为我从小热衷于技术，参加工作后一直从事技术工作，从 1988 年被政府委派担任危难时期的县办安江塑料厂引进项目的指挥长开始，尽早接受了伟人邓小平关于"科学技术是第一生产力"的精辟论述和发展理念，鼓舞我坚持用科技兴企的信心和决心。在安江塑料厂，我既是厂长、书记，又是科技兴企的带头人。我认为，技术进步是民族进步的灵魂，一个企业缺乏技术进步能力就不会有持续的市场竞争和发展后劲。基于这一认识，我带领安江塑料厂一班人，自 1990 年以来，始终依靠科技振兴企业，不断优化企业的技术结构，从而使企业的核心竞争力不断增强，使企业得到快速发展。

值得回顾的是，在实施科技兴企、优化技术结构战略举措的过程中，我创造的"资本增效目标管理法"，通过公司"内部市场化管理"的手段，其强劲的激励机制和严格的管理机制发挥了重要作用。比如，我让技术部门自负盈亏，通过提成、挂钩等手段，有效地控制了成本；我严把产品质量关，在企业运营中时刻抓住产品质量，强调"质量是企业的生命"。与此同时，我特别注重技术人才的引进和培养，强调"企业之间的竞争归根结底是人才的竞争"。正因为我以人为本，严格管理，使得我的科技兴企，不断调整技术结构的战略一路凯歌，使我的企业在众多同行中脱颖而出，成为行业排头兵。

1990 年前的安江塑料厂叫黔阳县塑料二厂，只是一家县办集体塑料小厂，仅能生产低档 PVC 涂刮法人造革，产品销售限于邻近县市农村市场。为了生存

---

① 邓小平同志 1988 年 9 月 5 日会见捷克斯洛伐克总统胡萨克时的谈话节录。

和发展，我带领安江塑料厂的工人们不停地进行技术创新，在1990~2001年的12年间，仅对人造革主业就进行了五次大的技术改造，其中四次是引进国外先进技术。每次引进之前，我厂都注重做好市场调查，按照“起点高、投资省、见效快、效益好”的原则选择技改项目，使引进技术既先进，适当超前，但又不脱离国内消费水平。

安江塑料厂于1990年贷款3400万元，引进国外中档PVC压延人造革生产线，苦干加巧干，工期缩短8个月，节约投资328万元，3年还清了贷款；1993年、1994年安江塑料厂先后两次共投资6000万元，从意大利引进一条先进的PU革干法生产线，从中国台湾引进一条PU革湿法生产线，使1995年的销售额一跃过亿元。殊不知，这一组奇迹般数据的产生，主要是“资本增效目标管理法”在其中起着重要的支撑作用。

1996年，安江塑料厂遭受特大洪水的毁灭性洗劫之后，为谋求企业更大的发展，于1997年3月收购了破产企业长沙塑料三厂，成立了新的公司。我发现原长沙三塑也不乏先进的生产设备，该厂于1992年从中国台湾引进两条PU生产线生产设备，建立了合资企业吉泰公司，总投资754万美元，但一直没有生产出合格的产品，两条引进的先进生产线已闲置了5年之久，摆在车间里不发挥任何作用。把先进生产设备闲置起来，等于技术创新、产品创新停滞不前。没有技术创新，没有产品创新，企业还能不死？剖析原长沙三塑破产倒闭的多种因子，其中最重要的是缺失先进的管理方法，由于没有先进的管理方法支撑，就谈不上对工作的责任心，没有基本的责任心，哪来的创新观念？因为没有责任心，没有创新观念，所以先进的设备摆在那里就成了废品。

我认为，引进先进的技术和设备并不等于发展了企业，只有以引进先进的技术和设备为依托和发展契机，强化创新观念，加强严格管理，才能实现企业真正的腾飞。针对收购后的原长沙三塑的现状，我先从强化管理着手，在新公司全盘复制原安江塑料厂的“资本增效目标管理法”，原安江塑料厂185项近20万字的规章制度全部到位，分层次、按步骤开展企业全员“资本增效目标管理法”培训，并通过“内部市场化管理模式”，从厂长到勤杂工，从技术开发到市场营销，从生产经营到行政后勤，有人就有制度，有岗位就有标准，有待遇就有责任，严细齐全，真查细究，坚决兑现。尤其是动真格的“三项制度”改革，更使从严管理的各项措施落到了实处。技改不停步，管理也不停步。在此基础上，把市场机制引入到了新公司内部。建立了"生产、技术、销售、行政后勤"四位一体的厂内市场，变人治为经济调控，用市场来合理配置企业资源，实现了企业员工责、权、利、效的有机统一，并将责、权、利与风险机制引入到每一个员工及企业经营管理的全过程中，开辟了企业管理的新天地。

当新公司实施"内部市场化管理模式"到位后，公司采取"设备和技术与管理同步推进"的办法，为盘活存量资产，一方面，投资 380 万元，利用自己的技术和管理优势，对被收购企业原长沙塑料三厂闲置的两条引进生产线进行全面技术改造获得成功，于 1997 年 5~11 月投料试产成功，生产出市场认可的合格产品；另一方面，投资 1600 万元从意大利引进透气革生产线进行产品结构调整和更新换代，同时又与中国台湾两条 PU 生产线相配套。使闲置设备重新启动，焕发出新的发展生机，用不到 2000 万元的增量投入盘活了 6000 多万元的存量资产，生产能力扩大了 31 倍，为新公司大发展增强了发展后劲。闲置设备重新启动正常运转后，新公司加强了操作工、技术人员、机电人员以及管理人员的招聘培训工作，使重新启动后的闲置设备生产出符合市场需求的优质产品，并高薪聘请国内外一流人才，对新产品开发的科技人员增强激励和风险机制。

那些年，在 1000 多平方米的科研大楼里，科研人员每天攻关不止，每年都有 300 多款新花型和新花色推出。与此同时，又用股权置换和吸收金利公司投资的意大利先进湿法 PU 革生产线，并于 1998 年在这条生产线上自主研制出了达到国际同类先进水平的弹性 PU 透气服装、沙发革，解决了传统人造革不透气这一技术难题，获得了两项国家发明专利和一项实用新型专利及多项专有技术，拥有自主知识产权，使我国成为继日本之后，世界上能够生产透气服装、沙发革产品的少数几个国家之一。

继而，新公司组织技术人员，向国家高技术产业化进军，经过几年时间的不懈努力，这种高技术含量、高附加值的新材料产品，除保留了传统人造革的所有优良性能外，还具有显著的透气性和透湿性，其科技成果被鉴定为"属国内首创，填补了国内空白"。1998 年 9 月，国家计委正式授予我公司"国家高技术产业化示范工程"匾牌，标志着我公司产品跨入了同行业世界先进水平行列。新公司因此被省科技厅、国家科技部评定为"湖南省高新技术企业"和"国家火炬计划重点高新技术企业"。

2000 年，安塑股份挂牌上市后，公司马上启动了空前规模的技术改革项目，即投资1亿多元开始实施高新技术产业化示范工程项目，同时从意大利和中国台湾引进4条国际先进生产线，筹建全国唯一的年产1200万平方米湿法PU弹性透气革的生产和科研示范基地，该基地于2001年9月正式建成，使我公司形成了以高档一流技术为主体的高、中档技术匹配的技术结构，年生产能力迅速扩大到高中档PU人造革、PVC压延革4500万平方米、PVC板材及管材4000吨、聚乙烯农地膜4000吨，为公司的发展奠定了坚实基础。

在2001年6月举行的国有企业改革发展暨技术创新成果展览会上，我公司展示的PU透气服装革得到了广泛赞誉。这一国内首创、达到国际同类产品先进水平的科技成果，经受了市场的检验，受到了广大消费者的青睐，被中国塑料工业协会理事长廖正品评价为“结束了人造革产品不透气的历史，是人造革行业产品发展史上的第二次革命”。

当然，安江塑料厂并没有忘记，复活三塑的闲置设备，除了我和我的工人们夜以继日、顽强攻克技术难关的精神和毅力以外，还与我厂招商引“智”的能力密不可分，我厂引进的“智”即是意大利安泰公司的董事长利索先生，早在1992年，我就和利索先生在黔阳县安江大沙坪合作建设了国内第一条PU人造革生产线，引领了国内人造革生产和消费的新潮流，双方合作过程中，利索先生对我的才干和为人可谓高度赞扬，在2001年9月28日举行的我公司实施“国家高技术产业化示范工程”投产授牌仪式上利索在讲话中还感慨万千，他说：“我与何董事长相交超过10年，这10年来，我看着安塑公司在安江创业，看着这家公司不断创新和壮大，从安江搬来长沙，旧貌换了新颜。由一家中小企业到上市公司。从安塑我看到了中国的希望。”

由于“资本增效目标管理法” 转化了人的创新观念，充分调动了公司人员特别是技术创新人员的技术创新积极性，使安江塑料厂真正实现了重灾后的崛起和跨地区的发展，同时加快了新公司技术创新和高技术产业化步伐，于2001年9月建成国家高技术产业化示范工程。对此，《湖南日报》2001年9月29日刊发了刘爱民等记者的文章报道：

9月28日上午，当五彩缤纷的PU透气人造革从湖南安塑股份公司的生产线上泻流而出时，上百位应邀参加投产庆典的专家领导和中外客商忍不住赞赏连连。因为此举不仅意味着我国已经能够完全自主研制出这种高科技产品，而且还成功地实现了大规模的产业化开发。副省长郑茂清为投产仪式剪彩，祝贺安塑被确定为全国四个人造革高新技术发展基地之一，并代表国家发展计划委员会和省政府把"国家高技术产业化示范工程"的匾牌授予安塑。近几年来，安塑通过艰难攻关，终于在我国率先成功开发出了达到国际先进水平的弹性PU透气服装革和沙发革，并获得了三项国家专利，拥有完全的知识产权。去年9月，安塑股票发行并实现了成功上市，他们又抓住了机遇集中力量完成了年产1200万平方米弹性PU透气服装沙发革的项目建设。其主导产品PU人造革由于透气透湿高强耐寒，畅销国内并一举打入美国、意大利等欧美市场，试产3个月就实现销售收入3000万元。一期工程全部达产后，年产值可到5亿元以上。由此突破，安塑一跃成为我国人造革行业的龙头企业。

四、"资本增效目标管理法"促进湖南省塑料工业集团诞生

安江塑料厂从企改前的1990年开始起步，短短5年内，在国家没有投入分文的前提下，由一个作坊式的小厂一跃成为生产高档人造革的国家大二型企业，国家"行业百强"，全省塑料龙头企业和行业排头兵。尽管1996年的特大洪灾使我厂元气大伤，但我厂对事业的发展和前景底气很足，信心不仅不减反而倍增，决计摆脱山区困扰，迁到省城发展。

我厂搬进省城后，实施了"两驾马车"齐头并进的运作方式，即在厂内套用市场经济机制，让我厂员工进入内部"市场"，用市场经济机制驾驭厂内各项工作，强化内部管理，做大做精主业，靠管理处效益。在厂外，通盘设计让企业进入更大的市场，主动进入资本市场运营，走低成本扩张道路。

我厂认真调研分析省内同行业发展局势，在摸清省内同行业底子后，迅速作出行业整合的实施方案，积极主动向省二轻行业及省人民政府建言献策，提出了"组建湖南塑料集团，'舰队'联合出海"的创意。一方面，提出市场机制的应用要"横到边、纵到底"，让人人都是市场主体的经营者；另一方面，通过产权明晰，促进机制转换和组织结构调整，进行组织结构改组，将中圆股份公司，以及原安江塑料厂与意大利外商合办的金利塑料制品有限责任公司、与洪商合办的金超企业有限公司，外加涂刮塑料制品分厂以及剥离组建的后勤服务公司、运输服务公司，共同组建"湖南安江塑料制品集团公司"，以编队出海，形成进军各类市场的立体攻势。

我厂的建设性意见很快得到了省二轻行业和省政府的高度重视和支持。不久，由全省18家塑料工业企业共同组建的湖南塑料工业集团宣告成立，母公司即为原安塑集团，集团总资产又迅速扩张到10.6亿元，净资产3.4亿元，年销售收入10.5亿元。集团公司主要从资本运营的高度搞活经营，获取要素市场的高效益。中圆公司及金利公司分别生产的聚氯乙烯（PVC）和聚氨酯（PU）人造革，一方面以其新潮的花样引导国内消费潮流，另一方面通过金超公司销往海外。组建“联合舰队”后旗开得胜，安塑集团出口达400多万元，迈出了可喜的第一步。另外，涂刮分厂巩固和稳居着传统塑料制品市场，后勤服务公司及运输服务公司也开始对外自主经营。

于是，安江塑料厂1997年收购长沙三塑后，一步一个台阶，一步一个飞跃。不到一年半的时间，成功地实现了三大跨越：一是收购长沙三塑，二是领衔组建全省塑料工业集团，三是顺利进入“笼子”，股票上市指日可待。在资本营运这片新的天地里，我公司步伐越迈越快，越迈越大，触角伸向了更为广阔的资本市场——股市。1998年9月，我公司被列入湖南省5家A股上市。湖南省多家媒体相继报道了此类题材的消息，其中1998年3月1日，《湖南日报》记者刘爱民以《湖南塑料工业集团创立运作，贺同新等出席并授牌》为题报道了湖南塑料工业集团成立的消息：

2月28日，湖南塑料工业集团在长沙正式创立。副省长贺同新等领导向集团理事长何述金授牌。中国轻工总会有关负责人称此举标志着塑料工业这一朝阳产业在湖南的发展进入了一个新的阶段。我省塑料工业起步早，但发展慢，“散、小、差”现状堪忧，而由原安江塑料厂发展起来的湖南安塑高分子材料集团股份有限公司却一枝独秀，短短几年时间便由一个集体小厂发展成为全国塑料行业的优势企业，其“资本增效目标管理法”成为全省企业“远学邯钢，近学安塑”的重要内容。去年，他们又成功地竞价收购了破产企业塑料三厂。大规模的资产重组拓开了一片广阔的发展天地。以“安塑”为母公司构建的湖南塑料工业集团于是应运而生。据悉：集团共有18个成员企业，几乎囊括了我省各地活力较强的大部分同行企业，总资产达到10.6亿元。它们的结合，将推动我省塑料工业通过结构调整实现专业化集约化经营；通过资本营运实现低成本扩张；通过科工贸结合促进产品升级换代，从而使沉寂不振的我省塑料行业显出"朝阳产业"曙光。

五、"资本增效目标管理法"促进全国首家人造革企业上市

综上所述，昔日的安江塑料厂只是个1996年建厂的镇办企业，地处偏僻山区，设备技术落后，只能生产低档人造革，截至1990年，年销售收入仅753万元。在党和政府及各级领导的指引关怀下，在各界朋友和广大客户的支持厚爱下，我厂在改革开放的大潮中，在市场经济的风浪里，创造了独具特色的"资本增效目标管理法"，通过"内部市场化管理模式"运作，克服了重重困难，战胜了艰难险阻，成功引进了一条从日本融资租赁的PVC压延生产线，继而又从意大利和中国台湾引进了两条生产线，使安江塑料厂固定资产原值增长了80倍，销售收入增长了13倍，利润增长了23倍，实现了安江塑料厂第一次创业和超常规发展。1997年安江塑料厂遭受灭顶之灾后迁址到省城，收购了破产企业长沙塑料三厂，大刀阔斧地进行了技术改革，使闲置了5年的两条引进生产线投入了生产，吸收金利公司投资的一条意大利生产的具有国际先进水平的透气革生产线，企业实现扭亏为盈，利税有了较大增长，真正实现了重灾后的崛起，实现了跨地区的发展，完成了安江塑料厂的第二次创业。10年后的安江塑料厂已发展成为大型股份制公司，总资产6.3亿元，员工近1000人，拥有8条引进的先进人造革生产线，形成了年生产4500万平方米人造革、4000吨农地膜、4000吨PVC管材塑料建材的规模。年销售收入突破3亿元，年创利税超过2000万元，年利润总额和人均利税额在全国人造革厂家中居第一位。2000年，安江塑料厂被确定为全国人造革高新技术发展基地，安江塑料厂一鼓作气，乘胜前进，走向资本市场。

经多年艰苦努力，安江塑料厂股票于2000年在深圳证券交易所成功挂牌上市，实现了股票发行上市。募集了3亿元的资金，总资产由2.7亿元增至5.9亿元，总资产负债率由48.3%下降至23.8%，抗风险能力大大增强。安江塑料厂投资1亿多元建设国家高技术产业化示范工程，从意大利和中国台湾引进4条生产线。2001年10月8日，《证券时报》记者李映宏以"募股项目大功告成，产品主要出口创汇"为引题，以"安塑股份成为人造革行业龙头"为主题，报道了安塑股票成功挂牌上市后安塑发展势头的新闻：

安塑股份（0156）最大的募股PU透气人造革生产线9月28日在长沙正式投产，同时，该生产线被确定为全国4个人造革高新技术发展基地之一，国家发展计划委员会授予其“国家高技术产业化示范工程”。公司董事长兼总经理何述金表示，PU透气人造革生产线的正式投产，不仅意味着我国已经能够完全自主研制出这种高科技产品，而且还成功地实现了大规模的产业化开发，这将为公司带来新的利润增长点。安塑股份是湖南省20家重点企业集团之一，虽然前些年在引进国外先进设备、先进技术方面曾走在全国前列，但由于我国整个塑料制革行业起点低，传统产业的成分重，因此，公司原有PVC和常规PU人造革产品难以进一步开拓国内外市场。尤其是随着“入世”的临近，国外相关行业步步紧逼的态势给我国整个人造革行业造成了巨大威胁。因此公司在收购整体破产的长沙第三塑料厂从而实行低成本扩张的基础上，加大科技投入，主攻国际一流的PU透气人造服装革沙发革的开发研制。目前已成功开发出了达到国际先进水平的弹性PU透气服装革和沙发革，并获得了三项国家专利，拥有完全的知识产权。其主导产品PU人造革由于透气透湿高强耐寒，畅销国内并一举打入美国、意大利等欧美市场，加之国际市场同等工艺水平仅有日本具有，因而具有垄断性市场空间。据介绍，该生产线试产3个月就实现销售收入3000万元，正式达产后产值可到5亿元以上，出口创汇将占公司主营业务收入的70%。何述金认为，公司将由此突破传统产业，极大地提高企业发展的核心竞争力。据他介绍，公司已被国家科技部和湖南省科委、省经贸委分别认定为国家火炬计划重点高新技术企业和省级高新技术企业，基本实现了由传统企业向高新技术企业的转型，成为我国人造革行业的龙头。

第四章　影响：“资本增效目标管理法”魅力

第一节　脱颖而出

众所周知，20 世纪 90 年代初期的三年，是中国塑料行业“大滑坡”的三年，但这大滑坡的三年，正是我厂彻底进行企业内部管理制度改革、创造“资本增效目标管理法”，实施“内部市场化管理”的关键时期，也是我厂走出困境并实现了三年大发展的第一个辉煌时期，这不能不说是一个奇迹。

时光追溯到距今 22 年前的冬季。1993 年 11 月 12 日，全国塑料制品行业协会理事会在江苏无锡市西郊宾馆召开。这次会议的背景是，全国塑料行业经营局势艰难、市场疲软，超需求的发展速度，急剧下滑的经济效益，还有大面积的亏损……会上，与会者彼此间探问情况，都拿“无锡”做调侃，“无锡无锡，无戏无戏”。会上弥漫着低沉、压抑的气氛，与会者怎么也兴奋不起来。

第二天是典型发言，会议主持人宣布：“下面请湖南安江塑料厂何述金厂长介绍经验”。“湖南安江塑料厂”，在理事会的印象中，这在全国塑料行业是个名不见经传的陌生厂名。协会里没有这个理事，甚至没有这个会员。理事们交头接耳，会议室里窃窃私语，看上去似乎弄不明白为什么安排一个既不是理事，也不是会员的单位作典型发言。虽然场面有点尴尬，但我底气很足，胸有成竹，从容地站到了发言席上，热情地向大会介绍安江塑料厂的情况，讲技术改造，讲企业管理，讲内部改革，讲产品质量，讲市场销售，讲企业效益，特别向与会人员介绍了我厂创造“资本增效目标管理法”，在企业内部实施“市场化管理”，三年时间使一个小小的集体企业发展成为大型企业的成功经验。

会场上，窃窃私语渐渐平息，大家聚精会神地听着我的发言，出现了一片沉静场面，我发言完毕后，大家一时还回不过神来，片刻，响起了一阵热烈的掌声。继而，又产生种种疑问——行业调查表明，近年来，塑料制品业“竞争激烈，危机四伏”，亏损面已由1990年的26%上升到70%，能够维持盈利的企业已寥若晨星，在行业性困难时期，一个名不见经传的山区小厂却奇迹般地崛起，使人们难以置信。我的经验介绍，像一石激起千层浪。散会了，理事们纷纷挤进我的房间，探询着自己的不解。东西南北的方言，我一时难以听懂；五花八门的提问，我一时回答不清，我只向他们说，“企业内部模仿市场化管理”是个好办法……

“在当时行业萧条的困境中，湖南安江塑料厂如同万绿丛中一点红，销售收入、利税、全员劳动生产率等各项经济指标坚挺地上升。市场疲软的危机、产品胀库的压力、资金紧缺的窘迫，还有内部改革的风险、管理滑坡的隐患……这些不仅困扰着塑料制品行业也困扰着中国企业界的难题，湖南安江塑料厂是怎么化险为夷的呢？全国塑料行业三年大滑坡，湖南安江塑料厂却三年大发展，有什么法宝，奥妙在何方？”这是与会人员心中的悬念！

江苏无锡全国塑料制品行业协会理事会闭幕后，不少闯荡过上海、羊城的厂长听了我的经验介绍不解渴，又千里迢迢来到安江塑料厂所在地安江进行探秘。在那座威武逶迤、连绵贯穿着湘西湘中湘南的雪峰山西麓，在那条弯弯曲曲情意悠悠联系着土、苗、侗、瑶、汉人民的沅水东岸，在那个交通不便、信息不灵、多了些小农意识、少了些工业氛围的小镇泥泞而狭窄的公路尽头，来访者看到了这座谈不上雄伟谈不上壮观的厂房——“这就是在江苏无锡全国塑料制品行业协会理事会上那位何厂长介绍的‘安江塑料厂’?!”

踏上坐落安江塑料厂这片土地的第一印象，让来访者有些失望——路的两旁是清一色的20世纪50年代青砖建筑群，灰暗的墙体黑涩的瓦，仅有一幢两层的楼房，亮度和高度与来访者的想象相距甚远。不过，他们似乎“不到长城非好汉”，既来之，则看之，“不管怎么样，也要进厂里去看个究竟！”于是，“暗访的厂长们在厂里找到了我，开诚布公：“何厂长，在无锡听了您的经验介绍，我们深受感动，特意冒昧慕名前来参观学习取经，希望能接受我们这一行不速之客！”

走进车间，来访的厂长们豁然开朗，现代化大生产气势扑面而来，整洁而有序的现场，光可鉴人的设备，红绿指示灯向参观人群眨着神秘的眼睛，人造革像瀑布一样从高高的机架上流淌……我一边陪同厂长们观看生产现场，一边介绍工厂技改的经历，看得出来，他们就像听着一个个传奇的故事。

在北京，为了争取到国内最后一条也是西南区唯一的一条引进 PVC 人造革生产线，我们用半天的时间差，以巧妙的战术，在强手如林的竞争中拿到批文；在长沙，为了确保技术含量质量水准，我们顶着压力，放弃了指定的中国台湾、中国香港厂商而选购了日本设备；在怀化，为了节省投资、减少贷款难度，我们动员全厂职工做装卸工，将 116 件设备运回工厂；在车间，我们自行安装引进设备，快速度和高质量得到日本专家的高度赞赏……

选项准、起点高、速度快的技术改造，使安江塑料厂脱胎换骨，在技术、品种、质量、规模等方面占有了领先一步的优势地位，没有高起点的改造，就没有安江塑料厂的今天。如果说成功的技改使安江塑料厂具备了坚实的"硬件"，那么独特的管理体系就是安江塑料厂全新的"软件"，一硬一软，给安江塑料厂插上了腾飞的两只翅膀。

"用日本的生产线，就得学日本的管理。"这是我向我的管理人员灌输的一种思路。为此，我厂制定了严细齐全的管理制度，从厂长到清洁工，从关键工序到熄灯关门，从产品销售到吃饭走路……每一件事每一个岗都有章可循。180 余种、20 万字的工厂标准，严密地规范着企业和职工的行为。使人佩服的是，这绝对不是花拳绣腿摆架势，严格的考核已成了我厂干部职工日常生活中的习惯。

我列举了几件小事，足以让来访的厂长们见到安江塑料厂内部管理的严格和细微：地委书记来厂，因未办通行手续被挡在厂门外；日本专家吸烟，遭处罚后，请求别告到他们老板那里去；厂长下班忘了熄灯，被罚款 2 元，自嘲记性不好；工人填错报表被罚后，发誓再不会有第二次……

我还向来访者介绍，对制度的考核，只有罚没有奖，因为，规章就是厂法，法是必须遵循的，遵章守纪是安江塑料厂每个干部职工最基本的常识。我厂搞"三项制度"改革，敢动真的，在这里干部能上能下，工人能进能出，收入能多能少成了寻常之事。例如：有位科长去当业务员了，某某被辞退了，这个月工资多了几百元……这些事情在我厂已形不成新闻，更引不起风波。我厂干部职工统一的观点是：下来不是下，是不适应这个岗位，不是他缺少才能，换个地方他会干得更好。我厂一位副厂长，因为 1992 年底被解聘了，按照厂里规定，他自己联系到了供销公司当销售员，仅用了半年的时间，他在强手如林的东北市场打开了我厂产品的销售局面，一年后，他提成数万元，成了全厂的首富。

使厂长们最兴奋的是我厂自己创造的“内部市场化管理机制”。他们看到了许多新奇事：车间必须向供应部门采购原辅料组织生产，每道工序必须向上道工序购买半成品，供销公司则收购车间的产品；分机台实行独立核算，每天与班组进行结账，赚了就多得，亏了就倒扣，半成品卖不出、资金转不活就得“岗位破产”、“厂内待业”；现场管理、安全生产一律纳入岗位职责，实行货币化考核，现金扣发，用车、打字、文印、工器具消耗等，全部是买卖关系；“厂币”是我厂一般等价交换物的特殊商品，一个单位经厂部核定的厂币周转困难，只能向“厂内银行”贷款，利息自然是要支付的……市场机制的建立、使用，使得我厂的每一件物品商品化，每一个员工既当“老板”理财，又是工人做工，外面是大市场，厂内是小市场。由于严格实施了“资本增效目标管理法”，管理的能量转化为稳步提高的经济效益，转化成不断增加的对国家的贡献和企业的后劲，1993年，这个三四百人、固定资产7000万元的大型企业，销售收入6000万元，利税828万元，全员劳动生产率16万元，人均利税2万多元；厂里的福利也得到了改善，人年均收入三年间翻了一番多，生产区安装了暖气，上下班有了交通车，家家用上了液化气和闭路电视……来访的同行们看后，心悦诚服，颔首赞许：“山沟里出了企业明星！”

当年，江苏无锡市西郊宾馆的全国塑料制品行业协会理事会召开后，我厂远近闻名，享誉神州，在业内产生了振动效应。我厂的经营理念和企业管理方法逐步被业内关注和效仿，驱车专程前来参观取经者络绎不绝。湖南省委省政府、省二轻行业对我厂的发展势头十分看好。我厂自1990年前的脆弱状态步入了效益稳定增长、影响力不断扩大的良性发展轨道，在全国塑料行业中脱颖而出。

第二节　行业树旗

改革开放以来，湖南二轻行业总产值增长较快，有关数据统计显示，20世纪90年代中后期，每年增幅在10个百分点以上。发展规模企业达5500多家。湖南二轻产品市场，是根据我国过去由温饱向小康发展这个多层次的消费需求形成的，是一个多层次的广阔市场，具有为以国有经济为主体的多种经济成分拾遗补缺的作用，然而这个覆盖面大，消费层次多，产品利润也较高的湖南二轻行业的5500多家企业，多数为规模小、劳动密集型的小企业，技术装备落后，经营机制不活，企业效益差，人均创效指数很低。我们湖南安江塑料厂地处湘西西南边陲，正是属于这类规模小、装备落后、效益差的小企业。

1990年起，我出任湖南安江塑料厂厂长，加强了工厂内部的管理创新，研究制定了“资本增效目标管理法”，并通过“企业内部市场化管理模式”进行运作管理，短短几年时间，产生了轰动效应和令人意想不到的经济效益和社会效益，成了全省甚至全国行业关注的焦点。湖南省二轻集团对我厂的改革举措高度肯定和赞赏，于1996年1月23日向全省二轻行业发出《关于开展向安江塑料厂学习的决定》(以下简称《决定》)，号召全省二轻行业向安江塑料厂学习，在全省二轻行业5500多家企业中树起的活标杆。二轻行业《决定》的内容是：

湖南安江塑料厂建于1980年。当时，是一个只能生产低档人造革，仅有145万元固定资产、137名职工的县办集体小厂。从1980年到1990年10年时间里，工业总产值一直在600万、700万左右徘徊。利润甚微，最高的1990年也只盈利56万元。

为了企业的发展，1990年在厂长何述金同志的策划下，坚持走科技兴厂的道路，先后从日本、意大利等国引进了三条具有国际先进水平的PVC、PU人造革生产线，扩大了企业生产规模。并且，在引进硬件的同时，引进了软件。引进技术的同时，引进了先进的科学管理办法。而且在消化、吸收的基础上，进行了创新。该厂《引进市场机制、强化企业内部管理》的管理成果，先后得到了国家和省政府领导的肯定。被评为中国轻工业现代化管理成果二等奖、湖南省现代化管理成果一等奖，在全国轻工业和全省工业企业中推广。创造了一套依靠技术进步，深化企业改革、强化企业管理发展企业的成功经验。

目前，该厂已是大型二档工业企业，全国塑料工业百强企业（列第49位）。1995年工业总产值已达到1.25亿元，利税665万元（其中利润333万元）。先后荣获“全国轻工业优秀企业”、“湖南省企业管理优秀企业”、“湖南省轻工业优秀厂长”、“湖南省优秀企业家”、“全国‘五一’劳动奖章获得者”。在建立现代企业制度试点工作中，是湖南省唯一一家进入省试点的集体企业，成功地进行了股份制改造。为了促进湖南二轻工业经济的发展，使安江塑料厂的经验得以在全系统内推广，省二轻工业集团总公司研究决定，号召全省二轻（区街）工业企业开展向安江塑料厂学习的活动。

要学习安江塑料厂依靠科技进步，振兴企业、发展企业的成功经验。安江塑料厂之所以能迅速地壮大起来，最重要的一条就是根据市场的需求，适时地引进了高技术生产设备和高技术产品，使企业在激烈的市场竞争中，有了较强的抗风险能力。

要学习安江塑料厂“从严治厂”，管理创新发展经济的成功经验。安江塑料厂在引进先进技术的同时，引进了国外先进管理办法，并且博采众长，融会贯通，进行创新。在基础建设上，先后制订了180种近20万字的管理标准。上至厂长、下至清洁工，有人就有岗位，有岗位就有工作标准。坚持用规章制度和工作标准教育人、管住人。为了使制度落到实处，同时设立了岗位标准检查处，对岗位标准的执行情况进行日常监督，实行奖罚兑现。从而实现了工厂员工行为有规范、办事有准则、工作有标准、好坏有考核。养成了“三老”（做老实人、办老实事、讲老实话）、“四严”（制订标准严、执行制度（标准）严）、监督检查严、考核兑现严的工厂作风。

要学习安江塑料厂敢于改革创新、引进市场机制、强化企业内部经济核算和成本管理的成功经验。安江塑料厂在生产经营过程中，一切从提高企业的经济效益出发，采用改革的思路，引进市场机制。他们将企业的供销、生产、技术、后勤划分为四个系统，每个系统都通过企业内部银行，实行买卖制度，使各个部门都牢固树立风险意识、成本意识、质量意识、效益意识，实现了自我发展、自我激励、自我约束。

要学习安江塑料厂注重政治思想工作，调动全体员工参与改革、参与管理、建设好企业文化的成功经验。安塑在改革和强化企业内部管理过程中，除了运用经济、行政手段外，十分重视思想工作和企业文化的建设，充分发挥党、团、工会等组织的作用、经常举行报告会、演讲会，开展劳动竞赛、质量竞赛、安全竞赛、业务知识竞赛活动。寓教于乐，寓教于各种竞赛活动。增强员工的自觉性、自信心、自豪感和主人翁意识，增强企业的凝聚力。

我们希望，通过开展学习安江塑料厂这一活动，使我们湖南二轻工业的企业改革、企业管理、企业的技术进步，大大地向前推进一步，有一个新的飞跃，出现成百上千个"安塑式"企业，实现经济的振兴和腾飞[①]。

第三节　省政府力推

1996年1月3日，《国务院批转国家经贸委、冶金部关于邯钢总厂管理经验调查报告的通知》（国发［1996］3号）下发后，湖南省经贸委结合本省实际，于1996年4月26日向省人民政府呈送《关于学习推广邯钢经验进一步加强企业管理的报告》，报告明确提出"学习推广邯钢经验要与学习推广本地典型结合起来，在全省开展"远学邯钢，近学安塑"的活动"：

1996年5月2日，湖南省人民政府批转省经贸委关于学习推广邯钢经验进一步加强企业管理报告的通知（湘政发［1996］17号）。

各行政公署，自治州、市、县人民政府，省直机关各单位：省人民政府同意省经贸委《关于学习推广邯钢经验进一步加强企业管理的意见》，现转发给你们，请结合本地区、本部门实际，认真贯彻执行。

1996年4月26日，湖南省经贸委向省人民政府呈送的《关于学习推广邯钢经验进一步加强企业管理的报告》内容：

省人民政府：为了贯彻落实1996年1月3日《国务院批转国家经贸委、冶金部关于邯钢总厂管理经验调查报告的通知》精神，把企业改革、改组、改造和加强管理结合起来，促进企业加快实现两个根本性转变，现将我省在"九五"期间学习推广邯钢经验，进一步加强企业管理的意见报告如下：

（1）学习邯钢经验要联系实际，抓住根本。邯钢经验的精神实质是以经济效益为中心，支持"三改一加强"方针，按市场经济要求，建立起"模拟市场核算，实行成本否决"的管理机制。这是企业实现两个根本性转变的关键。学习推广邯钢经验，一要面向市场，转变观念，建立起适应社会主义市场经济要求的经营机制，加强内部管理，立足内部挖潜，着力抓好内部改革，不断提高企业的市

① 湖南省二轻工业集团总公司湘二轻行字1996年第11号文件。

场适应能力和竞争能力；二要坚持企业管理以财务管理为中心，紧紧抓住降低成本这个提高经济效益的“牛鼻子”，改善和加强营销、供应等管理，堵塞效益的跑、冒、滴、漏，促进增长方式的转变；三要加大科技投入，加快技术改造，增加技术进步在降低成本、提高经济效益因素中的比重，依托现有企业，通过改革、改组、改造和加强企业管理实现优化资产存量，走内涵扩大再生的路子；四要加强班组建设，全心全意依靠工人阶级，充分发挥广大职工群众的主人翁作用，将市场对企业的压力及时有效地传递到每个职工，形成人人当家理财的氛围；五要加强企业领导班子建设，努力建设一个讲政治、讲学习、讲正气、讲廉洁，具有较高政治和业务素质的领导班子。

（2）学习推广邯钢经验要与学习推广本地典型结合起来，在全省开展“远学邯钢，近学安塑”的活动。安江塑料制品集团公司是“八五”期间我省涌现出来的管理优秀企业，他们以市场为导向，以提高经济效益为目的，坚持“三改一加强”，把全体员工推向市场，创造了“实行价值形态管理，追求资本最大效益”的管理模式，即把管理的主线由过去的注重实物形态转为注重价值形态，把可供企业支配的生产要素都视为资本；为保证投入的有限资本获得高额回报，在企业内部引入市场机制，模拟市场买卖，按照目标管理的原则，将流动资金以厂币形式定额配置给生产、供销、技术、后勤各环节，将固定资产按生产工艺特点有偿配置给各生产经营单位；对资本增效目标进行逐级分解落实，责权结合奖罚兑现；企业凭借行政、经济和法律手段规范员工行为，增强市场竞争和风险意识，重视资本营运效果，加速资金周转，追求资本增效最大化。通过技术创新与管理创新相结合，仅5年时间，安塑便由一个固定资产只有145万元的集体小厂发展为拥有固定资产1.32亿元的大型企业，成为全国同行业“百强企业”和“100家最佳经济效益企业”。全省企业要以邯钢、安塑为榜样，切实加强企业管理，在转换经营机制的基础上努力转变经济增长方式，挖掘内部潜力，提高经济效益。各地各部门各行业在学习邯钢、安塑经验时，要注意及时总结自己的典型经验，宣传推广典型，做到以点带面。冶金、二轻行业要先走一步，为全省企业开展“远学邯钢，近学安塑”活动提供经验。建立现代企业制度试点企业要把开展“远学邯钢，近学安塑”的活动作为建制试点的重要内容，多出成果。

（3）学习邯钢和安塑经验要明确目的，确立目标。学习推广邯钢、安塑经验的目的在于切实加强企业管理，为企业的改革、改组、改造提供有力保证，改变企业管理不严、质量低、成本高、物资消耗大、资金周转慢、经济效益差、亏损严重的局面。全省在"九五"期间要通过学邯钢和安塑，使企业管理有明显的改善，产品结构趋于合理，产品质量显著提高，生产成本稳步下降，企业进入市场的适应能力和竞争能力增强，经济效益有明显好转。具体目标是：国有企业每年产品产销率提高0.5个百分点，减少资金占用5亿元，资金周转加快0.1次，盘活资金10亿元；产品成本费用利润率提高0.5个百分点，增加净盈利4亿元；质量损失减少1亿元；国家产品质量监督抽查合格率提高3个百分点；国有工业企业资产负债率降低3个百分点。1996年的目标是盈利增加率达到10%~20%；亏损面下降3个百分点，亏损额下降10%。上述任务和目标要分解到各地和各行业。各级各部门各行业要根据自己的实际，制订学习推广邯钢、安塑经验，进一步加强企业管理的工作方案，并认真组织实施，加强指导协调，严格督促检查。

（4）学习邯钢和安塑经验要真学实干，务求实效。每个企业都应从实际出发，明确重点，不走过场，不图形式。有的要突出抓好企业的基础管理，搞好整章建制，为推行目标成本管理创造条件；有的可以把财务管理作为突破口，以成本管理为核心，切实提高经济效益；有的可先从抓质量入手，以过硬的产品质量占领市场，进而推动管理创新。

（5）各地各部门各行业要加强对"远学邯钢，近学安塑"活动的组织领导，全面部署，狠抓落实。要建立各级领导责任制，将企业管理目标考核与企业主管部门和企业领导的政绩考核挂钩，并根据考核结果采取相应的奖罚措施。各级宣传部门要加大宣传邯钢和安塑管理经验的力度，使全省学邯钢和安塑经验的活动广泛、深入、扎实地开展下去，促进企业管理水平跃上一个新台阶。以上报告如无不妥，请批转各地各部门贯彻执行[①]。

第四节 媒体热传

20世纪90年代初，中国塑料行业"大滑坡"，但我厂这个时期竟实现了大

①《湖南政报》，1996年第10期。

发展。于是，在较长一个时期，省委省政府及各级政府部门、二轻行业许多有关会议，各大主流媒体，陆续推介赞扬我厂独树一帜的"资本增效目标管理法"，使我厂的"内部市场化管理"家喻户晓，人人皆知。

湖南日报评论员《从严管理企业兴》（1994年4月25日）文章指出：

安江塑料厂严于治厂，严于管理，可谓严出了水平，严出了效益。短短4年，这个厂由一个山区小厂一跃成为国家大二型企业，固定资产由145万元增加到7400万元，产值、利税分别增长5倍和14倍多，资金利税率达20.5%，其速度之快，效益之高，令同行折服。至少给我们三点启示：

启示之一，以严治厂，强化管理，必须转变思想观念，真正把企业管理工作提到突出的位置上来。工业企业发展生产，提高效益，一靠技术进步，二靠加强管理。技术和管理好比汽车两边的轮子，缺一不可。现代化的技术只有与严格而有序的管理相结合，才能变成先进的生产力。从目前情况看，不少企业不仅技术装备落后，管理更落后，而管理落后尚未引起人们足够的重视。管理疏漏，效率低下，浪费严重，这是一些企业中普遍存在的现象。据统计，1993年，我省114种主要工业产品的能耗比全国平均水平高10%，能源利用率仅30%，在亏损企业中，大约有60%的企业主要是由于管理不善造成的。由此可见，企业的管理中确实蕴藏着增加有效供给、提高经济效益的巨大潜力，抓好管理已是一项不可忽视的紧迫工作了。

启示之二，转机制，打基础，是从严治厂、强化管理的保障。实现科学管理，的确不是轻而易举的，必须要有机制的转换作为后盾，才能持之以恒。在建立社会主义市场经济的条件下，企业管理也遇到了改革的新课题。当前，要注意防止和克服一种以转代管的倾向，认为《条例》赋予企业的权力到手，经营机制就自然转换了，管理也就自然而然上去了，对抓管理无所用心。应当看到，管理作为企业的一项基础工作，其本身也是企业改革的一项重要内容。如果企业的管理体制不改革，机制不转换，就无法增强对市场的适应能力。所以，一定要处理好转换机制与加强管理的关系，要以转换经营机制为目标，促进管理的加强和改善，同时以科学严格的管理来巩固和发展转换机制的成果。

启示之三，从严治厂，强化管理，必须调动方方面面的积极性，向管理要效益。这也是我们一切工作的出发点和归宿。目前不少企业因经营管理不善而亏损严重，面临着严峻的形势。这些企业要渡过目前的难关，除了解决资金、原材料等问题外，最重要的就是要抓住时机，在改革中推进管理工作，练好内功，强化各种责任制。要像安塑那样，企业领导率先垂范，从严依法治厂，使整个生产经营运行规范有序。谁在这方面有高度的自觉性，并有切实可行的严格措施，谁就有可能战胜目前的困难，并为企业长远发展打下坚实基础。

《湖南日报》《通江达海正其时》（1994 年 4 月 25 日）文章说：

外面的世界也很"无奈"，全国的塑料厂达 1.3 万家，生产人造革的企业也数以千计。生产能力过剩，产品供大于求，竞争异常激烈，亏损面高达 70%。神奇的是，在如此"残酷的无奈"中，安江塑料厂却在悄悄地崛起。从技改前的 1990 年起步，固定资产由 145 万元增加到 7400 万元；产值、利税猛增 5.32 倍和 14.3 倍，分别达到 6015 万元和 831 万元；资金利税率由 1.62%提高到 20.5%；全员劳动效率翻了一番，达 16.08 万元，人均创利税 2 万元。昔日作坊式的小厂，成为了国家大二型企业。去年利润额列全国同行业第四，同规模企业的第一。今年头 3 个月，更是起步不凡，创产值 2055 万元，实现销售收入 1844 万元，利税 362 万元，分别比大发展的去年同期增长 127.9%、111.4%和 241.5%。产品畅销全国，进出口的"桥头堡"也已在香港地区扎稳脚跟。凡到过这儿的人们都会对这一切发出由衷的赞叹，就像那位不远万里来到安江的意大利洋老板所感慨的那样："哇，我在中国山区发现了一个奇迹！"奇迹从何而来？我们徜徉在花园般的厂区、光亮洁净的车间，遍访各方人士，暗察细微毫末，方方面面得出的是一个既简单又复杂的答案：从严治厂。

严出素质赢机遇。185 种近 20 万字的管理标准和岗位标准制定出来了，从厂长到勤杂工，从生产经营到食堂就餐，有人就有制度，有岗位就有标准，严细齐全，真查细究，坚决兑现。尤其是，动真格的"三项制度"改革，更使从严管理的各项措施落到了实处……从严管理不断提高了全体职工的素质，终于使引进的生产线尽早发挥了效益，1991 年便为厂里创利税 270 多万元，在全国 70 多条同类生产线中独领风骚。这年，何述金又作出大胆的决策，一举偿还了可分 4 年 8 期归还的全部外汇租金，避免外汇风险达 1300 多万元。去年，调试这些设备的日方领队再次来到厂里，活生生的事实使洋老板惊叹不已："在中国，我还是第一次看到这样严格的管理。”

从严管活见效益。从严治厂的起步阶段，安江塑料厂主要靠干部带头，何述金就自告奋勇地去负责压延车间那个最难搞的二楼，天天擦扫督促，但管起来还觉得别扭、吃力。能不能使生产者成为自觉的经营人，来一个从严又管活？1992年，安塑的管理思想终于有了一个质的升华——把厂内变成市场，全面推行内部买卖制，将市场机制导入每个职工的行为中去。1992年7月15日，安塑的生产系统先行一步，首先建立起“生产市场”。其动作方式是，以厂币形式核拨“生产市场”一定的流动资金（1992年是100万元），再分配到机台班组，各机台班组之间的每道工序的物资交换都用厂币买卖。若卖不出，就视为待销品，不能计提工资奖金，若某个机台资金周转不过来，可向厂里申请货款一次，再周转不灵即实行机台破产，对机台长解除合同，其余人员下岗待业，厂里对“生产市场”只调控五大指标：产量和时间、质量、消耗、现场管理与安全生产。成本管理落到了每个人的头上，节约降耗在厂内蔚然成风。1992年仅6个月，就节约价值108万元的原材料。1993年，生产高档仿真人造革的意大利生产线给安塑注入了强大的发展后劲，全年销售收入一举超过亿元，利税稳在千万元以上。

《经贸导刊》《跨向“自由王国”》（1994年第4期）文章说：

“管理出效益”，这句极具鼓动力的口号曾在20世纪80年代激发出全国性的企业管理热，进入90年代，在严峻的经济形势下，“管理出效益”似乎成了可望而不可即的“海市蜃楼”。企业管理开始急剧降温。但是，在湖南安江塑料厂，无论领导和职工，却都十分虔诚地信奉着这个道理，坚韧不拔、孜孜不倦地探索着管理“王国”的奥秘，人家滑坡他们起步，人家降温他们升温，从整章建制到从严治厂，从现场管理到滚动计划，一步一步地走，一步一步地深入，终于摸索出一种全新的管理模式——“厂内市场化管理”，安江塑料厂的管理，从此产生飞跃性的转变，开始从“必然王国”跨向自由王国。

《湖南日报》《安塑之路》（2001年9月27日）文章说：

安江塑料厂创业的过程，也是管理创新的过程。自1990年从严治厂，至

1995年形成体系，安江塑料厂首创了“资本增效目标管理法”。这项成果，1996年荣获了“全国企业杰出贡献奖”，因而被誉为“安塑管理模式”。安江塑料厂管理模式的核心是资本增效。在安江塑料厂，投入生产经营的每项生产要素，都被视为可增值的资本。管理，就是要追求资本增值的最大效益。公司每年将资本增效额等11项指标逐级分解落实，实行全员资本增效目标管理考核，实行按“效”取酬的分配制度，重奖重罚。安江塑料厂的管理创新源于实践，而实践的理性提炼，又指导着安塑人的进一步创新……安江塑料厂的管理模式不仅是安江塑料厂开拓市场的利器，也成为了全省工交企业加强企业管理的法宝。1996年省政府以“湘政发［1996］17号文件”批转了省经贸委的报告，要求全省企业广泛开展“远学邯钢，近学安塑”的活动。这个报告提出：安江塑料厂是“八五”期间我省涌现出来的管理优秀企业，他们把全体员工推向市场，创造了“实行价值形态管理，追求资本最大效益”的管理模式……

诸如此类，省内外《湖南日报》、《三湘都市报》、《潇湘晨报》、《湖南工人报》、《长沙晚报》、《南方财经》、《上海证券报》等相关媒体热情关注和跟踪报道了安江塑料厂以“资本增效目标管理法”为核心内容的发展实况，大量文献资料对安江塑料厂的“资本增效目标管理法”进行了记载。

1994年9日23~25日，湖南省经贸委在怀化地区安江塑料厂召开全省企业管理工作座谈会。大会宣读了副省长周伯华致会议的公开信，全文如下：出席全省企业管理工作座谈会的同志们：你们辛苦了！这次全省企业管理工作座谈会在安江塑料厂召开，坚持探索和完善企业管理，创造了我省企业管理的先进水平。我希望同志们结合本地、本行业、本企业的实际，认真学习安江塑料厂的管理经验。同时，也希望安江塑料厂永不停步，更上一层楼！①……1996年5月3日，湖南省人民政府“湘政函［1996］65号”作出《湖南省人民政府关于授予安江塑料制品集团公司等企业“湖南省‘八五’管理优秀企业”称号的决定》，号召全省工交系统向他们学习，在全省范围内掀起“远学邯钢，近学安塑，转机制、抓管理、练内功、增效益”活动，联系实际，明确目标，落实措施，务求实效，为促进两个根本性转变，提高国有企业整体素质和经济效益，实现我省“九五”计

①《湖南召开企业管理工作座谈会——副省长周伯华向大会致公开信》、《湖南企业》，1994年第11期。

划和2010年远景目标而努力奋斗①。

此外，我厂的管理办法在全省各县市区均产生了良好的反响和良好的社会效益和经济效益，如在时任沅陵县人民政府县长曹丰禄《借鉴安塑经验，狠抓扭亏增盈》的署名文章中可见一斑。文章说："如何把安塑经验为我所用，切实抓好工业企业的扭亏增盈。今年以来，我们按照地委、行署关于学习推广安江塑料厂改革经验的指示精神，广泛深入地开展了'学安塑'活动。把学习推广安塑经验作为促进我县工业企业改革和内部管理的强大动力，促进了工业生产的稳定发展。截至1994年12月底，全县完成工业总产值3.7亿元，为年度计划的105.7%，比1993年同期增长48%，创历史最高水平。其中，乡以上工业总产值完成2.05亿元，完成地区下达年度计划17800万元的115.2%，比上年同期增长33.1%，发展速度超过了全区和全省的平均水平，企业经济效益有了较大的提高。9家预算内工业企业实现销售收入5395万元，增长29.5%，实现利税653.4万元，比去年同期增长64.7%，去年4家企业亏损，其中有3家扭亏为盈，1家持平。实践证明，安塑的经验值得借鉴，为我县工业企业，尤其是亏损企业注入了强大的活力。其具体表现在以下三个方面：一是通过学安塑活动，触动了企业深层次内容的改革；二是通过学安塑活动，促进了企业管理；三是通过学安塑活动，强化了领导服务。安塑的经验，具有很强的指导性、实用性和操作性，我们决心把学安塑活动深入持久地开展下去，及时总结推广我们自己学安塑的好经验、好做法，并帮助先进典型企业进一步巩固、完善，让其他企业学有榜样，做有模式，充分发挥示范辐射作用，加快经营机制的转换，增强工业发展后劲，促进我县工业持续、快速、高效、稳步发展②。

---

① 湖南省人民政府湘政函1996年65号。
②《企业之声》，1995年1月15日。

第五章　思考："资本增效目标管理法"综述

第一节　"资本增效目标管理法"的理论基础及其创新

一、理论基础

"资本增效目标管理法"是通过建立企业内部市场体系和调控体系，按照社会主义市场经济的规律，对企业内部各种资源进行合理配置的管理机制。虽然有别于宏观的商品市场，但符合社会化大生产的客观要求，是调动企业经营者、管理者的积极性，增强企业活力、提高企业经济效益的有效措施。其理论基础概括为以下几个方面：

（1）在一个企业内部，各工序、各部门、各个职工之间，既分工协作，又各有自己的利益，随着社会分工和市场经济的发展，企业内部的分工内涵发生了变化，这样，企业生产经营的各个环节和个人可塑造为独立的经济利益主体，并且能够使其在利益的激励和约束下，彼此开展竞争。因此，产品生产过程中各个车间、各个工序间的关系以及整个企业生产经营过程中产、供、销之间的关系可以通过市场来调节。企业内部市场化管理实际上就是根据这一理论和特点，把企业各个生产经营环节和生产者进一步细分下去，作为一个个相对独立的经济利益主体，并在各个主体之间实行商品交换关系，使每个职工既是生产者，又是经营者，积极参与竞争。这就把生产者的利益、生产者劳务输出的数量和质量完全放到"市场"的天平上，形成"社会"承认的劳动价值，使每个职工在市场竞争的环境下，规范自己的经营行为，调节自己的决策，提高工作质量能力。因此，在“资本增效目标管理法”中，职工的个人利益是靠市场竞争创造的，符和客观和公正原则，而不是传统管理中靠行政考核体现，避免了主观、人为因素的消极影响，有利于调动经营者和劳动者的积极性，是我们可以利用的组织社会化大生产的好形式。

（2）我厂将企业生产经营的各个尽可能小的环节改造为具有能独立生产或经营的“经营者”，使其能对自己经营的产品有“经营权”。在企业内部市场化管理中，当在企业内部划定“经营者”时，原料、在制品、产成品的流转过程成为商品交换过程，就实现了企业内部的市场化运行。产品转让所实现的价值会因消耗、质量等问题而大小有别，从而使交换主体的个人权益大小不一。企业内部各个生产环节的产品交换的权益，将在生产经营者之间的每一次交换过程中得以体现。而交换过程就是生产经营之间发生买卖关系的过程，完全是买卖当事人横向之间的事，是在企业内部出现的横向利益关系。这种关系，一是对每个“经营者”形成自我约束机制。企业内部每个经营者受利益的驱使，必须进行自我控制，为达到获得最多收入的目的，他们必须以最好的质量，最节约的方式进行生产。二是生产经营中各环节之间的各种复杂关系，变成了简单的“横向利益”关系，你买我卖，按质论价，各自关系明确，协调简单。

（3）企业组织结构的最基本要求是纵向行政指挥系统必须畅通，横向关系协调。我厂以前实行的直线职能制组织结构的基本运行规律是：企业外部信息首先由各条渠道反映到厂部，由部门过滤后汇集于厂长，厂长决策后由各部门分解，层层下达到各生产环节和经营部门，企业内部的各种信息由各环节层层反馈到厂长。这种机制，一是厂长决策量大，下达指令多，难以集中精力抓企业发展的大事；二是厂长的指令经过的环节多，从控制论的角度说，容易造成控制指令的滞后和失真，影响厂长的控制效果；三是基层各环节之间横向联系协调能力差。由于直线职能制的管理原则是一级向一级负责，同级之间协调矛盾的能力弱。“资本增效目标管理法”的原则是分层决策，日常决策由基层作出。将企业内部各生产经营环节塑造成“经营者”后，各“经营者”之间的关系一定程度上变成了买卖关系，各自之间的关系可按市场经济的规律自己进行协调。这样，一是使厂长从繁杂的日常行政指挥中解脱出来，集中精力抓大事；二是减少管理层次，使原来庞大的行政职能部门减少到只有调控中心、生产计划等几个部门。这种组织结构，从交流的角度看有以下优点：一是控制层次减少，增强系统的反应速度，能显著地提高系统的品质；二是分层决策后，各决策体所需信息量减少，环节减少，信息失真也减少，有利于提高系统控制质量；三是实现"经营者"自我控制，相当于系统的小系统优化。

(4)"资本增效目标管理法"以资金为纽带，以利益（尤其是物质利益）为动力，在社会主义初级阶段生产力不发达，人们生活水平低下的情况下，符合马斯洛基本需要理论，使员工在利益驱动下，能充分调动工作积极性和主动性。

(5)"资本增效目标管理法"在操作中简明、直观，避免了烦琐哲学，使每个员工的"经营"效果及时得到评价，更有利于及时总结经验教训，提高质量，降低消耗。同时，各经营单位利益因经营的效果而不同，但整个市场化管理体系却结成一个命运共同体，管理者不仅要根据环境的变化和本系统的情况，确立系统的总目标，而且要围绕总体目标确定诸多系统合理的比例，层层分解、落实，符合协同原理，保证系统的整体性，使管理的系统具有整体大于部分之和的放大功能。

二、理论创新

(1) 横向自我控制与行政纵向控制相结合。在企业的"资本增效目标管理法"中，把生产者自我控制与上级纵向控制有机结合在一起，是市场关系的各种经济杠杆（如：厂币、可变计划价格、借贷利息等)，在这里，厂长并不是直接去指挥、奖罚基层单位及个人，而是调节市场的经济杠杆，由市场杠杆来控制奖罚基层生产经营者。在这种经济杠杆面前，人人平等，它既是客观的，又是公平的，避免了主观人为原因的干扰。企业"资本增效目标管理法"的创新在于把传统管理中单一的行政管理改变为市场经济调节与行政管理的有机结合。

(2) 企业外部宏观市场与企业内部模拟市场实现自动转化。在企业"资本增效目标管理法"中，各"经营者"之间的关系按市场经济规律自动地协调着，在每次产品交换中，企业外部的市场信息自动地渗透到内部市场。同时，厂内市场的信息在同一时间又反馈到外部市场，产品在不停地交换，厂内外市场信息流也在不断地交换。经过简单的反复交流，企业"资本增效目标管理法"最终达或市场的自动转化，使企业层次减少，调控内容简化，大大降低管理成本。因而企业"资本增效目标管理法"是一个高效率、低费用的制度和方法。

第二节 “资本增效目标管理法”的实践效果

“资本增效目标管理法”以价值规律为主要理论依据，科学地按照市场导向改革企业内部经营机制，综合运用市场经济的基本原理和手段，对生产经营活动进行宏观调控，不仅创造了明显的经济效益，更重要的是为提高企业素质、加速推进管理现代化、保证企业经济效益的持续稳定增长闯出了一条新路子，使“资本增效目标管理法”的理论有了切实可行而且操作简便的运行机制。

一、最大限度地调动了广大职工的积极性和创造精神

在市场经济中，企业的胜负固然取决于经营管理者的正确决策、产品的适销对路和市场占有率，然而离开了劳动者的生产积极性，再好的决策意图也是空的。在我们厂，企业“资本增效目标管理法”投入运作后，已经显示出神奇的效能。不论是车间一线工人，还是科室的管理、技术、供销人员都以饱满的热情投入生产经营。用不着领导跟班，用不着搞突击检查，产量上去了，消耗降低了。就是现场卫生，每个机台都主动请考核部门来检查。一切都是职工的自觉行动，工人都把自己看成是管理好机器、自我经营的“老板”。全体员工的积极性被充分调动起来，他们不再是被动地应付，与管理者的矛盾也化解了，人人都把自己看成既是对机器和产品的管理者，又是实现自身价值的经营者，自觉地把自己看成是企业的主人，与企业同命运共呼吸。

二、增强了活力，提高了经济效益

“资本增效目标管理法”为企业带来了良好的经济效益。

（1）由于生产市场的建立，在车间里，一个机台少则三五人、多则七八人就成了一个相对独立的经营组织，产量、成本全由工人控制，质量则由下道工序认定。这样，工人如果不自觉降低成本，提高产量与质量，就很难获得自己想象的效益，甚至会因低产量、高成本和不合格的质量，使核定的资金发生亏损而宣告

"破产"，机台人员"待业"。于是，千方百计提高质量档次自然就成了每个机台每个工人自觉主动的行为，每个工人都精明地算计如何节约降耗。以1993年为例，在"三大"主要原材料大幅度涨价的情况下，我厂的物耗指标比国家二级企业指标整整低了30%，消化涨价因素650多万元，不仅没有亏损，利润还增长了30%，达到452万元，剔除产品涨价因素420万元，企业多创收了332万元［其计算依据Y＝本年利润－上年利润）＋（原材料涨价－产品涨价）＝（452－350）＋（650－420）＝332（万元）］，使同行们觉得"不可思议"。

（2）近几年，企业最感头痛的资金问题也曾使我厂深受困扰。1992年，仅一笔烂账就损失15万元。1993年前呆账、烂账总额达170多万元。建立销售市场后，销售人员凭着新制度激发的冲天干劲，使销售额直线上升，1993年底达到了6015万元，比1992年上升27.1%，而发出商品的资金占用则从年初的近1000万元降到420万元，资金周转率由原来的160天缩短为90天，节约资金1002.5万元（计算依据是节约资金＝销售收入×资金周转缩短天数/30天＝6015×60/360＝1002.5（万元）），按10%的银行利率计算，可节约利息100万元。尤其难能可贵的是，在销售对象大多是私营企业主和中小企业的情况下，6015万元货款无一分钱呆账、烂账，资金越转越活了。

三、攻克了多项技术难关，新产品不断上市

技术市场的建立，既提高了科研人员的整体素质，又开创了技术开发工作的新天地。"金粉褪色"、"柔软度欠佳"，表层不光亮等许多行业未能解决的技术难题被我厂攻克，产品合格率由原来的80%提高到97%以上，"中圆"牌人造革被原轻工业部评为优质产品，并获得省级新产品称号。1993年，我厂共开发了158个新产品，新产品率达53%，新产品创利税总额700万元，利润400万元（1994年180个，新产品率55%），同时，市场占有率和竞争力也大大增强了。

四、职工的思想观念发生了深刻的变化

管理现代化实质上是一场观念革命。推行企业"资本增效目标管理法"是从旧的传统管理所形成的僵化模式中解放出来，按照现代管理思想原则对传统管理进行改革，将生产方式、组织形态、控制方法都转变到现代管理的轨道上，形成一套新型的管理模式和方法，这必然要求职工的思想观念有一个大的转变，使职

工树立起与市场经济相适应的时间观念、效益观念、经营观念、价值观念等。我厂推行企业“资本增效目标管理法”后，职工思想观念的深刻变化主要体现在四个方面。

一是转变了看法。过去，我厂在收入分配上存在的平均主义，对高收入者，不少人犯“红眼病”，有不同看法。实行企业“资本增效目标管理法”后，职工的收入以工作实绩来确定，收入档次拉开了，高的上万元，低的只有几十元，甚至负数，高收入者拿得心安理得，低收入者心服口服。因为，收入向贡献大者和一线倾斜，任何人都没有意见。

二是转变了讲法。过去，在我厂部分职工中存在“职工是企业的主人”的片面观点。现在职工们普遍认为，职工只有热爱企业对企业有所贡献，才能称得上企业的主人，否则不能说是企业的主人。这就是我厂推行“资本增效目标管理法”后在职工们中形成的一种新的“主人观”。

三是转变了想法。过去，不少职工对从严治厂存在错误认识，认为是剥夺了职工的个人自由。现在，职工们普遍感到，企业“资本增效目标管理法”的推行，就是把劳动者置于生产的主体地位，使其与经营者有双向交流的平等地位和关系。事实上，他们不仅因完成工作量而得到物质上的奖励，而且由于主动性、创造性的充分发挥，得到了事业感、成就感方面的满足，实现了人生的自我价值。

四是转变了做法。过去，我厂在公、私关系问题上，处理方法过于简单，使公与私的矛盾难以有机地结合。厂内市场机制的建立，使这一矛盾迎刃而解。在我厂，人人都是经营者，人人都是生产者，人人又都是受益者，职工干好了自己的事，也就等于干好了企业的事，个人与集体的利益得到了有机的统一。

五、企业管理水平得到了很大提高

企业“资本增效目标管理法”的推行，从全方位、深层次上完善了企业内部经营管理机制，使长期僵化过分集中的旧体制所形成的铁板式产品经济结构得到了解体，具有决策、控制、协调、服务的管理中心成为指导内部市场运行的主体中枢，领导制度、组织机构、人事劳动工资得到了深层次的改革，产、供、销、人、财、物各生产要素都纳入到市场机制运行的轨道上，实现了高效能运转，使企业充满了生机和活力。

实践使我们认识到，推行企业管理现代化是一项长期而又艰巨的任务。企业

"资本增效目标管理法"并不是现代化管理的最终体现，而是管理现代化的发展过程的一个必经步骤，而且，它是在我厂产权关系尚未理顺的情况下创立、运作的，还存在许多不成熟的地方，需要进一步完善。在产权关系理顺之后，我们认为，这种管理更易于推行、完善。我们将在运用以经济调控为主的市场管理手段的同时，创造独特的企业文化，与"资本增效目标管理法"紧密结合，优化企业的整体功能，使企业向深层次和高阶段发展。

第三节 "资本增效目标管理法"的实施要领

1990 年以来，面对激烈的市场竞争和全行业大面积亏损的严峻形势，我厂依靠技术创新的同时，狠抓管理创新，求得了生存发展。经过多年的探索，创造了"资本增效目标管理法"，在企业内部形成了"实行价值形态管理，追求资本最大增效"的企业内部市场化管理模式，使公司面貌发生了根本性的变化。"八五"期间，公司固定资产由 1990 年前的 145 万元增加到 1.32 亿元；形成年产各类人造革 1600 万平方米的生产能力；产值、销售收入和利税分别以 64.70%、69.97%和 74.16%的平均速度增长。1995 年实现销售收入 1.06 亿元，利税 830 万元，分别是 1990 年的 13.06 倍和 15.02 倍；资产负债率为 47%；全员劳动生产率达到 26.3 万元/人·年，这在全国同行业处于领先水平。企业先后被评为"中国塑料行业 100 家最大工业企业"、"湖南省 100 家最佳经济效益工业企业"。同时，所创造的"资本增效目标管理法"还荣获了"全国企业管理现代化创新成果二等奖"和"湖南省企业管理现代化创新成果一等奖"，并先后接待了省内外数以千计的参观者。短短几年时间，我厂为什么会发生如此深刻的变化呢？主要得益于在推进技术进步的同时，依靠"资本增效目标管理法"，强化了企业的管理，把职工推向了市场。怎样才能实施好"资本增效目标管理法"？我认为有以下几个要领：

一、敢于大胆探索，实施管理创新

"资本增效目标管理法"的核心是"实行价值形态管理，追求资本最大增效”。这一管理模式的内涵是：把管理的主线由过去的注重实物形态管理转向注重价值形态管理，把可供企业自己支配的生产要素都视为资本；为了保证投入的有限资本获得高额回报，在企业内部引入市场机制，模拟市场买卖，按照目标管理原则，将流动资金以厂币形式定额并有偿配置给生产、供销、技术、后勤系统，将固定资产按生产工艺特点有偿配置给各生产经营单位；对企业的资本增效目标实行逐级分解，以经济合同的形式明确责、权、利，一切经济往来均实行厂币结算；企业凭借行政、经济和法律手段规范员工行为，增强市场竞争和风险意识，重视资本运营效果，加速资金周转，追求资本增效最大化。从而实现真正意义上的“体制转轨”、“增长转型”。这一管理机制的形成是来之不易的，不能一蹴而就，需要三个步骤。

第一步：抓基础管理，改变管理制度。

安江塑料厂的职工，因长时间习惯了手工作坊式的生产，制度陈旧，管理落后，基础很差。如不从改变管理制度入手，如不通过从严治厂抓基础管理提高职工素质，即使是先进的管理方式也无法推行。对此，我在 1990 年担任该厂厂长后，用了两年的时间整章建制打基础。先后组织研究制定了 185 种共 20 万字的管理规章和岗位工作标准，从总经理到普通工人，从生产一线到后勤服务，有人就有制度，有岗位就有标准。并按照“制定标准严格、执行制度严格、监督检查严格、考核兑现严格”的“四严格”要求，狠抓落实，一抓到底，毫不含糊。在我厂，“任人唯贤”和“制度面前人人平等”的原则，可以说运用到了极致。为了按章办事，从严治厂，我厂先后有五名县领导的亲属因为违反厂规被除了名。这在现实中是很难做到的，而我就动了真格。

第二步：模拟市场买卖，改变结算方式。

“对生产系统所需流动资金实行定额分配、有偿使用、厂币结算，把生产工人的劳动报酬与流动资金的使用效果挂钩”，这是我创造的“资本增效目标管理法”的核心内容的雏形，这种管理办法的推行取得了明显的效果，全厂 1992 年的原材料消耗比 1991 年下降了 30%，产品质量一等品率提高了 26%。但是，执行中又暴露出新的矛盾，生产系统实行厂币结算后，出现了生产系统与供销、技术等系统不配套的问题。因此，从 1993 年开始，我大胆尝试在企业内部全面模拟市场买卖，确定生产、供销、技术、后勤各系统之间以厂币结算为纽带的交换关系，全面推行流动资金的有偿使用，同时全面实行劳动报酬与企业销售额挂钩，把企业内部的"商品"交换与社会化大市场接轨，职工的劳动价值以社会承认为标准。这一管理方法的改进，使企业获得了明显的经济效益。1993 年，共计节约生产成本 608 万元，物耗指标比国家二级企业标准低 30%；产品合格率超过标准 6.9 个百分点，利润指标进入了全国人造革行业前 4 位。

第三步：突出资本营运，改变考核方式。

根据市场经济发展需要，针对第二阶段管理实践中暴露的弊端，我及时调整了考核方式，变主要考核销售额为重点考核资本增效额。有一年，一种人造革市场销售很好，但每米销售价格反而低于成本价 3.1 元，销售不到 3 个月，给企业造成了 30 多万元的损失；还有供应系统往往只管进货，甚至有意出高价得回扣；技术系统不管开发出来的产品有没有市场，成本价格是否能被用户所接受，缺乏责任感和效益观念，往往给企业造成不应有的损失。对此，我又开始思考一个新的问题：如何使每个职工及生产经营各系统都来关心公司资本投入的回报率？在企业内部不仅对流动资金要实行有偿使用，而且对固定资产也要实行有偿使用，实现从物质形态管理向价值形态管理的转变，迫使职工时时处处关心企业资本营运增效，构筑堵塞企业效益流失的围墙。在这种管理思想的指导下，通过大胆实践，反复改进，形成了"实行价值形态管理，追求资本最大增效"的管理机制——"资本增效目标管理法"和与之对应的考核办法。

二、始终把握主线，力求科学运作

我认为，当一种新的管理思路形成后，如何把握主线，科学运作，就显得至关重要，否则就不能发挥应有的效益，甚至夭折。在管理过程中，我把追求资本营运增资最大化作为管理的主线，力求科学运作。

一是科学确定资本增效目标。"资本增效"的目标由每年要达到的资本增效总额和资产报酬率组成。我以集团公司、子公司历史最好水平和企业预期达到的效益目标为依据，确定实现利润、增值税和固定资产折旧费三项之和为一个会计年度的资本增效目标指数，如 1996 年分别为 579 万元、725 万元、979 万元；资本增效额与总资产的比率为资产报酬率，1996 年是 15.3%，除去折旧费后为 7.2%。我将上述指标层层分解到生产、供销、技术及后勤四大系统和不同的岗位，绩效与收入挂钩。为什么要把不属于资本增值额范畴的折旧费也列入资本增效目标之中来考核呢？主要出于三点考虑：第一，在资本营运中固定资产也要有偿使用，用折旧费指标调控较好；第二，固定资产折旧与利润有关，在固定资产和折旧率不变的情况下，合格产品量越大，摊到单位产品上的折旧费就越小，而单位产品的增值额就越大；第三，有利于保证固定资产不断增值。

二是建立立体网络式的配套管理组织体系。为了保障资本营运的有序运作和增资目标的实现，我对旧的以纵向为主、等级为特征的“金字塔”式的企业管理组织结构进行重大变革，初步形成了集权与适度分权相结合的三维立体管理组织网络，分为三个系统（三维）和三个关联网络层次。第一个系统是从集团公司到子公司直至班组的直线指挥系统，其职能比过去大为弱化，子公司只对下属单位适度分权，使其能自主经营。第二个系统是调控职能管理系统，由新组建的综合考核处、价格信息中心、内部银行、结算中心组成调控中心，依照规章制度、价格、贷款、罚息、结算、企业内部各类经济合同等行政、经济、法律手段，对公司的各生产经营环节和资本营运全过程，行使严格有效的管理、调控、监督、服务等管理职能，资本营运效果实行日清月结，逐月兑现。第三个系统是生产、供销、技术、后勤等基础环节运转系统，受以上两个系统的管理和调控。在上述三个系统的基础上，形成了三个管理层次：第一层次是集团公司的最高决策指挥层，由“改制”后形成的决策机构（董事会）、执行机构（经理）、监督机构（监事会）三个相互制衡的机构组成；第二层次是以四个职能部门为主的调控中心层，由第一层次授权行使管理职能；第三层次是基础环节运转层，均处于同一平面上，横向联系密切，并相互制约。

三是规范运作，制定基本运作方式。生产经营各系统之间的一切经济往来都由结算中心按规定的价格以厂币结算。生产系统内部各工序的半成品转让按质论价；供应部门根据销售计划及规定的储备量，用厂币兑换人民币到市场购买原材料；生产单位根据销售订单向供应部门购买原材料组织生产，成品卖给销售部门兑换厂币；销售部门按实现销售货款收入兑换厂币，向生产部门买产品；技术部门在新产品开发中向供应部门购买原材料，委托生产部门试制，成品按质论价，卖给销售部门，收回厂币。在这周而复始的运作过程中，我通过调控和不同的分配方式落实各自的经济责任，激励全体员工保证资本增效目标的实现。具体到每个系统，我的运作方式和考核兑现办法又不一样。

在销售系统，根据厂部年度销售目标核定的流动资金兑换厂币，凭订货合同申请生产计划，并交纳80%的定货款（厂币），经结算中心确认后，委托车间生产，在交足余下的20%的货款后，方可到仓库提货发运。当收到货款后，到结算中心结算，再到内部银行兑换厂币，这算完成资金的一次循环。具体考核销售系统的增值税、正常利润、销售价差利润、资金周转等四项资本增效指标。运作过程中，通过以下调控办法来保证目标的实现，即坚持"谁发货，谁收款；谁损失，谁赔偿；谁创利，谁受益"的原则，要求销售货款必须在10天内到账，否则销售员承担周转期银行利息的40%~200%；若造成呆账、烂账（指60天以上未到账的货款）或因个人责任原因退货，销售人员全额赔偿（含仓储费和利息），并承担相应的法律责任。销售人员个人收入实行提成，即按销售收入提4‰~6‰，并与销售计划挂钩，销得越多，增值税越多，提成收入越多。高于厂价部分的提20%~30%。货款超过30天以上到账的，取消两种提成。1995年，共实现1.06亿元销售收入，其中有4个销售员的销售额超过千万元，货款回笼率达到100%，资金周转由过去的140天加速到68天。

在供应系统，公司核定年度物资采购流动资金，根据销售计划及额定储备量，用厂币换取汇票或支票，购回原材料，卖给生产系统时，按质论价换回厂币，在结算中心结算，这算完成资金一次循环。若因供应不及时造成停产，每次罚500元；购买原材料自企业付款之日起计算利息，原材料和销售税发票必须在15天内同时入库，否则按在途资金处理，在途期间则按同期银行利率的100%~200%计收利息。所购的原材料入库后，若60天内不能用完，按银行同期利率的2倍计收超时期的罚款；若盘活2年以上的积压材料，则按同期月息的50%计奖。供应系统的工资及费用来源，从企业实现的销售收入中提取0.1‰~1‰，并与计划挂钩；按公司原材料指导价的节超部分奖罚10%；另外，流动资金节约部分，按少支付的银行利息奖20%。各种罚款均从收入中扣除。这样从根本上杜绝了过去到二级站购高价材料个人拿回扣的现象，也盘活了资金。1995年减少流动资金占用100多万元。

在生产系统，先按核定计划从内部银行借贷流动资金，再根据销售订单向供应部门购买原材料组织生产，成品按计划价卖给销售部门，到结算中心兑换厂币，这算完成了资金的一次循环，其增效指标由折旧费、原材料消耗、质量、安全生产构成。在运作过程中，我主要考核控制以下几个指标：一是产量和交货期。产量和折旧费成正比。在规定的时间内不能交货则承担银行利息和仓储费，且此批结算价格下浮10%。二是质量。产品合格率超过规定的部分视同质量增效，全额奖励给生产系统，否则同等核扣。三是原材料消耗。节超部分按 16%~26%等奖等罚。四是现场管理和安全生产。每人每班现场管理费 2 元，经检查合格全额发放，不合格的全扣；生产机台当月未发生安全事故，每人发 20 元的安全工资，若发生安全事故，本机台安全工资全部取消。1995 年生产系统原材料消耗节约达 260 万元，质量合格率提高了 5.1 个百分点，等于增加质量效益 50 万元。生产系统的分配以增效额提成工资为主，计件工资为辅。

在技术系统，集团公司新产品开发研究所和子公司新产品开发机构，用核定的流动资金购买新产品开发所需原材料（不够时经批准向内部银行申请贷款），并支付生产车间试制费，试制新产品核价后出售给销售公司试销，收回货款换取厂币，这算完成了资金一次循环。在新产品开发过程中，要保证流动资金不受损失，否则按损失额的 30%赔偿。新产品开发研究所负责人受聘前须向公司总经理立下“军令状”，并交纳 1 万元的风险抵押金。全体科研人员必须与公司签订技术保密合同，经公证处公证，若泄密则依法追究经济、法律责任。在分配上，工资、奖金、研制费、差旅费、出国旅差费、通信费等与公司脱钩。其来源是：从新产品销售收入中提取 0.5%（若达不到规定的新品销售额，每降低 1 个百分点，提成下降 0.5%）；从使用新配方、新工艺所节约的成本中提取 3%；从新产品所生产的利润中提取 2%。人均收入若超过 3 万元，则按超过部分提 40%，作为研究所添置试验设备的发展基金。1993 年以来，我厂的产品始终以新占领市场，其花色品种引导市场潮流，当时产品有十大系列 2000 多个花色品种，连上海、广州、佛山、天津等老牌人造革厂家也向我厂学习。就是这些新招数，使我厂不断地发生奇迹，不断地刷新着形象。1990 年进行“PVC”技改引进工程，小厂开始腾飞；1991 年实行强化管理，从严治厂，提高全员素质；1992 年创办中意合资公司，建设 PU 装置；1993 年建立货币化、买卖制的“厂内市场体系”；1994 年完成 PVC 装置股份制改造。

三、不断总结经验，不断推进发展

我于 1990 年起担任黔阳县县办塑料小厂安江塑料厂厂长，短短 5 年，使这家小型塑料厂产生了质的飞跃，在追求管理创新的路上获得了成功。

（1）转变观念是管理创新的前提。管理也是改革，追求管理创新，就是对旧的管理体制的革命，是对利益格局的调整。因此，必须从计划经济体制的束缚中解脱出来，树立市场经济新思维。我要求员工转变看法，转变讲法，转变想法，转变做法，彻底更新观念。①在管理创新的每个阶段，注意新方案出台前后大造舆论，认真做好宣传引导工作。开始，员工对违纪罚款比较抗拒，个别人对岗检人员进行威胁，对搞现场管理工作普遍存在出不了效益的错误认识。我们通过中层干部定机台传、帮、带，亲自示范，感动了员工，转变了认识。1992 年在全区现场管理检查评比中名列第一。在执行制度上坚持"干部员工一个样，内外一个样"。1990 年设备安装期间，一位日本专家在厂区吸烟，违反公司制度，我们按规定罚了他 20 元。某县级领导的孩子上班时间回宿舍睡觉，当即被宣布辞退。这两件事在员工中影响很大。在厂内实行"买卖制"和推行资本营运增效管理的方案出台前几个月，先"下毛毛雨"，大会小会讲，并舍得花钱，先后派骨干 15 人次出国出境参观学习，扩大眼界，转变观念。②更新观念的形式多样，不搞说教。每年通过征文、演讲、知识抢答、讨论会、现场会等大型文化活动，寓教于乐，潜移默化。③在重奖、重罚上促进观念的转变。为了促进增长方式的转变，特别制订了集团公司的奖励条例。如 1995 年，销售员肖慈松一个人实现销售收入 1670 万元，货款回笼率 100%，同时还收回了几十万元老货款。公司按条例奖励他一台小轿车。在开展"我为公司利益不怕得罪人"的评选活动中，一等奖 1 万元。共评出一等奖 1 名，二等奖 2 名，三等奖 3 名，并一一兑现。就这样把大道理寓于小道理之中，把内容寓于形式之中，促进了观念的转变。因此，公司在管理上每一项大的举措，都很容易被员工所接受。

（2）转换经营机制是管理创新的出发点。我厂经营机制的转变是通过创新来实现的。管理创新的目的是使企业真正转换经营机制，成为"自主经营、自负盈亏、自我约束、自我发展"的商品生产者和经营者。在发展的动力上，我们以追求资本最大增效为目标，每年厂里形成可用于扩大再生产的资金达到 600 多万元。经营机制转换后，与过去对比适应市场的应变能力更强了，在员工进出上减少了很多烦琐的手续，违规了按制度办。1990~1995 年，我们共辞退 154 名员工，却没有引起用工纠纷。在分配上一律按贡献大小、责任轻重，取消固定工资，个人收入月月在变动。取消干部铁交椅，政绩平平者随时都会被解聘。我们通过管理创新，已在厂内建立起具有自身特色的用工机制、分配机制、干部聘任机制，企业经营机制转换步入正常轨道。

（3）技术创新是管理创新的动力。技术创新和管理创新是我厂腾飞的两只翅膀。两者相互依存，相互促进。①技术创新是管理创新的物资条件，引进先进生产线必须有新的管理方法与之相适应。同时，管理的创新机能需要通过资本增值中的科技含量比重不断增加才能体现出来。每引进一条先进的生产线，管理就跟着前进一步。1990 年，我们贷款 3400 万元引进了一条先进生产线，由于管理跟上去了，短短的 4 年时间就还清了全部贷款，产生了较好的投资效益。1993 年、1995 年，我们又先后投资 6000 多万元，从意大利、中国台湾引进了具有国际先进水平的湿法 PU 人造革生产线。资本的急骤增加，促使我们的管理机制不断完善。②管理不断创新给企业带来的效益体现在促进企业的技术创新和技术进步上。1991 年下半年以来，我们根据全国增光服装革、沙发革紧缺且质量不过关的信息，组织新产品攻关小组，一举占领了市场，产品出现了供不应求的大好形势。特别是在武汉、广西市场出现了用户通宵排队等货，警察出去维持秩序的空前盛况。因我厂每月都有新产品推向市场，所以能够以“新”取胜。1992 年至今，新产品销售占全年销售收入的比重都在 50%以上，从而提高了市场的竞争能力。

（4）充分运用经济、法律两种手段是管理创新的实现途径。市场经济是法制经济。抓企业管理，与市场和人打交道，十分复杂。为了建立起激励和约束机制，我们充分运用法律和经济手段，发挥管理的制约、协调和激励效能。在经济活动中，目前采用的合同有七种，即：全员劳动合同（一年一签）；中层以上干部聘任合同；子公司经理经营责任合同（三年一签）；出国人员服务合同；技术改造目标合同；科研人员（大中专以上）的聘任和技术保密合同；关键岗位劳动合同。后六个合同均由公证处公证，其效能单靠行政手段是无法达到的。表现在：①保证了我厂的高层、科技、关键岗位人员的相对稳定和各方面责、权、利的实现。有一位中层干部签订了出国服务合同，未满服务期限想调离单位，按规定要补偿公司 2 万元的费用，经做工作后安心留下来。②在一些重要环节上确保公司资本的完整、不流失，保证资本营运和增资目标的顺利实现。1995 年，一位主管经营的厂级干部，因发货把关不严，造成 103 万元应收货款不能及时收回。厂里当即宣布下岗收款，收款期间差旅费自理。结果 2 个月内就收回了全部货款。③保证了一些重要制度的连续性，规范了职工的行为。④引入了竞争机制。优胜劣汰，优化组合，有利于优化配置各种人力资源。⑤保证厂里的商业、技术机密不被泄露，有利于预防同行业的不正当竞争行为的侵害。在这样的前提下，管理创新才有人、才、物资源作为物质基础。

（5）建设一个适应市场经济的领导班子是实现管理创新的关键。没有一个思想解放、善于接受新观念、充满朝气、富于开拓进取、敬业务实、能够驾驭市场经济的领导班子，要实现管理创新是不可能的。因此，我厂注重从以下三个方面加强领导班子建设：

1）在员工中树立好的形象。我们对中层以上干部提出"四个一点"和"四要四不要"的行为准则。"四个一点"是：执行厂规厂纪比员工好一点，业务技术素质比员工高一点，责任感、事业心比员工强一点，个人私欲比员工少一点。"四要四不要"是：要讲工作实绩，不要论资排辈；要讲工作协调，不要明里暗里扯皮；要讲企业大局，不要过分计较个人得失；要讲职业道德，不要做有损企业利益的事。我们是这样要求的，也是这样做的。1990~1995 年的 6 年时间里，厂里中层以上干部，特别是厂级领导干部，几乎没有休过星期天，每星期都有 3 个晚上在厂里加班，研究企业的生产经营问题，从不拿加班工资。所有的会议都在晚上进行，不挤占白天的工作时间。中层以上干部吃苦耐劳和无私奉献的精神，被广大员工称赞为安江塑料厂的精神财富。

2）把竞争机制引入班子建设。在用人问题上，我们坚持"一引入，二讲究"的原则，即引入竞争机制，干部能上能下，讲究德才兼备，讲究任人唯贤。对中层以上干部全部实行聘任制，并坚持六条标准：①要忠于企业、忠于职守，无私心；②要有敬业精神和强烈的事业心；③要有一个好的习惯，积极主动，善于策划，精通管理，擅长合作；④要懂得饮水思源，不负厂里的培养；⑤要不断学习，更新观念，提高自身素质；⑥要情绪稳定，正确估价个人的能力，甘当配角，钻研技术业务，力求成为管理的专家，强化忧患意识和危机感，坚持干好干坏两个样。自 1991 年来，因违反干部准则和岗位标准，给企业造成一定损失和不良影响，被撤换厂级领导职务的 5 人，被劝离厂级领导岗位 1 人，被撤换的中层干部 11 人，被劝离的中层干部 2 人。子公司有一位质管科长和质检员，质量把关不严，致使 1 万平方米人造革表面处理欠佳，在用户同意要货的前提下，发到贵阳。尽管她俩都是中层干部的配偶，我们本着对用户负责，也是对企业信誉负责的态度，千里迢迢追回不合格产品，对当事人给予撤职和终止劳动合同的处理。

3）坚持廉洁自律。对中层以上干部，我们制订了"六不准"，规范领导干部的行为，并建立礼品、礼金上交制度。对违反规定的一律解聘。大家在经济活动中自觉维护公司利益。1995 年，有一位中层干部利用职务上的便利，开店搞第二职业，在员工中影响不好。制度公布后，自觉脱离了第二职业。到 1996 年，我公司全是洋设备、新厂房，然而办公楼还是 20 世纪 50 年代修建的旧房子，清正廉洁，勤俭办厂，已蔚然成风。

导　读

“人民选我当代表，我当代表为人民”

今回首，12 年的安塑打拼历程，我依靠各级党委政府的关心支持，团结依靠安塑广大干部职工，持之以恒地运用“资本增效目标管理法”对安塑进行严格管理，把一个湘西南边远山区的塑料小厂发展成为国家级的大型企业，实现了我“结合自己的本职工作，刻苦地学习，努力地工作，为祖国的经济建设真正搞出一点工作成就”的理想抱负。但是，我为什么要离开红红火火的安塑集团，要走向一个破产倒闭的弱势群体？这需要把时光追溯到 20 世纪 80 年代。

1987 年，湖南省民政厅为解决残疾人员就业，在其福利总公司旗下办起了以安置军残、社残人员为目的的一家中型国有二级福利企业湖南省湘民制药厂，这是党和政府的民心工程，也是党和政府立党为公、执政为民的一个窗口，全厂职工 448 人，其中社残和军残人员 225 人。但因管理不善以及市场经济大潮的冲击等多种原因，于 2001 年 7 月宣告破产。该厂内外矛盾十分尖锐，省委、省政府领导曾两次引资重组：深圳大东国际投资（集团）股份有限公司、广东惠州唐龙（集团）股份有限公司先后进驻“湘民”实施兼并，但最后以震惊省政府、国务院的“流血兼并”事件失败而告终，全厂职工大多生活失去着落。企业职工长期无生活保障而多次到长沙市政府、省政府机关请愿上访，以致该厂多年成为省会长沙的一大不稳定因素，成为湖南省委、省政府国企改革的一大心病！

当年，因我是全国人大代表，是湖南安塑集团董事长，特别是湖南省“远学邯钢，近学安塑”的工业运动已把我推到了湖南工业改革的风口浪尖，我自然进入了省委、省政府领导的视线，加之有关湘民制药厂现实状况的官方、民间渠道信息不绝于耳，对我触动很大。一头是风调雨顺、坐享成果的安塑集团，一头是破产倒闭、困难重重的下岗工人，这两种选择都进入了我的心灵深处。在我人生价值的天平上，孰轻孰重？一种强烈的社会责任感油然而生。为拯救几百名失去生活着落的破产企业下岗职工，我以“人民代表”的名义，立志与省委省政府同心同德，为省委省政府排忧解难。多方筹措资金，依法按程序收购了湘民制药厂。在自己亲手打造的安塑集团发展到如日中天的鼎盛时期，毅然放弃了令人羡慕的安塑集团董事长职务，走向了这个生产药品的残疾人群，成立了湖南新汇制药有限公司，对下岗职工实施了全员安置。

鉴于被收购的破产企业的基本员工是军残、社残人员，这些人员要生存下来，突出的问题是没有参与市场竞争的能力，而需要改制后的企业为他们创造生存条件，所以他们对改制后重组的企业寄托了能够生存和过上好日子的希望。既然收购了这家破产企业，全员安置了下岗职工，有承诺就要讲诚信，就要对社会负责。与此同时，因为新公司是制药企业，药品关乎人民群众的健康乃至生命，是关系到全社会的问题。针对新的背景，新公司自成立之日起，我就把“诚信”确立为公司经营理念的首位，把“生产放心药品，诚对天下苍生”作为对社会的庄重承诺。

我创建新汇制药后，运营初期，在国有福利企业过惯了“大锅饭”生活的员工，重新上岗后，市场经济理念和市场竞争观念很淡薄。因置换了身份，部分员工存在较为严重的“雇用观念”思想，认为“现在是给老板打工了”，因而只顾产品加工数量，对药品加工质量马虎了事，侥幸过关的现象时有发生。部分基层管理人员忽视操作规程，低级错误屡禁不止。对此，依据党中央提出的“社会主义核心价值体系”的概念和“爱国、敬业、诚信、友善”的道德规范，针对进入2000年后，在我国药品生产企业中发生的“齐二药”、“欣弗”、“广东佰易”等一个个药害事件，结合企业员工的思想现状，借助湖南省食品药品监督管理局“开展信用构建与分类管理”的举措，我又创造性地建立了符合自身特点的“企业诚信文化建设体系”和“企业诚信岗位考核体系”，并建立了相应的保障机制，将诚信文化理念融入到公司各项经营活动中，开展了卓有成效的“企业诚信文化建设与管理创新”，对企业实施“诚信构建统筹管理”，带领一个庞大的弱势群体走上了诚信制药的新征程！

下 篇

实施“诚信构建统筹管理”

——企业诚信文化建设与管理创新（2002~2014 年）

（2014 年获湖南省企业管理现代化创新成果一等奖）

今年以来，我们积极探索、规范运行、扎实推进全省药品生产企业信用构建与分类监管工作，全省药品生产企业信用构建工作发展势头良好，广大企业构建诚信品牌、确保药品安全意识明显增强，企业在市场中的竞争能力和生产效率显著提高。其中，湖南新汇制药有限公司积极探索企业诚信建设新路子，将诚信文化融于药品生产经营全过程，着力打造湘药诚信品牌，从源头上把好药品质量关，收到了意想不到的效果。现将该公司的经验做法予以刊发，请各市（州）局认真学习借鉴，并结合本辖区的实际情况，切实抓好下半年所辖药品生产企业的信用构建与分类监管工作，推动信用构建工作稳步快速发展。①

▲ 2008 年湖南省药监系统信用构建岳阳现场会后，新汇制药股份有限公司抢抓发展契机，深入开展“构建新汇诚信文化，打造湘药诚信品牌”活动，图为诚信构建动员大会实况

① 湖南省食品药品监督管理局:《湖南食品药品监管简报》，2009 年第 5 期。

▲ 2011 年 8 月 24 日，湖南省药监系统诚信构建工作现场会在新汇召开

▲ 2014 年 12 月，湖南新汇制药股份有限公司被授予“湖南诚信百强品牌”企业称号

第一章 引入诚信文化建设理念

第一节 普遍意义的诚信文化建设

企业诚信文化是培育和提升企业核心竞争力的源泉，这种文化不仅影响着企业核心竞争力的形成，还主导着企业核心竞争力在市场上的发挥程度。企业诚信文化能引导和规范员工的行为方式，激励员工树立坚定的目标并为之奋斗，培养员工的社会责任以及正确的价值观，使企业能够把全体员工凝聚在一起，有效地整合各种资源，使企业核心竞争力不断得到加强和更新。总之，企业的发展离不开企业核心竞争力，离不开以诚信为核心的企业文化背景作为支撑。中外著名企业的成功经验告诉我们，只有打造以诚信为核心的企业文化，培育企业核心竞争力并使其不断得到提升，企业才能在竞争激烈的市场上立于不败之地，企业才能持续健康发展。因此，研究企业诚信文化，就是研究企业核心竞争力。

一、诚信是中华民族源远流长的传统文化

中国传统文化历来注重“仁、义、礼、智、信”，这是中国价值体系中的最核心因素。“义”是作为人应该遵循的最高道义，应该依归的人间正义，在市场经济中尤应大力提倡，以此来抑制见利忘义、赚昧心钱等道德沦丧之风。而“信”是做人的根本，是兴业之道、治世之道。守信用、讲信义是中华民族共认的价值标准和基本美德。在发展经济的同时不能抛弃我们的传统文化，尤其是经过几千年锤炼的民族之魂。中华民族历来是讲究信誉的民族。古有“一言九鼎”、“一诺千金”、“人而无信，不知其可”等成语。孔子也多次讲过诚信，如：“信则

人任焉”；“自古皆有死，民无信不立”。孟子论诚信：“至诚而不动者，未之有也；不诚，未有能动者也。”荀子认为“养心莫善于诚”。墨子也极讲诚信:“志不强者智不达，言不信者行不果。”老子把诚信作为人生行为的重要准则：“轻诺必寡信，多易必多难。”庄子也极重诚信：“真者，精诚之至也。不精不诚，不能动人。”庄子把“本真”看做是精诚之极致，不精不诚，就不能感动人。这就把诚信提高到一个新的境界。韩非子则认为“巧诈不如拙诚”。总之，古代的圣贤哲人把诚信作为一项崇高的美德加以颂扬，可见古人十分重视信用，不守信的人在那个时代是很难立足的。中国古代也有不讲诚信而自食恶果的例证。如“烽火戏诸侯”。周幽王的爱妃不爱笑，唯独看到烽火燃起，诸侯的军队慌慌张张从四面赶来时大笑不止。周幽王为博得爱妃高兴，数次无故燃起烽火，诸侯的军队多次赶到而不见戎人，认为受了骗。后来戎人真的来了，已无人来救。幽王被杀于骊山之下，为天下人所耻笑。“狼来了”的故事也可谓妇孺皆知，不诚信最终是害了自己。

二、诚信的文化属性

从诚信行为主体的角度看，诚信有三个层次：道德自律、制度约束和文化自觉。这三者既是独立显现的，又是相互融合的。诚信已成为现代社会的社会规范和个人品德。因此,《公民道德建设实施纲要》将“明理诚信”作为道德建设的重点。事实上，把诚信看作是道德标准，就是将诚信作为人的自我修养和追求的一种精神境界，是一种不假外求而自备于我的德行，是自我实现的道德人格。履行诚信的要求，不是出于获利，而是出于道德上的责任。提高诚信的道德修养对于建设社会主义诚信机制尤为重要。

道德对于诚信的约束是一种自我约束。在市场经济条件下，人们往往根据成本收益原则作出选择，如果人们从不诚信行为中得到的好处大于他为此付出的成本或代价，他就可能放弃诚信。失信背德可能会遭受舆论的谴责和良心的诘问，但是不会受到任何外在的惩罚和损失。这样一来，行为主体可能会抛开道德原则，以失信的方式来追求自身利益的最大化。为了解决这个问题，需要外在的制度化或契约化的诚信约束机制。

有什么样的制度就有什么样的行为。正因为我们有了相应的规章制度，使得守信者获益，失信者受损，才会有诚信行为的普遍化，这样一来，诚信就成为一种制度行为，一种他律的行为。制度化诚信强调的是对诚信的规范与监督，其特点是同一的和硬性的。违反道德而失信于人，可能会遭受舆论的谴责和良心的诘问，而违反制度而失于法规，则会受到法律规章的禁止和惩罚。由于价值观和价值取向的差异，对道德诚信的诠释可能各不相同，因此，当道德观念发生碰撞或冲突时，道德本身不可能提供解决问题的答案；相形之下，诚信一旦被制度化，其评判的标准就只能是一元化的。因此，只有通过制度化规范的评判，才能获得明确而肯定的结论。但是，任何法规制度都不可能制定得详尽完备，没有遗漏。这就是说，诚信建设需要建立相应的法规制度，但绝不是有了相应的法规制度就万事大吉了。诚信的内在自律和外在约束有机地结合起来，有助于使得诚信作为人们共同认可的价值观和行为准则，成为人们的共同信仰和追求，形成一种诚信文化。诚信文化的形成对每一个社会成员都具有约束作用，这种约束是一种文化的自觉，并且具有长期的有效性。因此说，只有让诚信理念融入文化之中，诚信才能真正成为人们的自觉行动，实现诚信的文化自觉是诚信建设的最高目标和境界。

三、现代诚信文化的表现形态

现代诚信文化的表现形态各种各样，仁智各见。我们从行政文化、企业文化和社群文化的角度对现代诚信文化做一简要描述。

（1）诚信行政文化。政府诚信是建立良好社会诚信的关键。政府的诚信文化体现在政策的连续性、践诺的能力和勇于承担责任、有错必纠。政府的诚信文化直接表现为有限政府、法治政府和责任政府。在政府诚信文化的环境中，政府通过制度化的方式，将真实完整可靠的信息及时传达给公众，使公众的知情权得到保障，提高政府政策的透明度、公开度。同时，还要做到依法行政，体现公平。政府诚信文化的最终体现是服务型政府的普遍出现。政府诚信文化更多地体现为公务员队伍中的诚信文化。公务员以诚信待民，严于律己，能凝聚民心，增强民众的认同感，赢得公众的支持和信任。公众从公务员真诚的为人民谋利益的行为中受到感召，并自觉效法，从而形成以诚信为本、操守为重的良好风尚。

（2）诚信企业文化。企业的诚信文化表现在四个方面：第一，公司的治理结构。在现代公司治理结构中，无论是投资者保护、董事会的谨慎与忠诚，还是准确公开的信息披露制度等都需要诚信原则，建立在诚信基础上的公司治理结构也是企业诚信最重要的制度保障。第二，企业声誉。企业的声誉是一种无形资产，良好的诚信声誉可以给企业带来实际的经济收益，促进企业的可持续发展。第三，企业的产品，尤其是名牌产品。品牌中蕴含着企业文化，蕴含着企业的价值，更是企业诚信的最好标志。品牌也就成为企业诚信文化的有机组成部分。第四，企业的社会责任。企业社会责任指企业在实现利润的同时，还必须承担对环境、社会和利益相关者的责任。企业承担社会责任一方面可赢得社会美誉和广泛认同，另一方面能更好地体现企业文化及其价值理念，实现企业发展与社会和自然发展的良性互动。

（3）诚信社群文化。诚信不仅是指个人的良好品质，更是建立在现代公民意识之上的一种“公德”。公民的诚信文化表现为四种意识：第一，诚信是立人之本，即说老实话，办老实事，做老实人；第二，诚信是齐家之要，即诚实无欺、信守诺言，和睦相处、团结合作、互相爱护、互相关心；第三，诚信是处世之道，即诚信是人与人之间交往中必须遵循的基本准则；第四，诚信是兴业之宝，即只有诚实守信才能在市场经济中有所作为。诚信社群文化是形成社会诚信文化的基础。

四、如何判定诚信行为

诚信有“道德自律、制度约束、文化自觉”三个层次，这三者既是独立显现的，又是相互融合的。

一是诚信应成为社会规范和个人品德。把诚信看作是道德标准，就是将诚信作为人的自我修养和追求的一种精神境界。履行诚信的要求，不是出于获利，而是出于道德上的责任。提高诚信的道德修养对于建设社会主义诚信机制尤为重要。

二是道德对于诚信的约束是一种自我约束。如果人们从不诚信行为中得到的好处大于他为此付出的成本或代价，他就可能放弃诚信。所以，必须加大对失信行为的惩罚。

三是将诚信制度化。建立相应的规章制度，使得守信者获益，失信者受损，才会有诚信行为的普遍化。

四是培育诚信文化。诚信文化的形成对每一个社会成员都产生着约束作用，这种约束是一种文化的自觉，并且具有长期的有效性。因此，只有让诚信理念融入文化之中，诚信才能真正成为人们的自觉行动，实现诚信的文化自觉是诚信建设的最高目标和境界。

第二节　企业的诚信文化及其核心竞争力

当今中国正处于市场经济时期，市场竞争的激烈、经营行为的急功近利、经营理念的冲突都会导致企业在生产经营的某些方面价值失衡，出现不诚信行为，其根源在于企业管理过程中对诚信理念的忽视。减少和消除不诚信经营行为，努力提高企业管理者及员工的诚信素质，建立企业的诚信文化，是当前企业管理的重要内容。

一、建设企业的诚信文化

（一）树立企业的诚信文化理念

企业为什么要追求诚信呢？企业的诚信是一种无形资产，它反映了企业的信用、实力和形象，良好的信誉可以给企业带来实际的经济收益。从经济学的角度来说，诚信的价值，在于它可以极大地降低企业与其他市场主体之间的交易成本。

诚信文化理念是企业兴旺发达的基础，只有在经营活动中遵守诚信理念，企业才能拥有比较广泛的客户群，才能做到既保有老客户，又创造新客户，从而拥有原有的市场和开辟新的市场，最终才能使企业高效益地可持续发展。如果一个企业缺乏诚信理念，在经营活动中损害了客户的利益，那么虽然可能在短时期内获得一定的利益，但是从长期利益角度来看，则是一种自我毁灭。因为任何一个企业，虽然可能在一时一事上使自己骗人的手法得逞，但是不可能永远骗人，人们最终是会识破它的骗术的。实际上，诚信理念是企业存亡与兴衰的试金石。只有有了诚信，企业才能够最终赢得客户，赢得市场，赢得一种长期的可持续发展的格局，否则，企业最终都会走向衰败。有一些企业非常重视诚信理念，例如海尔确定“首先卖信誉，其次卖产品”的诚信理念，从而成为家电业的巨人；相反，有一些保健品企业，虽然我国保健品市场很大，但它们却是短命的，因为它们缺乏诚信理念，用虚假广告骗人，甚至改头换面地使用一些老处方，却作为新产品向客户推销，最终自己垮台了。

所以，诚信文化理念应该是企业必须牢固树立的经营性企业文化的重要内容。诚信是企业存在和发展的基础。

文化是渗透于企业组织各方面、各层次的价值观念、思维方式和行为习惯，是组织的风格。它能够创造良好的组织气氛和组织环境以及固有的观念和信仰，潜移默化地调动组织成员的工作积极性和忠诚心，具有其他管理手段无法替代的作用。先进的企业文化能使每个员工了解企业的战略目标，该做什么、不做什么，企业在提倡什么、反对什么、追求什么、放弃什么，怎样做才能符合企业的内在规范等。这样的企业文化对企业的经营将会起到巨大的推进作用。反之，则会给企业带来莫大的负面影响。

1985 年成立的美国安然公司曾是美国最大的天然气采购商及销售商，在 2000 年《财富》世界 500 强排名第 16 位，2001 年 12 月 2 日公司宣布破产，以其破产前 498 亿美元的资产规模成为美国历史上最大的破产案，并广泛受到人们关注。美国安然公司的倒闭，其根本原因就在于畸形的企业文化。安然的企业文化信奉“只能成功”——诱人做假；喜欢“只重结果”——人被轻视。由此看出，失败的企业也并非没有文化，而往往是缺乏诚信的企业文化导致了它的失败。要想提高企业管理者及员工的诚信水准，必须借助企业文化的建设过程，建立企业的诚信文化。

如何树立企业的诚信文化理念：①制定企业的诚信准则。诚信准则是表明一个企业的基本价值观和它希望员工遵守的诚信规则的正式文件，它具体说明企业想做和期望大家做的事情，并且可以成为判断企业政策和行动及个人行为的基准。诚信准则是建立企业诚信文化的重要条件之一。②开展企业诚信培训。在培训中，应向员工说明讲究企业诚信是世界企业管理发展的趋势，许多优秀企业发展的经验表明，讲究企业诚信，对员工、企业、社会都带来了好处。企业诚信培训要以企业诚信准则为依据。在培训中，可以提出各种选择方案诱导被教育者去选择积极的方法，使员工感到态度的转变是自己的选择，而不是被迫作出的改变。在培训中，教育方式越生动形象越容易影响被教育者。因此，企业诚信教育除了课堂教育外，还要采取灵活多样的方式。③树立“诚信第一、品格第一”的理念。

所谓品格，是指在一个人生命过程中建立的稳定和特殊的品质，使他无论在什么环境中都有同样的反应。而好品格是一个人无论在任何场合都按最高要求的行为标准做正确事情的内在动机。一些企业的成功经验告诉我们：品格产生诚信——诚信产生合作——合作中产生沟通、形成团队——团队创造品质和利润。因此，好品格是诚信文化建设的基石，无人能超越自己的品格做事。为了在事业上取得真正的成功，必须认识到员工好品格的重要，并认真采取步骤培育好品格。

（二）提高管理者的诚信文化素质

企业文化由共同价值观念、类似的思维方式、大家认可并自觉履行的行为习惯等组成。初级层次的企业文化，经由管理者的提炼，通过宣传、灌输，成员共同经历和经验的强化，便形成较为系统完善的企业文化。在管理过程中，一方面，管理者借助目标——手段体系和战略制定、实施、控制过程实现企业的目标追求，通过组织结构、制度规范、人员配置，把单独的个人力量整合为整体力量；另一方面，管理者通过价值观整合、思维方式作用、行为规范约束，把企业的宗旨、追求和理念转化为员工共有的价值观念，形成有关企业发展、存在意义等方面的共识。这就说明，要提高企业诚信文化水平，关键是提升管理者的诚信文化素质。所谓管理者的诚信文化素质，就是管理者在处理与各种利益相关者关系时所遵循的诚信准则和行为规范的总和。管理者的诚信文化素质主要包括两个方面：①以契约为基础的诚信。随着社会化大生产和市场经济的发展以及现代科学技术的进步，市场竞争愈来愈激烈，但企业间的联系却更为广泛、复杂和密切。企业只有通过与其他企业的联系和协作，才能与其他企业广泛地进行物资资源、资金、技术、人才、信息等方面的交流，从而扬长避短，充分发挥企业自身优势，使自己获得生存和发展的条件。因此，企业必须坚持以契约为基础的诚信，在国家政策和法律允许的范围内开展竞争与协作，认真履行协约与合同，讲求信用，做到互惠互利，以求得双方的共同利益和共同发展。同时，在市场经济条件下，企业管理者应承担相应的经济责任和法律责任。虽然企业主要是生产和销售为社会所需要的产品与服务，但企业的法律责任要求企业遵守法律、法规和规章制度，履行所有的社会契约。②信息非对称条件下的诚信。在信息非对称的条件下，任何当事者都应该严格信守诚信的理念，也就是真实地把情况告诉信息非对称的当事者，由当事者自主地进行选择。如果这样，那么就是在信息非对称的条件下体现了非常重要的诚信理念。比如，顾客是企业赖以生存的基础，企业的中心目标应该是以顾客为导向，让顾客满意。要获得顾客的满意，管理者在处理与顾客关系时就必须做到信息非对称条件下的诚信，做到货真价实，按照自己的承诺，满足顾客的要求。

在企业诚信文化的建设过程中，管理者可以通过对诚信价值观的强化和以改变文化价值观为目的的企业行为规范来营造企业的非形式化结构。企业管理者的道德和伦理责任包括：企业诚信价值观的定位、企业诚信价值观的传播、个体价值观的协调管理以及价值观冲突的解决等。

（三）建立激励诚信行为的制度规范

企业融合了各种个体文化特征，使它们形成共同的价值观，并且通过企业内部有效的管理和沟通手段来解决冲突，激励人们为共同的组织价值而努力。一般而言，当企业倡导的企业文化优秀且员工认同度较高时，企业的制度成本就比较低；当企业倡导的企业文化适应性差且员工认同度较低时，企业则要花费较高的制度成本。制度是外在约束手段，在制度文化未形成、未建立起来的阶段，没有监督就可能出现“越轨”行为，制度规范会被“突破”或“破坏”。制度文化形成和树立起来后，人们自觉遵守制度规范要求，制度成本就会大为降低。

一般认为，企业文化由三个部分组成：企业精神、制度文化和物质文化。制度文化是企业文化的中间层，是把企业精神和物质文化二者联系起来，使企业文化制度化、规范化的行为准则。要把诚信文化观念渗透到管理过程中，变成人们的自觉意识和行动，制度是最好的载体之一。人们认同一种新观念、新文化可能需要经过较长时间，而把企业极力推行的观念和文化体现在制度中，借助制度的反复强化作用影响观念，则可以加速这种认同过程。当制度内涵被员工接受并自觉遵守时，制度就变成了一种文化。为了提高员工对诚信文化的认同感，在设计企业制度时首先应该明确企业诚信文化的存在。

企业制度设计与企业诚信文化建设是相互依存的。企业制度建立了相应的激励措施，可以影响管理者和一般员工的诚信行为。具体体现在两个方面：①管理人员的岗位与考评制度。在企业组织结构的建立过程中，应慎重考虑集权与分权、管理人员岗位设置与权力问题。一般来说，分权组织比严密控制的组织更容易使员工从事不诚信的经营行为，尤其在只强调分权组织的财务目标时，情况就更为严重。因此，对管理人员的权力应以诚信标准来规范。比如可以选拔企业中那些支持企业诚信规范的人，并给他们更多的决策权力，同时限制那些可能反对诚信规范的管理人员的权力。有些企业的管理人员考评体系仅集中于业绩，当绩效评价仅以经济成果为尺度时，员工将会“不择手段”地追求经济业绩。一个企业如果想使它的管理者及一般员工坚持高诚信标准，就必须在绩效评价过程中包含这方面的内容。例如，对一位管理人员的评价，除了评价他在多大程度上达到了经济指标的要求外，还应评价他的决策在多大程度上符合企业诚信标准。如果这位管理人员在经济指标方面达到了要求，但在诚信行为方面做得很差，就应当对他进行适当处罚。②激励制度。在我国目前的企业管理制度中，往往是违法或违纪行为会受到相应的处罚，而大多数诚信或不诚信行为却没有相应的奖惩措施。因此，确立公正合理的诚信奖惩机制，给企业诚信文化建设以有力的支持是完全必要的。建立现代企业的诚信奖惩制度，应尽可能使奖惩制度科学化、合理化、标准化，以便于对企业员工的诚信或不诚信行为进行奖惩。另外，奖惩手段应落实到用工选择、岗位分派、职务任免、级别升降、薪酬分配等具体环节之中，对维护企业诚信的行为给予奖励，对违反企业诚信或给企业信誉、形象造成损害的行为给予惩罚。同时，建立健全企业诚信奖惩的组织领导体制，坚持公平、公正的原则，做到责任明确，保证对企业诚信行为的奖惩落到实处，真正起到激励员工诚信行为的作用。

企业文化是企业生存的基础、发展的动力、行为的准则、成功的核心。建立企业诚信文化理念，就是要求企业自觉地遵守诚信的原则，完全以诚信的文化理念来指导自己的经营活动。诚信文化建设是所有企业在企业文化建设中应该予以重视的。

(四) 培育“以人为本”的企业文化

企业文化是一种非正式的制度安排，是潜在的制度性资产，也是一种“意识形态”，对人能产生潜移默化的影响。诚信组织要“以人为本”，这里的“人”既包括企业的员工又包括顾客。以人为本的企业是尊重知识和尊重人的文化，充分重视人才的价值。企业的诚信强调员工的伦理道德与企业的目标一致。“以人为本”要从两个方面着手。首先，“以人为本”要培育员工的团队精神，唤起员工的价值观的认同，发挥企业文化的凝聚力，使员工能自觉地朝着既定目标迈进。企业要建立可持续性的竞争优势，就必须培育一流的爱岗敬业的员工队伍作为管理的重心，因为员工是消费者的直接接触者，他们的言行对企业的发展起着至关重要的作用。重视对员工的培育必须要求员工具有快速的学习能力，将企业培育成“学习型组织”，建立有效的内部学习机制。这里的学习是指由于经验而发生的行为的持久性改变过程，也是提升员工为顾客服务、创造顾客价值优势能力的有效途径。另外还要向顾客学习，“顾客是上帝”要深入员工的理念之中，了解顾客的需求，了解他们对企业产品和服务的评价。“以人为本”的企业文化是构建诚信组织的基石，组织是人的复合体，充分调动人的积极性，以员工和顾客的需求为导向，发挥员工的积极性，为企业创造更多的价值，寻求更广阔的市场。

二、企业诚信文化与核心竞争力

（一）企业诚信文化与企业核心竞争力的内在联系

企业诚信文化是指在市场经济条件下，用以规范和调节企业与社会、企业与企业、企业与个人之间信用关系的一种道德理念，它要求企业在追求自身利益的同时，尊重他人利益，诚实守信，遵纪守法，不损害对方和公众利益，而构成企业核心竞争力的主要要素是“人力资源、技术体系、管理体系、企业价值观和研究开发能力”。企业核心竞争力的基本特征表现为“稀缺性、可延展性、价值性、难以模仿性及其动态性”。因此，企业诚信文化在培养和加强企业核心竞争力的过程中处于最基础、最核心的地位。加强企业诚信文化建设对提升企业核心竞争力有着重要的意义。

（1）企业诚信文化和核心竞争力都是企业在长期的生产经营活动中逐渐积累形成的，都不是一蹴而就的。企业诚信文化是企业在长期的生产经营活动中形成的并为全体员工所认同的企业精神、企业价值观、企业经营理念和企业行为规范与准则等。企业核心竞争力也是通过组织学习和信息共享而缓慢积累起来的，核心竞争力也不能以加倍投入的形式而得到开发和提升。

（2）企业诚信文化是全体企业员工共同认可的价值观，并且这种价值观表现于每一个员工的行为中，表现于企业领导者的管理理念中，表现于企业的生产经营活动中。企业独特的文化一旦形成，就难以被其他企业所模仿和学习，这也正是企业核心竞争力的特征。企业核心竞争力是一种能使企业不断地延伸和发展新产品、新市场的能力，是一种能整合各种技能技术的能力，这样一种能力是不易被对手学习和模仿的。

（3）企业诚信文化建设为不断提升企业核心竞争力提供了保障。在竞争激烈的现代经济社会中，企业的生存发展有赖于核心竞争力，而企业核心竞争力只有不断进行技术创新、制度创新、产品创新和管理创新，才能永远保持其生命力，成为企业发展的强大支柱。创新是核心竞争力的基石。然而，无论是技术还是经营管理创新，都要依靠高素质的员工队伍。企业诚信文化恰恰可以为企业培养出高素质高水平的员工，具有激励员工士气、凝聚全体员工的功能。

（4）从某种意义上看，企业核心竞争力是企业在生产经营活动中产生的一种综合力。它对企业的资本、资源、劳动力、技术、科技知识、文化、管理等各种要素的交互作用起黏合、膨胀作用，从而使企业投入的生产要素能释放出更大的能量，给企业带来更多的价值。企业诚信文化则渗透于影响核心竞争力各要素的各个方面或领域，对核心竞争力的形成和加强起着不可忽略的作用。

（二）建设企业诚信文化，增强企业核心竞争力

（1）加强企业诚信文化建设，培养高素质高技术的企业人，为提升企业核心竞争力提供坚实的保障。企业的核心竞争力来自于企业的创新，而企业的创新靠的是企业的全体员工。因此，企业要通过建设诚信文化，通过各种培训和活动，提高员工素质和业务水平。诚信文化的价值观一旦深入到员工的意识中，员工就会在其工作和生活中自觉按照诚信观思考问题和处理问题。另外，通过建设企业诚信文化提高员工的业务水平，技术机制才能创新，企业的研发能力才能增强。由此可见，培养一支稳定的、具有多学科知识、多方面实践能力与创新能力的员工队伍，形成企业自身的知识积累体系，是提升企业核心竞争力的重要保障。

（2）加强企业诚信文化建设，培育诚信的企业价值观。一个企业需要有共同的价值观，才能把企业各部门团结在一起，才能把全体员工凝聚在一起，从而才能引导企业各部门以及全体员工统一行动，为实现共同的目标而努力。如果在企业中占主导地位的价值观能适应外部环境的变化和企业发展的需要，就会在企业内形成巨大的凝聚力，推动技术创新和企业发展。把培育全体员工共同认知的价值观当作企业诚信文化的核心，才能够确保企业核心竞争力持续升级发展。以诚信为核心的价值观，不仅能增强企业的凝聚力，而且能够为企业创造无限的经济价值。如拥有更多的合作伙伴，降低企业交易成本；树立企业信誉，给企业带来巨大的市场，使企业的核心竞争力得到极大的提升。海尔公司就是以“卖信誉而不是卖产品”、“真诚到永远”为理念，以其无形资产带活其有形资产，以改变人的观念和精神面貌改变整个企业的面貌。海尔的成功进一步地证实了一个企业要想提高核心竞争力，在竞争激烈的市场中保持竞争优势，就必须培育共同的价值观，加强企业诚信文化建设。

（3）加强企业诚信文化建设，提高企业领导者自身素质，培育企业核心竞争力。由于身份和地位的特殊性及对企业潜在的影响，企业对领导者的素质要求也较高。同时，企业领导者是企业伦理建设的组织者和实施者，其伦理人格在一定程度上代表了企业精神和企业形象，同时也对企业员工的伦理素质的提升产生着深刻持久的影响。显然，企业领导者素质直接影响到企业诚信文化的建设。因此，企业领导者首先要做到诚信，提高自身的素质，才能建设好企业诚信文化并使企业核心竞争力得到提升。

（4）加强企业诚信文化，增强企业竞争力要素的整合能力。企业核心竞争力是由不同的竞争力要素有机联系起来的一种综合竞争实力，而这种对资源的整合能力是以知识为基础的，靠的是员工的知识和技能。企业要加大力度建设企业诚信文化，丰富员工的知识，提高员工的技能，通过对企业现有资源的识别、利用与更新，挖掘出不同于其他企业的稀缺性能力，最后对这些能力进行整合，形成企业特有的核心竞争力。诚然，只有在诚信、和谐、令人奋发向上的企业文化氛围中，企业的各种潜力才能被挖掘出来，企业的各种知识技能才能得到整合。

第三节　药品生产企业如何构建诚信文化

2006 年 3 月 28 日，“齐二药”用假丙二醇辅料生产了大批规格为 10ml/5mg、批号为 06030501 的亮菌甲素注射液并投入市场使用，导致了 13 人死亡的严重后果。之后，又连续出现了类似“齐二药”事件的“欣弗”、“广东佰易”等一个个药害事件。这些药害事件的发生，严重威胁着人民的身体健康和生命安全，对企业本身也造成致命性打击，这当然有多方面的因素，但笔者认为，首当其冲的是医药生产企业缺乏以质量为核心的诚信文化。

诚信文化，是企业存在和发展的基础，是企业参与市场竞争的有力武器，是企业强大的无形资产，其对于药品生产这一特殊的行业更显得至关重要，医药生产企业要取得长久的生存，单纯靠政府的支持和相关部门的监管，这远远不够，其治本之举是要建立以诚信为核心的企业文化。企业的诚信文化是一个文化体系，它包括了各种经营活动的诚信文化，即理念诚信文化，管理诚信文化，经营诚信文化，企业家诚信文化，营销诚信文化等。

一、树立诚实守信的企业核心理念

一个企业只有全体员工具有共同的追求和梦想，形成诚实守信的核心理念，这样的企业，才是志同道合的一个整体，才会心往一处想，劲往一处使，团队才有凝聚力和向心力。诚者，天之道也；思诚者，人之道也。牢固树立诚信理念，是现代社会的呼唤，是新形势下企业生存的需要。

（1）建立以诚实守信为核心的企业价值观。诚招天下客，誉从信中来，要把诚信当作核心价值观来抓，要“老实做人，精明做事”，全体员工要形成统一的价值观，诚信办事，以诚求成，视诚信为生产力，推动企业健康快速发展。

（2）严格遵守相关药械法律法规，遵守社会道德规范，遵守企业职业操守，主动接受并配合各级管理部门的监督检查，善待社会各界对企业的监督与批评，严格自律。

（3）开展诚信理念宣传活动。要定期举办有关诚信、产品质量方面的学习、培训和有奖比赛活动，引导员工对社会、对顾客讲诚信，将“以高质量的产品奉献给我们的客户，建立长期互信互任的友好纽带”的理念灌输到公司每位员工的脑海中。

二、完善企业诚信管理制度

真正抓好诚信，不仅要靠理念，更要靠完善的企业管理制度。要建立完善的诚信管理制度和诚信管理机构，制定职工诚信行为规范、员工岗位信用制度、诚信管理评价制度等规章制度，将员工诚信纳入绩效考核体系，定期进行诚信评估，使员工们在工作中“有诺必应，一诺千金”；建立社会监督机制，聘请客户、消费者及有关管理机关工作人员等社会监督员，广泛征求意见和建议；建立产品召回机制和药品不良反应报告和监测机制。

三、要诚信生产和诚信经营

“诚于中，形于外”，只有将“诚信”二字贯彻到药品生产经营的每一个环节，贯彻在各项具体工作中，诚信的理念才能扎实，才能形成真正的自觉行为。

（1）诚信生产。质量关系着企业的生死存亡，对于生产企业而言，诚信首要的是过硬的产品质量，要把珍惜产品质量当作珍惜自己的生命一样，要始终树立以质量求生存的理念。从原料进厂开始，要实行层层把关制，对于出现的质量问题，一查到底，一追到头，不放过一点蛛丝马迹。

（2）诚信宣传。要注重对外宣传中的信息准确性和客观性，严格按照审批的内容开展产品广告宣传，不篡改说明书、不夸大疗效，不误导消费者。

（3）诚信经营。要倡导企业的诚信经营，赢得社会信任、赢得更广阔发展空间。绝不欺骗客户和商业伙伴；遵循公平、公开、公正的竞争原则，与同行保持良好的竞争与合作，不搞不正当竞争；严格履行承诺，信守合同，坚持推进反商业贿赂制度建设。

四、要积极履行社会责任

企业的快速发展离不开各级领导的关心和方方面面的支持，药品生产企业在以优质的产品和服务回报社会的同时，要积极开展形式多样的企业社会责任活动，维护职工的合法权益，增强员工的凝聚力；要积极投身公益事业。商海无涯“信”作舟，药品生产企业不能辜负社会各界的关心和厚爱，要坚守诚信原则，弘扬诚信理念，加强行业自律，全方位开展诚信建设，取信于市场，取信于社会，积极打造诚信品牌，争创诚信企业。

第二章　建立完整的诚信构建统筹体系

核心提示：诚信一词的基本含义是指诚实无欺，讲求信用。企业诚信文化是指在市场经济条件下，用以规范和调节企业与社会、企业与企业、企业与个人之间信用关系的一种道德理念。我公司创造和推行“诚信构建统筹管理”办法，实施“制药企业诚信文化建设与管理创新”，主要是通过构建和推行具有自身特色的以“诚信制药、完善自我、追求卓越”为核心理念和总的指导思想的“企业诚信文化建设体系”，结合企业实际制定“岗位职责考核体系”，并围绕“企业诚信文化建设体系”和“岗位职责考核体系”两大常规运行体系，建立起诚信构建“履行职责监督机制、产品质量控制机制、奉献精神衡量机制、负面清单预警机制”四项保障机制，以支撑“两大常规运行体系”的健康持续运行。“两大体系”和“四项机制”功能各异，相互促进，互为弥补，综合形成了企业诚信构建工作的统筹管理体系。与此同时，我公司将诚信文化理念融入了针对具体工作制定的《十大管理体系》，从而夯实了企业管理，取得了良好的经济效益和社会效益，走出了一条自身特色的“诚信构建统筹管理”的成功之路。

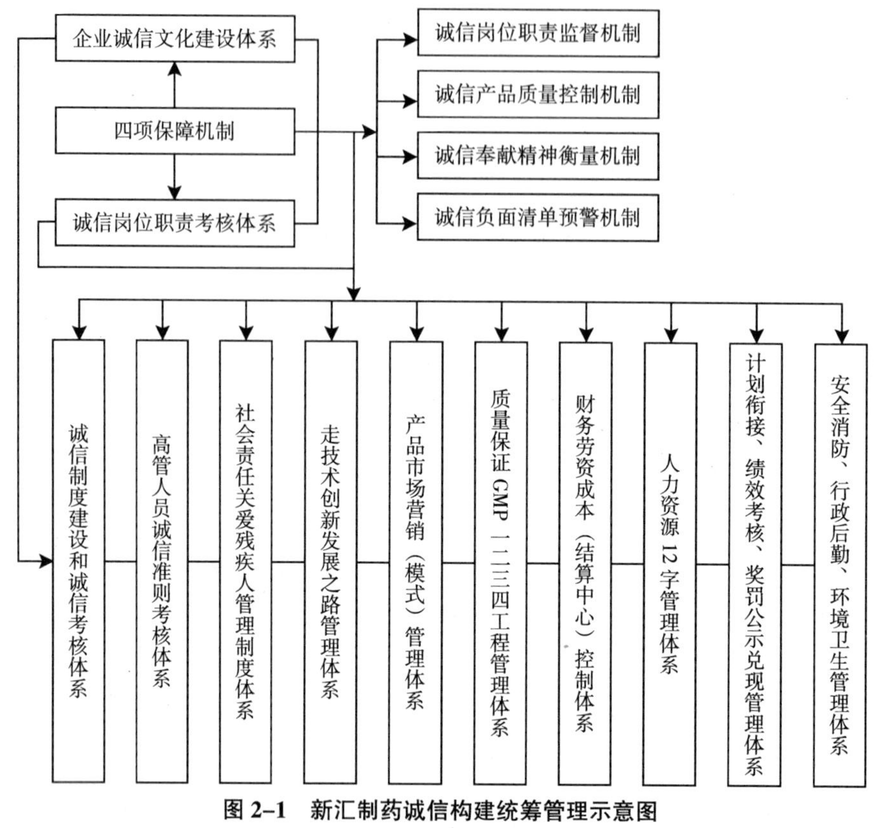

图 2-1　新汇制药诚信构建统筹管理示意图

第一节　“诚信构建统筹管理”的形成背景

一、历史背景

1987 年，湖南省民政厅为解决残疾人员就业，在其福利总公司旗下办起了以安置军残、社残人员为目的的一家中型国有二级福利企业湖南省湘民制药厂（以下简称“湘民”），职工 448 人，其中社残和军残人员 225 人。但因管理等诸多原因，从 1993 年开始，湘民制药厂每年亏损千万元以上，截止到 1995 年底，累计亏损 5000 多万元，湖南省政府将湘民制药厂列为首批国企改革试点单位之一。于是，兼并“湘民”一度成为省内外企业界的热门话题。1995年底开始，敢“吃螃蟹”的深圳大东国际投资（集团）股份有限公司、广东惠州唐龙（集团）股份有限公司先后进驻“湘民”洽谈兼并事宜。深圳“大东”有先见之明，因察觉到“湘民”内部“反兼并”迹象，预感水深莫测，没几个回合便三十六计走为上计；广东“唐龙”却深陷其中，欲做不成，欲罢不能，起起落落，磕磕碰碰，僵持了两三个年头，最后以震惊省政府、震惊国务院的“流血兼并”事件失败告终，全厂以200多名军残、社残职工为主体的400多名职工，该拿工资的拿不到工资，该享受住房的没有房子住，不仅把400多名职工拖得疲惫不堪，苦不堪言，而且成为省政府和省民政部门的一大心病。因为两次兼并失败，令一般有实力的企业都不愿也不敢涉及。

那些年的“湘民”局面风雨飘摇，苦了“湘民”员工。截止至2001年初，“湘民”负债总额1.9亿元，资产负债率500%，全厂400多名职工，大多生活失去了着落，于2001年7月31日经“湘民”职代会通过，主管部门省民政厅报请省政府同意，由长沙市中级人民法院受理，依法裁定“湘民”破产还债。面对不少企业大腕望而生畏的湘民制药厂，湖南省委省政府领导于是把希望寄托于省内优势企业。

当年，因我是全国人大代表，是湖南安塑集团董事长，特别是湖南省“远学邯钢，近学安塑”的工业运动已把我推到了湖南工业改革的风口浪尖，我自然进入了省委、省政府领导的视线，加之有关湘民制药厂现实状况的官方、民间渠道信息不绝于耳，震撼了我的灵魂深处，一种强烈的社会责任感油然而生。为拯救几百名失去生活着落的破产企业下岗职工，我以“人民代表”的名义，立志与省委省政府同心同德，为省委省政府排忧解难，明知征途有艰险却丝毫不畏惧，依法按程序收购了“湘民”，辞去了安塑集团董事长职务，走向了这个生产药品的残疾人群，成立了湖南新汇制药有限公司（以下简称“新汇制药”）。

基于被收购的破产企业的基本员工是军残、社残人员，这些人员要生存下来，突出的问题是没有参与市场竞争的能力，而需要改制后的企业为他们创造生存条件，所以他们对改制后重组的企业寄托了能够生存和过上好日子的希望。既然收购了这家破产企业，全员安置了下岗职工，有承诺就要讲诚信，就要对社会负责。更重要的是，因为是做药，药品关乎人民群众的健康乃至生命，是关系到全社会的问题。针对这样的背景，公司自成立之日起，就把“诚信”确立为公司经营理念的首位，把“生产放心药品，诚对天下苍生”作为对社会的庄重承诺，视其为药品生产企业人员的道德准则，成为我公司开展诚信文化建设、建立诚信管理体系的良好愿望和思想基础。

二、理论依据

2006年10月中共十六届六中全会通过的《中共中央关于构建社会主义和谐社会若干重大问题的决定》提出了“社会主义核心价值体系”概念，其基本内容包括四个方面，即马克思主义指导思想、中国特色社会主义共同理想、以爱国主义为核心的民族精神和以改革创新为核心的时代精神、社会主义荣辱观。建设社会主义核心价值体系是构建社会主义和谐社会的重要条件，分为建设目标：富强、民主、文明、和谐；美好社会：自由、平等、公正、法治；道德规范：爱国、敬业、诚信、友善。社会主义核心价值体系，以理论层面为主导，统领理想、精神、道德等不同层面，四者相辅相成、相互促进，构成一个完整的体系。社会主义核心价值体系的建立，有利于彰显马克思主义的生命力，有利于坚定理想、信念，有利于建立道德规范，有利于提高国民素质和国际竞争力。这一英明决策对建立与发展社会主义市场经济相适应的社会主义道德体系，对形成追求高尚、激励先进的良好社会风气，保证社会主义市场经济的健康发展，促进整个民族素质的不断提高，具有十分重要的意义。

三、行政约束

2008年，湖南省食品药品监督管理局建立“诚信档案”的举措促使药品生产企业必须进行管理创新。进入2000年后，在我国药品生产企业中，“齐二药”、“欣弗”、“广东佰易”等一个个药害事件，不仅严重威胁着人民的身体健康和生命安全，也对企业本身造成了致命的打击，尽管因素很多，但毋庸置疑，药品生产企业缺乏以质量为核心的诚信文化以及企业管理方法上存在的弊端当属根本原因。湖南省食药局2007年开始“吹风”，即在湖南岳阳召开全省“信用构建现场会”，强调“药品生产企业信用体系建设是社会信用体系建设的重要组成部分，是规范药品市场秩序的治本之策……要建立企业‘诚信档案’，其目的就是要把生产经营假劣药品的企业列入‘黑名单’，向社会公布，让它们无处遁形；要把守法经营的企业列入‘红名单’，给予各种便利”。2008年，湖南省食药局及长沙市食药局在辖区内药品生产企业中全面推行诚信构建工作。

四、管理需求

新汇制药对原湘民制药厂下岗职工进行全员安置，在新汇制药重新上岗的员工因置换了身份，部分员工认为，“现在是给老板打工了”。因此，员工的“雇用观念”促使制药企业必须进行管理创新。在市场经济条件下，企业员工对个人的经济利益看得越来越重，部分员工自私自利思想严重，而克己奉公的思想却越来越被淡化，新汇也不例外。如一些计时工“8 小时”外就关手机了，生怕单位找他有事；一些计件工上下班随意，想来就来，想走就走，只顾产品加工数量，对加工质量马虎了事，侥幸过关的现象时有出现；员工及部分基层管理人员忽视操作规程，低级错误屡禁不止，曾出现车间的工作服和工作帽编号不匹配，车间工作人员从安全消防通道随意进出，货位卡与实物不符，货位卡涂改不规范，进出一般区不穿工作服，洁净区容器具存放间存放有不干净的物料桶，车间管理人员对称量备料工序、配料工序、生产记录和清场记录没有签字进行复核，甚至正在进行生产的设备上还挂着“待清洁”状态牌，而已经清洁的功能间上还挂着正在生产的状态牌标识，车间调速切片切段机无状态标识，没有更换洁净服就进入洁净区等不讲诚信、违背操作规程的错误现象；在原药材采购过程中，验货图简单，不彻底，有的客户送来的原材料表里不一，以次充好，验货人员被客户几句好话就敷衍过去了；检验人员抽样粗放，采样不具代表性，未能做到全覆盖，造成其中的次品未能被检验出来，所收购的原药材未能 100%达到标准，客观上降低了产品质量。

鉴于上述外部环境及内部现状，我认为：“药害事件”的发生，既有诚信缺失的因素，也有管理不善的原因；企业内部存在的自私自利思想和克己奉公思想的淡化，是由于人们对市场经济本质理解的差异，使得新中国史上“我为人人”的奉献精神有所淡化，对企业而言，存在着用正确的思想教育人和强化管理的问题。我公司自创办之日起就把“诚信”确立为企业的经营理念，但因那几年弘扬诚信的大环境未成气候，而湖南省食品药品监督管理局“在全省药品生产企业开展信用构建与分类监管工作”的号召，成了我公司推崇“诚信经营理念”的“及时雨”和“催化剂”。于是，我公司将诚信理念融入公司各项经营活动，开展“企业诚信文化建设与管理创新”，持续推行“诚信构建统筹管理”，使公司面貌焕然一新。

第二节　增强诚信文化理念　提高诚信文化素质

诚信是中华民族源远流长的传统文化，是经过几千年锤炼的中华民族之魂。不仅中国古代的圣贤哲人均把诚信作为一项崇高的美德加以颂扬，千古流传至今，而且当今中国，我们的党也将诚信纳于《公民道德实施纲要》，以此作为全国人民共同遵循的最高道义。

诚信是社会主义核心价值观的组成因素之一，是做人之本，兴业之道。在当今市场经济大潮中，海尔之所以能成为家电业巨人，就因为“真诚到永远”的理念，而美国安然公司倒闭，就是缺乏诚信导致的失败。在药品生产企业中，近年来“齐二药”、“欣弗”、“广东佰易”等一个个药害事件，不仅严重威胁着人民的身体健康，也对企业本身造成了致命打击，尽管因素很多，但毋庸置疑，药品生产企业缺乏以质量为核心的诚信文化当属根本原因。

2008 年 4 月和 6 月，湖南省、长沙市两级食品药品监督管理局分别召开信用构建现场会议和专题会议，我公司充分认识到诚信构建的重要性，以此为契机把通俗易懂的诚信传统理念潜移默化地渗透到公司的基础管理、制药生产、产品销售每个环节和员工的心灵深处，在员工中树立起以人为本，“诚信第一，品格第一”的理念。

一、营造诚信氛围，持之以恒地开展诚信文化宣传

为提高管理者及员工的诚信素质，我公司采取多种形式开展宣传，正确舆论导向，创造诚信氛围，对员工进行持之以恒的“诚信理念形成教育”。多次召开员工大会，多次进行动员，公司董事长和总经理亲自上诚信构建培训课，宣传诚信理念，宣传诚信构建的重大意义；开通公司内部有线广播，把诚信构建和实施 GMP 标准的具体内容撰写成广播稿，利用早、中、晚餐时间广播宣传，在公司网站开辟诚信文化专栏，充分利用公司简报和橱窗，大张旗鼓地宣传诚信理念和公司诚信构建态势，形成了良好的诚信构建舆论氛围；寓教于乐，开展以诚信为主题的、员工喜闻乐见的文艺汇演、知识抢答多种活动，让诚信理念深深扎根员

工心灵，形成了有声有色的诚信建设局面。与此同时，我公司在诚信构建上舍得投入，组织人力物力财力，编撰印制了四章38节25万字的内部实用资料图书《诚信构建大全》（以下简称《大全》），《大全》把上级的有关政策规定、诚信理论和理念、公司的具体做法、岗位职责和考核办法、诚信构建培训资料、GMP有关知识以及相关知识分门别类，汇集一书，使公司诚信构建工作有章可循，为员工提供了开展诚信建设的政策依据和实施办法。新汇员工《大全》在手，更加了解公司的目标追求，开展诚信构建更加从容。

二、突出表率作用，提升管理层面的诚信文化素质

企业的管理者特别是高层管理者是企业沉浮的关键，也是诚信建设的龙头，企业的目标就是依靠管理者通过价值观整合、思维方式作用和行为规范约束而转化为员工共有的价值观念。因此，提高企业诚信文化水平，关键是提高管理层面的诚信文化素质。为提高管理者的诚信文化素质，我公司主要从以下四个方面着手：

（1）对中高层管理人员高标准、严要求。要求中高层管理人员“能吃苦、肯负责、会管理、要求严、标准高”，做到“执行制度比员工好，创造价值比员工多，责任性比员工强，工作能力比员工高”。

（2）身体力行，勇于做诚信建设带头人。省市两级诚信建设会议后，公司成立了由董事长负总责，总经理为组长的诚信构建领导班子，董事长向上级药监部门签订诚信构建承诺书，总经理具体安排诚信构建工作，成立了各部门主要负责人牵头的诚信考核评定机构，使公司诚信建设真正成为“一把手”工程。

（3）讲求信用，敢于承担以契约为基础的诚信责任。公司在物料购进、产品销售、资金信贷、技术合作等方面与其他企业、客户的交流过程中，合同金额大到成百上千万元，小到几百几千元，坚持履行合同协约，从未因公司失信发生纠纷，做到诚实守信，有诺必应，货真价实，互惠互利，并敢于承担相应的经济责任和法律责任。

（4）恪守自律，做诚信表率。我公司把诚信构建作为公司精神文化建设的重中之重，当作员工的信念，对高管进行月度、年度考核时，其“工作信念”占15%的权重，只要出现不诚信行为，就要被扣掉诚信考核分。有一个月，公司总经理因未完成当月“自罚承诺”的目标任务，失了信，被扣去当月诚信考核分

24分，张榜后员工大吃一惊。又如公司董事长分管营销中心工作，因未完成约定的月度回款任务，按公司诚信管理制度，该项工作主要负责人董事长应进行“自罚承诺”，内容是“围绕厂区跑10圈”，员工拭目以待。董事长率先垂范跑步，结果形成了营销中心70多人跟着董事长跑步的大场面。从此，公司的诚信考核“自罚承诺”被员工接受。

为提高高层管理人员的诚信文化素质，公司要求高管人员在遵守公司通用的诚信准则同时，还另行制定了专门针对高管人员的诚信准则，并就该准则对高管

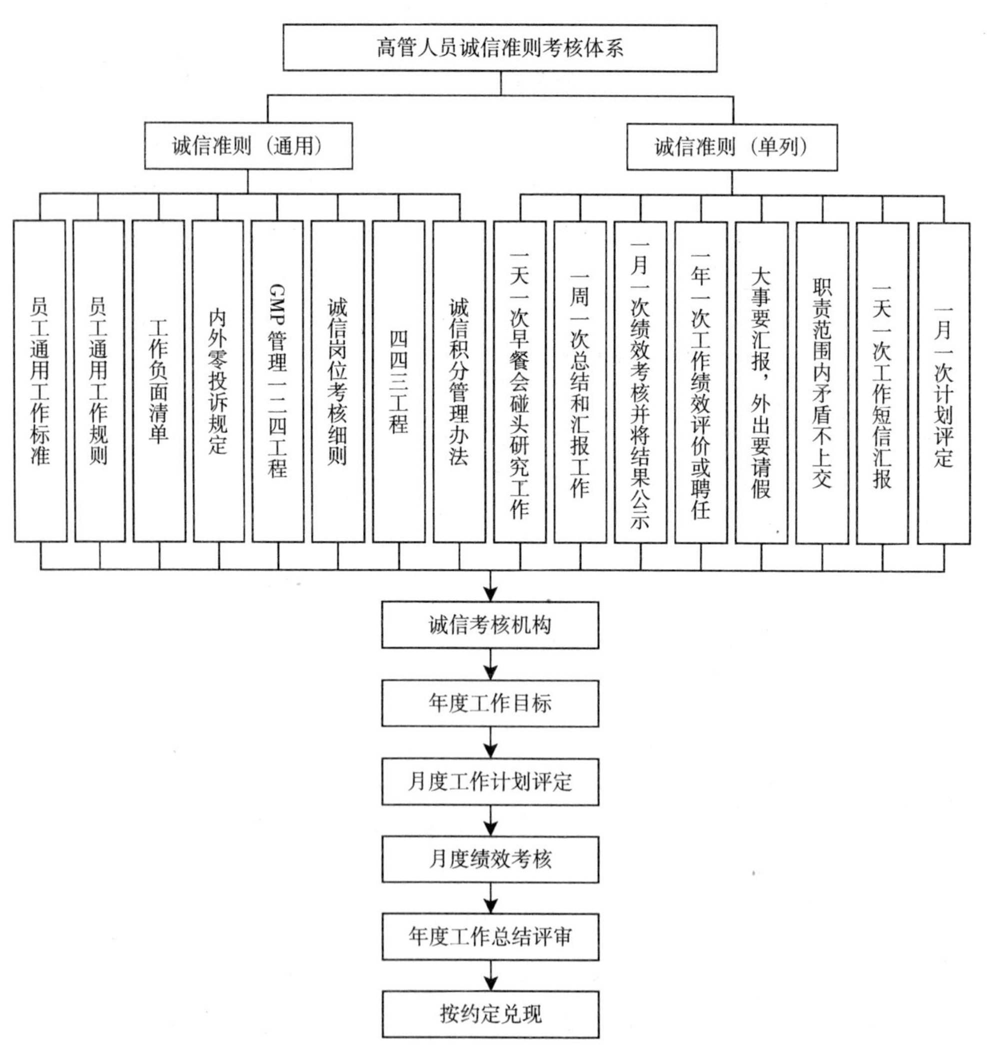

图2-2　高管人员诚信准则考核体系结构

人员单独进行诚信考核，考核执行机构和考核流程为：公司各分线高管针对经评定的月工作计划完成情况写出月工作总结；公司人力资源处负责衔接、收集各分线高管月工作业绩情况，依据分线高管《诚信岗位职责考核细则》进行绩效考核，并将考核结果提交给公司诚信构建领导小组，进行集体考核（审计）。

公司只要出现药品质量问题，高管人员主动承担连带责任，致使公司的“质量事故株连制”考核办法畅通无阻，加强员工的工作责任心，创造了连续 10 余年产品市场检测合格率 100%的佳绩；高管人员的诚信行为在员工中起到了潜移默化的感召作用，不断增强员工的诚信理念和诚信文化素质，信守诺言、敢于担当的诚信事迹不断涌现。2012 年 7 月 6 日深夜，望城地区狂风骤起、雷雨大作，凌晨 1：50 分全厂停电，睡在离公司 1.5 公里外自家宿舍的公司电工班长闻讯立即起身，骑上单车，顶着狂风暴雨，迅速赶来公司排除了停电事故。为防止再起事故，不让公司因停电造成损失，他脱掉了水淋淋的衣服，光着膀子，守在事故现场，直至天麻麻亮才回家。2015 年 8 月 14 日 23：00，公司主水管爆裂，睡在离公司 1 公里外自家宿舍的公司机修班长闻讯立即起身，开车赶来公司抢修，直至早晨 7：00 恢复供水，使突发事故没有给员工生活和公司生产造成损失。公司宣传人员采访他们的事迹时，他们的共同表述是“这是我的职责，我承诺了的，就要讲诚信”。

第三节　构建诚信文化建设体系　践行社会主义核心价值观

我公司 “企业诚信文化建设体系”是把企业的经营项目、发展途径、实施措施、愿景目标有机地结合起来。引入诚信文化理念，把诚信文化理念融入企业管理、科研、生产、销售等所有经营活动及人文关系的各个环节，构建起完整的诚信文化连接关系。企业管理者的理念、心态、目的和决心全部渗透在企业诚信文化建设体系中，向社会、客户及员工亮出企业的诚信底牌。让社会放心，让客户满意，让员工从中受到企业管理者思维方式的感染和熏陶：懂得管理者在主张什么，所追求的目标是什么，有怎样的要求；懂得企业员工需要思考什么问题，该做什么，不该做什么，应该怎样去做，应该实现怎样的岗位业绩；懂得只要按企业管理者心态去努力实现岗位业绩，就会实现企业管理者与员工双赢，反之会影响企业的发展和员工个人的利益，因而使员工的个人奋斗目标与企业的战略目标融于一体，让企业的正能量在企业诚信文化的传递中潜移默化地渗透到员工的心灵深处。

我公司成立之初，把企业文化划定为“物质文化、制度文化和精神文化”三大方面，并且明确了各个方面文化内涵的范畴：把美化公司环境、实施精良装备、改善员工工资福利待遇等事关员工切身利益的实事归结为物质文化；把自觉遵守纪律，服从分配，严格执行各项规章制度的约束机制归结为制度文化；把团结、进取、实干、创新以及积极向上等归结为精神文化。2008 年以后，随着湖南省食品药品监督管理局诚信构建工作的推进，为力求“创造出新汇著名品牌和新的企业文化体系”，因而在“物质文化、制度文化、精神文化”的基础上，通过全面开展诚信构建，建立了自身特色的企业诚信文化建设体系。构建新汇特色企业诚信文化建设体系，是公司决策者们的一个新课题。公司立足做大做强的目标，以敢为人先，不断超越自我的精神，以“立足新汇，放眼全国”的气魄，制定了标志公司诚信文化建设的“诚信制药——完善自我——追求卓越”的诚信文化体系，并把这一体系当作公司员工践行社会主义核心价值观的重要标志。其中：

一、“诚信制药”

“诚信制药”主要是以诚相待，诚实守信，“诚对三个‘双边关系’”，即诚对公司与员工之间、公司与客户之间、公司与社会之间的关系。

第一，建立公司与员工之间的诚信双边关系。这种双边关系的建立，是公司与员工之间达成的诚信默契，即公司为员工打造工作平台，优化员工生存条件，公司的发展和富强，对员工的生存与发展起到保障作用；员工为公司出工、出力创造效益，个人获得了收益，家庭不断富裕，反过来巩固公司的发展，互为依托，共同发展。

第二，建立公司与客户之间的诚信双边关系。这种双边关系的建立，是指双方诚实守信，一诺千金，互惠互利，长期合作，相得益彰，实现双赢。

第三，建立公司与社会之间的诚信双边关系。这种双边关系的建立，是公司用诚对天下苍生的承诺，坚持生产良心药、放心药，做强做大，致力服务社会，社会受益面大，赢得社会信誉和良好口碑。

二、“完善自我”

“完善自我”主要指的是要与时俱进，“完善三项基础保障”，即不断完善管理体系，不断完善产品结构，不断完善市场营销。

在完善管理体系方面，我公司对企业内部管理分门别类，分成了“十大管理体系，即：“诚信制度建设和诚信考核”体系，“高管人员诚信准则考核”体系，“各类计划衔接、绩效考核、结果公示及奖罚兑现管理”体系，“财务劳资成本（结算中心）控制体系，走技术创新发展之路管理体系，产品市场营销（模式）管理体系，质量保证GMP“一二三四”工程管理体系，人力资源“12字”管理体系，社会责任关爱残疾人管理制度体系，安全生产标准化、消防安全、行政后勤和环境卫生管理体系。

在完善产品结构方面，公司力抓国家基本药物目录本公司产品销售，力抓国家医保工伤药物目录本公司产品及亚健康产品销售，研发创新生物技术药物系列产品，目前已有68个国药准字号批文，常年生产“猴头健胃灵胶囊”（片）、“九味肝泰胶囊”、“蛇胆川贝枇杷膏”等20多个品种品规。

在完善市场营销方面，我公司用诚信构建的管理办法，狠抓团队建设和各种营销模式的管理，制订实施了诚信销售服务“一二三诚信准则”（一诚心、二创造、三及时），销售网络不断扩大，产品已销往全国30多个省市。

三、“追求卓越”

“追求卓越”即追求“三大创业标志”，其内容涵盖三个层面的创造力，即创建卓越团队，创造卓越产品，创造卓越绩效。在创建卓越团队方面，目标是创建一支“能吃苦、肯负责、会管理、要求严、标准高”的管理团队；在创造卓越产品方面，目标是创造出“质量过硬、疗效确切、市场看好、效益稳定、竞争力强”的优质产品；在创造卓越绩效方面，追求“产品做精、绩效做大、省内一流、国内领先、走出国门”。

我公司诚信文化建设体系将诚信文化融入了企业建设的各个领域，引导员工着力写好“市场营销、技术创新、基础管理、资本市场”四篇文章。建立公司诚信文化体系的最终目标是实现“公司效益好；产品专利多，销售网络多；队伍素质高，产品附加值高，员工收入高”的“一好、二多、三高”（“一二三工程”）战略目标。

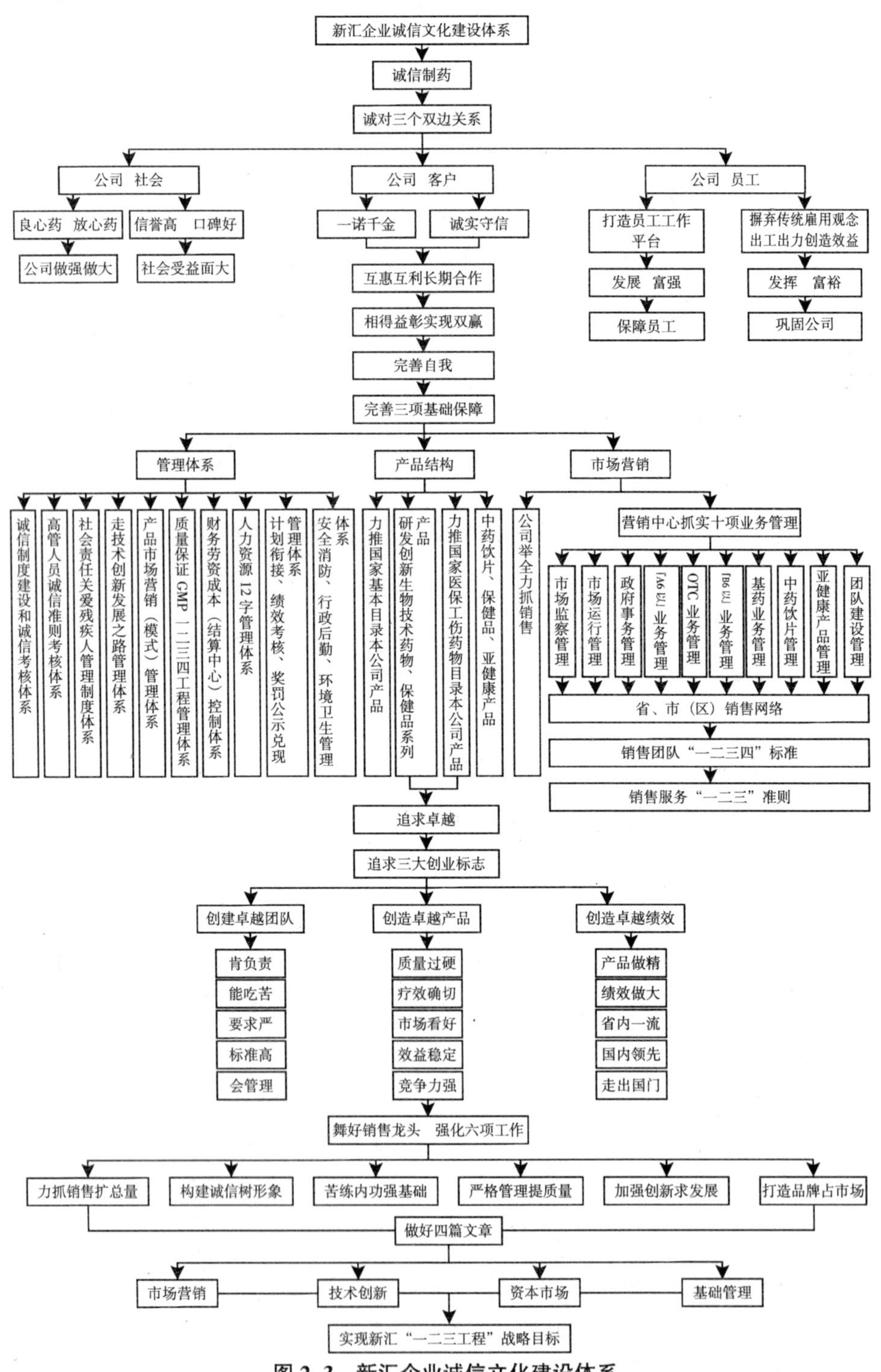

图 2-3 新汇企业诚信文化建设体系

第四节 构建岗位职责考核体系 规范员工诚信文化行为

要把诚信文化理念渗透到企业各项基础管理中，使诚信文化理念转化为员工的自觉意识和行动，制度是最好的载体之一，尤其制度内涵被员工接受并自觉遵守时，制度就变成了一种文化。正因为如此，我公司对员工的“诚信（岗位职责）考核”（以下简称“诚信考核”）制定了“六有原则”，即“人人有岗位，岗位有职责，职责有考核，考核有结果，结果有公示，公示有兑现”，制定了相应的制度赋予“六有原则”实质性内容，通过制定各项制度，对全体员工的岗位职责进行诚信考核。公司通过诚信考核的方式，对各部门和全体员工所做的工作进行全面评价与核定，并把诚信考核方法作为检验公司计划运行状况和总结提高的一种管理手段，收到了良好的管理效果。

“诚信岗位职责考核体系”充分体现“人员有岗位，岗位有（目标）职责，职责有考核，考核有结果，结果有公示，公示（奖罚）有兑现”的诚信管理原则，操作很阳光，奖罚很刺激，兑现无争议。

一、全员诚信岗位职责考核内容

2008 年以来，我公司依据湖南省食品药品监督管理局关于“药品生产企业信用构建与分类监管办法”的规定，结合本企业实际，研究出台了《诚信构建实施办法》及其《考核兑现方案》，分门别类，按各部门工作职能职责，制定出全覆盖、定位准、做得到、能量化、可考核、能兑现的各类岗位的《诚信岗位职责考核细则》，把各个岗位的职责用制度的形式固定起来，对公司全员进行诚信考核，并由被考核的员工对各自诚信考核细则中的重点工作实行“自罚承诺”。其中管理部门 87 类（个），生产部门 93 类（个），使在岗人员人人有鲜明的职责标准，人人有诚信“镜子”可照，有诚信“尺子”可量。采用标准分 100 分的计分制方法对每项职责进行考核。公司全员诚信考核工作由公司董事长或公司总经理负总责，公司诚信构建领导小组办公室行使诚信考核职能职责。

示例一

公司董事长岗位职责与职权：

（1）主持公司股东会和召集、主持公司董事会会议。

（2）督促、检查股东会、董事会决议的执行。

（3）签署董事会重要文件和其他应由公司法定代表人签署的其他文件，包括融、筹资和对外投资文件。

（4）行使法定代表人的职权。

（5）在发生特大自然灾害等不可抗力的紧急情况下，对公司事务行使符合法律规定和公司利益的特别裁决权和特别处置权，并在事后向公司董事会和股东会报告。

（6）提名总经理和董事会秘书的人选。

（7）在董事会休会时，企业负责人依照法律法规和《公司章程》及股东会决议、董事会决议，代行董事会职权。

（8）听取总经理生产经营工作的情况汇报，提出监督、指导意见。

（9）研究、决定和部署公司阶段性的工作。

（10）行使董事会授予的其他职权。

（11）履行《公司法》、公司《章程》要求履行的其他职责。

总经理岗位职责与职权：

（1）主持公司的生产经营管理工作，直接领导公司质量管理工作，是药品质量的主要责任人，并负责一年一次对质量管理体系的评审；负责组织拟订公司年度经营方案，审批年、季、月生产计划和重大改造、新产品开发项目，负责组织拟订公司财务预、决算方案以及利润和亏损弥补方案，并向董事会报告工作；董事会休会期间，向董事长汇报工作。

（2）组织实施董事会决议、公司年度工作计划、经营方案以及投资方案。

（3）拟订公司内部管理机构设置方案报董事会审批。

（4）拟订公司的基本管理制度报董事会审批。

（5）制订公司的具体规章。

（6）提请董事会聘任或解聘副总经理、财务负责人、总工程师、总经理助理等经理层高级管理人员。

(7) 聘任或者解聘除应由董事会聘任或解聘以外的管理人员。

(8) 拟定公司员工的工资、福利、奖惩，决定公司高管人员以下员工的聘用和解聘。

(9) 提议召开董事会临时会议。

(10) 根据董事会的要求，向董事会报告公司重大合同的签订、执行情况、资金运用情况和盈亏情况，总经理必须保证该报告的真实性。

(11) 处理与公司发展有关的重大事项，组织实施董事会决定的项目计划；承担公司的经营责任和风险，对公司财产的安全、保值、增值负责，履行对经济效益、利润的追求义务。

(12) 抓好公司中层以上人员的廉洁工作和做好自身廉洁自律。

(13) 行使公司章程或董事会授予的其他职权。

(14) 履行《公司法》、公司《章程》要求履行的其他职责。

(15) 由于个人身体原因不适应本岗位工作时，要及时主动报告，提出申请休假、调换工作岗位或离职。

(16) 确保公司实现质量目标并按照《药品生产质量管理规范》的要求生产药品，总经理应当负责提供必要的资源，合理计划、组织和协调，保证质量管理部门独立履行其职责。

(一) 诚信考核细则（示例）

诚信考核细则是公司和所属员工在互为诚信的前提下，根据公司制订的考核管理工作“人人有岗位，岗位有职责，职责有考核，考核有结果，结果有公示，公示有兑现”的“六有原则”，根据岗位工作的特点和要求，制定出相应内容的工作标准及完成时间，内容包括岗位职责、权重分、考评办法、重点工作自罚承诺及考核得分等。公司考核机构对员工每月岗位职责内的（工作）计划进行评定，评定计划时充分考虑所定计划目标通过努力能实现并能量化，评定通过后的（工作）计划作为考核依据，在组织考核时凭经过评定的所附“计划”实际完成情况，按考核办法予以打分，凭此打分作为发放工资等与员工待遇挂钩的依据。月度重点工作来源于公司年度目标、当月重点任务及岗位职责性质。在制定计划时，对重点工作先有约定，员工自愿进行“自罚承诺”。

示例二

表 2–1　营销副总经理诚信考核细则

姓名：　　　　　　　　　　岗位：　　　　　　　　　　年　月　日

序号	诚信岗位职责	标准分	诚信考评办法	重点工作自罚承诺	考核分
1	负责组织制订营销中心年度销售方案，负责每月计划安排（含回款计划、“三类”市场商业平台网络、四类终端网络建设计划、政府事务计划、费用管理、人员管理、绩效考核等计划）。年计划、月计划下达并严格按计划组织实施，负责管理并保证完成年度和分月计划	50 分	该项考核分为 50 分，计划提交时间不准时扣 10 分；完成月初拟订任务的 80%（含），该项不扣分；完成任务 70%以上按比例扣分；完成 60%以下（含），该项扣分 60%；完成任务为满分	①□ ②□ ③□	
2	负责组织公司全国“A6 以”模式学术推广或科室会推广促销活动、“B6 以”模式渠道“三员”促销和 OTC 连锁终端促销、“基药”模式的渠道或终端促销，根据不同的季节和时间段、不同的区域，依据营销中心总方案制订不同方式的促销方案报决策委员会批准并组织实施，确保其推广和促销效果	10 分	该项考核分为 10 分，每月没有计划、没有组织实施或有计划没实施，该项全扣；有计划、有实施、有效果为满分	①□ ②□ ③□	
3	负责营销中心队伍管理和考核，负责制订团队管理制度和培训制度，按营销中心“六部一室”即“A6 以”模式业务部、“B6 以”模式业务部分类进行管理，严格过程考核，即月底计划评定、月初效果考核，不走过场，不走形式，人人有职责，人人有目标，人人都有考核，都有跟踪和动态考核原始记录，月月有考核汇总，按标准考核结算到人，兑现到人，实施好末尾淘汰制度	20 分	该项考核分为 20 分，走过场、考核数据不真实、不全，该项扣 10 分；完全未做好，该项全扣；部分做好，视比例扣分	①□ ②□ ③□	
4	负责货物和货款管理。负责按公司的货物管理制度组织执行，不违背制度乱批条子，加强货物管理。规范和负责各种货物发放制度，负责货款管理，严格货款管理过程，严把各环节（协议货款支付条款审查—发货货款支付条件审查—到期货款催收—在途货款管理—余款催收等全过程）的管理关，严格控制呆账、烂账的发生	10 分	该项考核分为 10 分，管理不严，给公司造成单笔业务 1 万元以上（含）、营销中心月累计 3 万元以上损失的，该项全扣；月累计损失 5 万元以上的（含），按《责任合同书》约定比例在当月岗位工资扣除	①□ ②□ ③□	

续表

序号	诚信岗位职责	标准分	诚信考评办法	重点工作自罚承诺	考核分
5	负责管理好营销中心费用预算，对公司制订的营销中心各种费用预算指标严格把关执行，不突破	5分	该项考核分为5分，突破，该项全扣；节约部分按《关于营销中心费用节约奖励办法》兑现奖励		
6	认真贯彻公司各项管理制度，完成总经理交办的其他各项任务	5分	该项考核分为5分，不完成、不执行，该项全扣		
注：1. 每月岗位职责内的（工作）计划必须经评定，以评定通过后的（工作）计划作为考核依据。在组织考核时凭经评定的所附“计划”实际完成情况，按本表考核办法予以打分，凭此打分作为发放工资的依据 2. 上述打“□”部分为本月重点工作，其来源于公司年度目标、本月重点任务、岗位职责标准 3. 本月重点工作自罚承诺分三种：①检讨书+罚款200元；②罚款300元；③围绕厂区跑10圈。本人任选一种 4. 在“□”内打“√”部分为自罚承诺		考核人员签字			
		承诺人			

1. 营销中心管理部部长诚信考核细则（岗位职责及考核办法表格略）

（1）对营销中心总经理负责，做好营销中心的各项内勤事务管理工作，协助处理日常行政事务（标准分10分）。考核办法：工作不负责造成失误，每次扣1分；内部管理不到位，每次扣0.5分。

（2）对各业务部的工作状况（发货、回款、费用等）每月进行汇总、分析并报告（标准分20分）。考核办法：认真及时汇总10分；无差错5分；写出分析意见5分；不汇总，该项全扣；汇总不及时，扣2分；汇总有差错，扣2分；无分析意见，扣2分；发货把关不严，扣5分；出现一次退货现象，扣1分。

（3）礼品、物料的发放要认真审核并核销，及时准确发放到位（标准分5分）。考核办法：不审核且不交主管签字发放，该项全扣；审核错误，扣1分；未及时发放，扣2分。

（4）根据运行方案和管理制度，严格审核各项费用的支出，并按流程进行申报审批，并做好各部门的明细账及中心总账（标准分5分）。考核办法：出现一次错误，扣1分；账务错误一个数据，一次扣1分。

（5）根据运行方案和各业务部的回款，及时与财务劳资处结算厂币，并做好各部门的明细账及中心总账（标准分 10 分）。考核办法：出现一次差错，扣 1 分，账务错误一个数据，一次扣 1 分。

（6）随时了解公司仓库产品进、销、存情况，根据销售情况每月提出准确的月生产计划，报中心总经理审批，根据中心下达给各部门的各项指标进行分解落实、推动，并对完成销售目标负责（标准分 35 分）。考核办法：对各部门的各项指标转达不及时，扣 2 分；对进、销、存数目不了解，扣 5 分；每月销售回款欠 1%，扣 0.2 分。未完成目标兑现自罚承诺。

（7）组织和安排营销中心的各种会议及活动，准备相关资料，督办中心办公会议决定事项，落实中心临时布置的各项工作（标准分 5 分）。考核办法：会议及活动不参加，扣 3 分；安排不妥（含资料准备），扣 1 分；落实不及时不到位，扣 1 分。

（8）负责产品的发货和运输，保证送货及时、准确、完整，抓好“三及时”服务承诺，即发货“及时”不过夜，传真电话“及时”回复不过时，质量处理“及时”不过周（标准分 5 分）。考核办法：发货和运输出现差错，或“三及时”服务未到位导致客户投诉，每次扣 1 分；因发货运输出现差错造成经济损失，承担直接经济损失的 2%。未按要求做好“三及时”服务，兑现自罚承诺。

（9）负责中心办公设施、办公用品和通信工具的保管，并做好责任区内的卫生工作，确保办公室、公共区干净卫生，办公用品摆放有序（标准分 5 分）。考核办法：设施、办公用品、通信用品损坏，每次扣 0.5 分；检查卫生不合格或办公用品摆放不整齐，一次扣 0.5 分。

（10）督促指导本部门相关岗位使用仿宋体字体记录（标准分 5 分）。考核办法：凡使用手写体的、需要存档的相关文字记录未使用仿宋体字体的，每人次扣 1 分。

（11）贯彻中心领导指示，负责做好上传下达，搞好内部及各部门间的协调配合，负责中心信息管理体系的建立及信息资源的配置，管理中心函电的收发、登记和保管，做好呈批、传阅、交办、催办工作，并做好电话、传真、网上信息等的传递和处理（标准分 5 分）。考核办法：未做好上传下达或未及时处理矛盾，一次扣 0.5 分；其他事项未及时办理或出现差错，一次扣 0.5 分。

2. 前处理车间提取浓缩班班长诚信考核细则

（1）在前处理车间领导的管理和指导下，全面负责提取浓缩班的生产组织和管理工作，按照生产指令保质、保量、按时完成生产任务及领导交办的其他工作（标准分 10 分）。考核办法：工作不负责或未及时办理，未按指令完成任务，每次扣 2 分；工作造成失误，每次扣 2 分；不服从领导工作安排或未及时完成领导交办的其他工作任务并造成 300 元以上损失，兑现自罚承诺。

（2）负责认真检查提取浓缩班操作工人的工艺纪律，督促其严格执行岗位操作法和遵守机器设备安全操作规程、设备清洁消毒操作规程等；对本班员工违反工艺纪律现象和岗位操作规程行为及时制止和纠正，并对违纪造成事故承担直接领导责任（标准分 10 分）。考核办法：因本班操作工违反工艺纪律或未执行岗位操作法或未按设备操作规程操作，发生未造成经济损失的责任事故，每次扣 2 分；若工人出现责任事故，承担经济损失的 6%；若本人出现责任事故，承担直接经济损失的 12%。

（3）负责检查督促岗位操作工人所生产的半成品或成品符合质量内控标准、质量法定标准，保证下道工序零投诉，对本班出现质量问题承担连带责任（标准分 10 分）。考核办法：不符合质量内控标准、质量法定标准，每批次扣 2 分；不及时贴标签、不密封，每次扣 1 分；发现问题不及时制止、纠正，每次扣 2 分；有下道工序投诉，兑现自罚承诺。

（4）负责提取浓缩班的生产组织工作，保证提取浓缩班无差错、无混药、错药、污染、火警等；发生质量、安全、设备等事故要及时处理和向车间、生产技术处上报，不得隐瞒（标准分 10 分）。考核办法：发生错药、混药、污染、火警，每次扣 4 分；对班组事故不及时报告和因隐瞒未得到及时处理，造成 300 元以上损失，兑现自罚承诺。

（5）负责组织好本班组人员的学习培训，不断提高操作技能；并做好对下属人员的考核（标准分 5 分）。考核办法：未按公司要求组织培训学习，每次扣 2 分；考核不到位一人一次扣 1 分。

（6）负责组织好本班人员做好提取浓缩班的清场和现场管理工作，不需用时负责检查水、电、气是否关好（标准分 10 分）。考核办法：清场或现场工作不符合要求或不需用水、电、气时未及时关好，每次扣 1 分。

（7）负责组织本班人员正确及时填写提取浓缩班各岗位的生产记录（含盛装

单）（标准分10分）。考核办法：生产记录不及时填写、填写不正确、不规范或不及时上交，每出现一次或一处扣1分。

（8）组织并做好设备的日常保养维护（标准分5分）。考核办法：对设备日常维护检查不落实，每次扣1分。

（9）掌握安全消防知识，严格遵守公司安全操作规程和管理制度，按安全防护要求作业（标准分5分）。考核办法：经考试或考核，安全消防知识不合格，扣4分；违规操作未造成损失者每项扣2分；造成损失按事故管理规定处罚。

（10）在保证产品质量的前提下，严格控制成本消耗，对本班物料消耗超过定额进行分析报告并承担相关负责（标准分5分）。考核办法：超过消耗定额，每次扣1分；对每批次成本消耗不检查控制，一次扣1分；浪费或丢弃物料，每次扣2分；再超过消耗定额的1.5%，兑现自罚承诺。

（11）诚信守信，爱岗敬业，熟知岗位操作规程，履行职责，保证工作质量，按时完成工作任务，工作积极主动，努力降低生产成本（标准分10分）。考核办法：工作不主动，办事迟缓，执行力不强，不能带领班长员工按时完成任务，每次扣1分；工作相互推诿，每次扣1分；有长流水、长明灯，每次扣1分；失职损坏生产设备，浪费生产物资，每次扣3分并视金额大小另做处理。

（12）遵守公司各项规章制度，自觉遵守公司通用工作标准和劳动纪律（标准分10分）。考核办法：迟到、早退，一次扣1分；旷工，1天扣5分；串岗、离岗，每次扣1分；骂人、打架每次扣1~5分；连续旷工2~3天或间断旷工15天以上，交由公司作除名处理。

（二）诚信考核机制“四四三工程”

公司将诚信构建工作的考核兑现工作确立为“四四三工程”（即“四个基本”、“四个挂钩”、“三个定位”），建起了兑现诚信岗位职责的“四四三”考核机制，其基本内容如下：

（1）考核内容涵盖“四个基本”。一要考核执行《新汇制药通用工作标准》的基本内容及实际效果；二要考核执行《药品生产质量管理规范》（GMP）的基本内容及实际效果；三要考核执行本企业核定的关于降低生产成本费用的基本内容及实际效果；四要考核执行《湖南新汇制药诚信构建考核细则》中岗位职责的基本内容及实际效果。

（2）考核结果用于“四个挂钩”。一是将考核结果与诚信构建等级评定挂钩：

实行 100 分考核记分制，90~100 分为 A 级员工，80~90 分（不含 90 分）为 B 级员工，60~80 分（不含 80 分）为 C 级员工，60 分以下（不含 60 分）直接辞退。二是将考核结果与工资挂钩：公司每月为每个员工注入诚信构建奖励工资 100 元，与工资合并计发，中层以上管理人员按“原工资总额÷100×考核分+100”的公式计发，其余员工每扣 1 分扣发 20 元。三是将考核结果与年终奖金挂钩：在全年诚信构建考核中累计 3 个月为 C 级员工的，取消年终奖金。与此同时，对于全年累计 6 个月为 C 级员工的，视为不能适应本公司工作，予以解除劳动合同，并通过择优招聘大专院校应届毕业生进行补充，提高员工队伍的整体素质。四是将考核结果与评先创优挂钩：年终总结时，从员工全年诚信考核总分最高分依次往下，录取公司员工总数的 15%为公司年度优秀员工，由公司进行表彰。

（3）考核流程实行“三个定位”。一是考核层级定位：公司总经理考核副总经理，副总经理考核处室车间负责人，处室车间负责人考核班组负责人，班组负责人考核所属员工。二是考核时间定位：各处室车间月工作计划考核评审时间为上月月底 3 个工作日以内，月工作计划考核评价时间为下月月初 5 个工作日以内，考核结果统计时间为下月 8 日以前。三是考核依据定位：班组长及处室办事机构负责人填写的工作日志、车间主任及处室负责人的周工作报告、公司诚信构建领导小组对各车间部门的月计划效果评价及执行 GMP 现场检查的所有原始资料为综合考核依据，杜绝凭印象打分，财务劳资处以公司诚信构建领导小组的最后考核评分报表为依据兑现。

（三）诚信考核、结果公示及奖罚兑现方法

1. 诚信考核组织机构

一级考核机构：以各分线高管为组长、所管理的部门主要负责人为成员组成诚信考核一级考核小组（属公司构建诚信企业组织机构的一级考核机构），每月定期对所属部门工作进行考核，为公司各类计划衔接、诚信考核、结果公示及奖罚兑现管理体系的考核（审计）小组，为公司构建诚信企业组织机构的二级考核机构提供考核依据。我公司 2014 年共设营销中心系统，创新中心系统，人力资源、质量管理系统，财务、供应系统，车队、生产技术系统，行政后勤系统，中药饮片系统，新汇医药系统，办公室系统 9 个诚信考核一级考核小组（每年可根据人事变动进行调整）。

二级考核机构：以公司总经理为组长、公司全体高管人员为成员组成公司诚

信构建领导小组，为公司诚信绩效考核二级考核小组，负责公司各类计划衔接、绩效考核、结果公示及奖罚兑现管理，下设以公司经营副总为组长，总经理办公室负责人、人力资源负责人为成员的公司各类计划衔接、诚信考核、结果公示及奖罚兑现管理的二级考核机构执行小组。

2. 诚信考核层级及方法

根据公司诚信考核层级定位规定，实行自下而上的“层级考核制”，即：班组长考核所管理的员工，各部门负责人、车间主任考核班组长，各分线高管考核各部门负责人，总经理考核各分线副总。

班组长以“日志”形式每日对本班组员工岗位职责完成情况进行考核；各部门负责人、车间主任以“周报”形式每周对班组长进行考核，并累计作出当月本部门工作总结；分线高管每月对所管理部门的中层干部按“诚信考核”岗位职责进行考核。

3. 诚信考核结果审计

公司实行每月3~4日由诚信构建考核小组对各分线所属部门的“绩效考核”结果进行抽查（审计），审计的内容为：完成计划（目标）指标是否真实；统计出勤是否真实；工作内容、执行标准是否真实；原始资料是否真实；考核过程是否真实；统计数据是否真实。在分线系统中轮流进行。具体工作由人力资源处负责人牵头，经营副总主持。

4. 诚信考核结果公示

公司对“绩效考核的结果实行月度公示和年度公示两种，月度、年度公示内容和对象为：公司每月5~6日集中公示月度（季度）各类计划完成情况，绩效考核结果；各分线高管所负责的各项主要计划指标完成情况绩效考核结果；各中层干部所负责的计划指标完成情况绩效考核结果。“营销中心绩效考核”结果公示到营销中心总经理、副总经理和“六部一室”负责人。公司全体员工每月的“绩效考核”结果，由人力资源负责在公示栏实行统一公示。

5. 诚信考核奖罚兑现

公司实行每月一次考核结果公示，每季度一次奖罚兑现和一年一次平衡后的奖罚兑现。奖罚兑现也是公司的一种制度文化，我们必须坚持按事前已有的制度实现奖罚兑现。

二、高管人员诚信岗位职责考核内容

公司高层管理团队是公司发展职能的承担者，高管团队的精神是公司的灵魂和发展的源泉，其经营理念和管理哲学是建立企业文化的基础，其战略决策行为和工作作风决定着企业成长与发展的方向，其管理才能和执行能力是推动公司不断发展壮大的最主要因素之一。高管团队正是靠自身的诚信行为准则树立起团队的威望和凝聚力，把经营理念和管理哲学潜移默化地灌输到全体员工的心目中去，使得公司的发展焕发出旺盛的活力和生命力。鉴于此，公司和股东们对公司高管团队委以重任，赋予使命，寄予厚望，把高管团队这个核心决策群体当作公司的重要战略资源，要求这个团队成为一支达到“能吃苦、肯负责、会管理、要求严、标准高”15字标准的、高效运作的战斗集体。因此，建立起高管人员的诚信准则和考核体系显得十分重要。

正因为如此，公司把对高管人员的要求以及高管人员的基本标准写进了公司“一二三工程”战略目标，即对高管团队的组建引入“竞争机制”，讲究“德才兼备和任人唯贤”。通过建立高管人员诚信准则考核体系，改善高管团队的运行质量，提高高管团队的运行效率，发挥高管团队的带领作用，强化高管团队的执行能力，使公司的各项工作运转有序，使公司的战略目标落到实处，使公司得以健康成长和快速发展。特别提示：公司的《诚信制度建设和诚信考核体系》的所有制度和考核办法适用高管团队的每位高管人员。通过建立健全《高管人员诚信准则考核体系》，使公司高管团队当之无愧地成为公司发展职能的承担者和领头雁，成为公司利益的维护者和捍卫者，真正成为员工执行制度的模范和完成目标任务的标杆，真正成为增强公司市场竞争能力和判断、规避、抵御、战胜任何风险的中流砥柱。

（一）高管人员诚信考核体系结构

执行机构和考核流程：公司各分线高管针对经评定的月工作计划完成情况写出月工作总结；公司人力资源处负责衔接、收集各分线高管月工作业绩情况，依据分线高管《诚信岗位职责考核细则》进行绩效考核，并将考核结果提交给公司诚信构建领导小组，进行集体考核（审计）。

（二）高管人员诚信准则

1. 员工通用管理制度

公司要求高管团队的每一个成员念好“好、多、强、高”四字经，即要求高管人员“执行制度比员工好，创造价值比员工多，工作责任心比员工强，工作能力比员工高”。因此，公司制定的《通用工作标准》、《通用工作规则》、《诚信岗位考核细则》、《四四三工程》等诚信考核办法，《内外零投诉规定》、《诚信积分管理办法》等监督、激励机制，属于公司的“通用管理制度”，适用于公司高管人员的“诚信准则”。高管人员严格执行，带头做好员工的楷模。

2. 高管特别管理规则

为强化工作作风，规范日常工作秩序，公司要求高层管理人员“执行制度比员工好，创造价值比员工多，工作责任心比员工强，工作能力比员工高”，做到抓工作作风先从高管抓起，要求员工做到的高管先做到，故高管人员在执行好所有“员工通用管理制度”的前提下，要特别执行好《高管人员通用工作标准》、《高管人员早餐会制度》、《高管人员公务活动请示汇报制度》三项工作，并作为“高管诚信准则”的特别规则予以考核兑现。

第一项：高管人员通用工作标准。

（1）一天一次早餐会碰头研究工作。

（2）一天一次下班前的一日一事一议制度。

（3）一月一次工作计划评定。

（4）一月一次绩效（工作）考核并将结果予以公示及兑现结果。

（5）一年一次工作绩效综合考核或是否聘任。

（6）一年一签责任合同书。

（7）一月一次考核结果公示、兑现活动。

第二项：高管人员早餐会制度。

（1）人员与时间：公司全体高管与会；会议时间为秋夏季节（5 月 1 日至 9 月 30 日）每周一至周五的 7：30~7：55，冬春季节（10 月 1 日至次年 4 月 30 日）每周一至周五的 8：00~8：25。

（2）内容与程序：各位高管将自己当天计划办理（处理）的主要事项在会上进行简要阐述，提交与会高管分析研究，听取公司业主（或总经理）的指导意见，以确定当天各分线高管的重点工作及其注意事项。

(3) 纪律与要求：人人发言，做好会议记录；不缺席，不迟到，不早退，特殊情况要迟到或缺席的须事先向董事长或总经理请假（打电话或发信息），提前退会要说明事由。

(4) 汇总与兑现：以上“手机短信汇报工作”和“开早餐会”的情况一月一统计，并与诚信考核挂钩：缺一次短信汇报扣 1 分；早餐会迟到一次扣 1 分；未说明事由提前退会扣 1 分；未请假缺席一次扣 1 分。所扣分数交由公司财务按相应分值在次月工资中扣除。

第三项：高管人员公务活动请示汇报制度。

(1) 关于外单位来文（涵、电）的处理。公司高管或部门负责人接（收、领）到各级政府部门（或相关业务部门）的文件、通知、信函等来电来函（含纸质文书、电话、传真、电子邮件及手机信息等）资料，一律及时归口总经理办公室，按“来电来文”流程处理，重要活动、信息由总经理办公室拟定办理意见，报总经理阅示。

(2) 关于出差及参加公务活动的“请示”。高中层管理人员（含公司指派执行任务的工作人员）出差及参加公务活动，必须填写《工作汇报单》，写明出差及参加公务活动的主题内容、初步打算、主要措施及目的目标的基本评估，报公司领导审批。

(3) 关于出差及参加公务活动的“汇报”。高中层管理人员（含公司指派执行任务的工作人员）出差及参加公务活动回公司后，必须及时向公司领导以书面形式汇报（分线高管向公司总经理汇报，中层干部向分线高管汇报），重要工作须写出贯彻落实的建议方案，凭此汇报单去财务报销相关费用。

(4) 未执行本通知第一条，视情况按公司“零投诉规定”处理；未按上述规则出差及参加公务活动的，公司不予报销差旅费。

三、高管人员诚信考核依据与考核方式

（一）高管人员诚信考核细则

参见“公司全员诚信（岗位职责）考核内容”第一点：“诚信考核细则(示例)”。

（二）高管人员年度《责任合同书》

示例三

生产技术副总 2014 年《责任合同书》

甲方：湖南新汇制药股份有限公司

乙方：(生产技术副总)

甲乙双方本着平等自愿，根据乙方的工作岗位，依据 2014 年公司工作方针、工作目标和《劳动合同书》中第二条第 2 款的规定，就聘任乙方担任生产技术副总事宜，甲方与乙方签订本责任合同书。

第一条　责任合同书期限

本责任合同书执行时间为 2014 年度，即从 2014 年__1__月__1__日起至 2015 年__1__月__1__日止。本合同期满自行终止。

第二条　工作分工

全面负责组织管理药品（含中药饮片）生产技术系统的工作。

第三条　乙方责任目标

（1）完成销售回款 1.2 亿元（不含返利，其中含中药饮片 2000 万元）。

（2）实现公司盈利__1620__万元目标。

（3）完成本年度新版 GMP 监管部门的例行检查工作，并严格执行 GMP 标准管理，实施好 GMP“一二三四”工程，完成一月一审计雷打不动。确保产品质量、实现内外部零投诉，并完成一月一次考核统计、公示、兑现。

（4）严格控制成本费用不突破。

（5）严格履行岗位职责，完成本系统诚信构建 A 类制药企业所需开展的 A 类、B 类、C 类员工考核，“四四三工程”，“零投诉”，“诚信积分”等考核体系和考核办法；按诚信构建内容实施绩效考核，并完成一月一次统计、公示、兑现。

（6）加强员工各类知识培训，提高队伍整体素质，完成一月一次有针对性解决存在问题的业务培训。

（7）严格操作工艺规程，确保不发生 1 万元以上（含）安全事故。

第四条　薪酬待遇与考核兑现

双方约定：甲方对乙方实行年薪制，按《2014 公司高管人员年薪标准及考核办法》中生产技术副总标准，分两部分进行考核兑现：

(1) 第一部分：基本工资，岗位工资按《2014 年岗位工资表》中生产技术副总职位级别标准，按诚信考核程序考核结果每月予以兑现。

(2) 第二部分：年终奖金，按《2014 年公司高管人员年薪标准及考核办法》中生产技术副总标准，减去第一部分后，按高管人员《2014 年年度综合考核表》考核得分，按比例兑现，低于 60 分时，该部分不予兑现。

(3) 社保、医保和各种福利费按政策和甲方规定兑现。

(4) 差旅费：按《2013 年差旅费报销标准》中高管人员标准凭据报销。

(5) 应酬费：根据业务需要、事前申请的原则，凭据按实报销。

(6) 交通费：市内因工作需要由甲方配车。所配车辆的费用据实报销。

第五条 责任与内容责任保证

乙方责任内容：

(1) 负责组织拟订公司生产年度计划方案，报总经理备查。依据销售计划，下达年度、月度生产计划。主持公司生产技术系统工作，组织召开每天一次生产调度例会，全面负责督促生产技术系统中层各职能机构履行职责，具体制定生产计划，拟订并下达每月本系统职能处室、车间各项工作计划、月工作计划，评定时间为上月月底 3 个工作日内（28~31 日），月工作计划完成情况的考核时间为下月月初 3 个工作日以内（3~5 日），结合考核结果、重点工作自罚承诺，并实施一月一次汇总统计、公示，兑现。

(2) 负责配合全力支持公司完成销售目标，按销售“三及时”原则，保证参加销售调度会，并在本系统内制定出服从、服务销售的具体措施，积极主动，确保本系统不影响销售正常发货，实现内部“零投诉”。

(3) 负责组织拟订生产系统职能处室、车间的设岗定员，制订各岗位职责，成本费用控制办法、岗位工作标准，实现人有岗位、有职责、可量化、可考核，并组织一月一次考核兑现。负责组织公司生产技术系统诚信构建体系，组织落实诚信建设实施的全过程措施，负责组织实施本系统诚信构建 A 类、B 类、C 类员工考核，“四四三”工程，“零投诉”，“诚信积分”等考核体系和考核办法。实现公司诚信 A 类制药企业标准，按此规定每月进行一次考核统计、汇总、公示、兑现。

（4）负责组织每周两次的GMP日常检查（产成品入库、各类记录、卫生许可、物料平衡、验证、偏差修改、风险评估）工作，严格按公司GMP一二三四工程措施内容进行管理，实行一月一次审计雷打不动，并有汇总、统计，确保本年度新版GMP监管部门例行检查合格；负责组织本系统职能处室、车间每月一次有针对性解决存在问题的业务培训工作，并有记录。配合做好对突发事件的应急处理（产品质量投诉，职工内部纠纷，安全消防等事务）。实现本系统内“内外部客户零投诉”。

（5）完成总经理交办的其他临时性工作任务，廉洁自律，树立公司良好形象，维护公司利益。

乙方责任保证：

（1）严格按照公司诚信（岗位职责）考核细则的要求考核，按照百分制计，与当月基本工资和岗位工资挂钩，并考核兑现。

（2）严格按照“关于诚信岗位职责考核办法换版升级的规定”执行，对月工作计划中的重点工作做自罚承诺。自罚承诺分三种：①检讨书+罚款200元；②罚款300元；③围绕公司厂区跑10圈。本人任选一种作为自罚承诺。

（3）乙方自愿在月基本工资和岗位工资中每月提留30%作为目标计划完成责任保证金。乙方在年终按《高管人员2014年月度年度综合考核表》规定，考核结论界定为“优秀”或“合格”时，该保证金由甲方全额退回给乙方；界定为“待提高”时，该保证金由甲方退回60%；界定为“不合格”时，该保证金不予退还，用于员工作为福利（年终奖）发放。乙方中途辞职，无论什么原因，不能以任何理由和方式要求甲方兑现阶段性年薪和其他补贴。

（4）乙方自愿在未完成本《责任合同》第三条共6款约定的责任目标80%（7项）时，年终总结会上当员工们的面，体罚自己围厂区跑10圈以示自罚。

第六条　其他事项

（1）未尽事宜按《公司2014年经营方案》执行。

（2）本责任合同书发生纠纷，双方友好协商解决，协商不成的由甲方所在地长沙市仲裁委员会进行仲裁。

（3）本责任合同书一式两份，甲乙双方各执一份，责任合同书签字生效。

（三）高管人员月重点工作计划评定、总结评审

根据公司诚信考核流程中考核时间定位：高管人员月重点工作计划评定时间为上月月底3个工作日以内，月工作考核总结评审时间为下月月初5个工作日以内，该项制度雷打不动，由公司董事长或总经理负责，公司人力资源处组织实施。如表2–2、表2–3所示。

表2–2　新汇制药高管2014年2月重点工作计划评定

高管姓名：　　　　岗位：经营副总　　　　填报日期：2014年1月29日

序号	项目	分项	工作内容	完成时间	权重分	对应条款	考核得分	备注
一	财务管理	1	认真学习2014年《经营方案》，按方案将工作落实到人	本月28日	5			
		2	围绕公司销售目标、计划，做好服务销售，服从销售工作	本月28日	5			
		3	修改好本部门人员的工作职责	本月28日	10			
		4	计算好三项资金并兑现，组织实施一月一次各类盘存，严格执行结算中心的结算制度	本月28日	10			
二	成本控制与盈利措施	1	抓好成本管理，本月进行一次成本分析会，减少三项资金占用，产成品的积压	本月28日	5			
		2	要求供应控制好原材料库存，按方案完成本月成本节约指标	本月28日	5			
三	产供销计划衔接及各部门衔接	1	落实2月各类计划，满足销售发货	本月28日	5			
		2	3日前做好销售和各部门的费用结算和生产系统的原辅料盈亏结算	本月28日	10			
		3	协调好2月生产、供应、销售等部门的各项工作	本月28日	10			
四	计划评定考核、公示、兑现	1	8日完成本月高管人员的计划评定	本月28日	5			
		2	月初9日完成高管人员上月绩效考核、公示及兑现	本月28日	5			
		3	审计（复查）各部门绩效考核结果（高管人员）	本月28日	5			
五	团队管理	1	按公司安排要求每个计时工每天按实填写工作记录	本月28日	5			
		2	安排本分线人员（财务、供应、车队）按公司总体进度进行月计划评定及绩效考核	本月28日	5			
六	其他	1	完成正常的日常工作和领导交办的其他工作	本月30日	5			
评定意见			签名：　　　　评定日期：　　年　月　日					

表 2–3　新汇制药高管 2014 年 2 月重点工作总结评审

高管姓名：　　　　岗位：经营副总　　　　填报日期：2014 年 3 月2 日

序号	项目		分项序号	重点工作内容	完成情况	权重分	对应《考核细则》条款	得分
一	回款计划	总回款 422 万元	1	“A6 以”回款 208 万元（其中“A6 以”招商 90 万元，代理 118 万元）	完成回款：461 万元	20	第一条	
			2	“A6 以”湖南直营回款 45 万元		15		
			3	“B6 以”回款 71 万元		10		
			4	“基药”回款 98 万元		15		
二	渠道、终端开发与维护		1	“A6 以”外省招商（代理）开发 10 个（每人招商 2 个代理）	完成 25 家（见附表）	2	第二条	
			2	“A6 以”湖南直营地（市）标杆医院 2 个，医院开发 5 家，维护上量 10 家	因月初未安排，未完成	2		
			3	“B6 以”签一级协议 2 家，（山东、河北）二级分销协议 44 家（见任务分配表）	一级 6 家，二级 36 家	2		
			4	“基药”完成已签协议增加《补充协议》80 家，确保各地（市）县实现 2 个覆盖	已签订协议：63 家	2		
三	政府事务		1	中标：及时了解全国各省（市）招投信息（除西藏外），各省（市）中标率达 95%	已达成	2	第四条	
			2	跟进：山西猴头、浙江蛇膏、江西猴头片物价申报工作，北京猴头片废标工作	已完成	2		
			3	做好：湖南招标前期，吉林报物价，海南价格竞争工作	基础资料已完成	2		
			4	关注：成都军区、黑龙江招标动态	暂未开始招标	2		
四	团队管理		1	“A6 以”招商、直营的基本工资，绩效工资“两工资”及差旅费考核办法、挂钩措施落实	初定考核办法，下月实施	3	第三条	
			2	“B6 以”业务人员“两工资”及差旅费考核办法、挂钩措施落实		2		
			3	“基药”业务人员“两工资”及差旅费考核办法、挂钩措施落实		3		
			4	本月完成对“A6 以”招商人员、直营业务人员、“基药”人员进行一次业务培训	已完成	2		

续表

序号	项目	分项序号	重点工作内容	完成情况	权重分	对应《考核细则》条款	得分
五	费用控制	1	“A6 以”招商根据本月任务，可支付费用 20.8 万元，直营可支付费用 25 万元，不得突破	使用厂币：102 万元，未突破费用	3	第五条	
		2	“B6 以”业务根据本月任务，可支付费用 19 万元，不得突破		2		
		3	“基药”业务根据本月任务，可支付费用 44 万元，不得突破		2		
		4	营销中心根据本月总任务，可支付费用 108.9 万元，不得突破		3		
六	其他	1	完成总经理临时交办的工作	已完成	3	第六条	
		2	配合公司各项重大活动	已完成	1		
评定意见	签名：				评定日期：　　年　月　日		

(四) 高管人员一日一事一议评定

表 2-4　高管人员一日一事一议评定登记

填表时间：2014 年　月　日星期　　　　　　登记人：　　　　　　编号：

类别	内容			姓名							
工作责任类	执行制度	好									
		一般									
		不好									
	创造价值	创新管理（万元）									
		创新工艺（万元）									
		实现节约（万元）									
		超任务（万元）									
	责任心	能吃苦	强								
			差								
		肯负责	强								
			差								
		会管理	强								
			差								
		要求严、标准高	强								
			差								
	工作能力	计划能力	高								
			低								
		组织能力	高								
			低								
		管理操作能力	高								
			低								

续表

类别	内容			姓名							
工作信念类	诚信积分	年度统计得分	分数								
		所得积分在高管人员中的排名									
	工作失误	经济损失（万元）									
		形象损失（次数）									
	维护公司利益	维护（次数）									
		损害（次数）									
登记内容概述											

填表说明：本表根据高管人员在一日一事一议的议事过程中反映出来的情况或根据高管人员当天履职情况，按照公司《关于高管人员月度年度综合考核表填写（说明）规定》进行统计填写和保管，为年度评价高管人员的工作责任和工作信念提供依据。

（五）高管人员月度年度综合考核

表 2-5　高管人员月度年度综合考核

姓名：　　　　　　　　　　本年度任职岗位：营销副总　　　　　　　　年　月　日

通用类	总项	分项	目标内容	执行情况			权重分	考核得分	月考核得分	合计得分
				计划	实际	占比（%）				
	本年度应出勤____天			实际出勤____天			加班____天		事假____天	病假____天
		小计					5			
工作目标类	年度责任合同书，约定目标	1	销售回款、利税	1 万元/1400 万元	万元		50			
		2	全国 30 个省（市）招投标中标率	95%	%		2			
		3	“A6 以”招商代理	150 个	个		2			
		4	“A6 以”直营终端	34/49 个	个		2			
		5	“B6 以”一、二级网络	22/88 个	个		2			
		6	基药终端代理	112 个	个		2			
		小计					60			

续表

通用类	总项	分项	目标内容	执行情况			权重分	考核得分	月考核得分	合计得分
				计划	实际	占比(%)				
	本年度应出勤____天			实际出勤____天			加班____天		事假____天	病假____天
工作责任类	四字经与市场经	1	执行制度比职工好	好/一般/不好	/		2			
		2	创造价值比职工多	万元	万元		10			
		3	责任心比职工强	差/强	/		4			
		4	工作能力比职工高	低/高	/		4			
		小计					20			
工作信念类	精神文化	1	诚信积分		分		3			
		2	工作失误经济损失记录		万元		4			
		3	工作失误形象损失记录		次		4			
		4	维护公司利益		次		4			
		小计					15			
合计							100			
考核综述						结论	□ 优秀 □ 合格 □ 待提高 □ 不合格		考核人员签字： 年 月 日	

注：①本综合考核，为每月一次，年度汇总，时间为：每月与绩效考核同步，每年1月25日前汇总完毕。②本表为高管年薪兑现和是否继续聘任的重要依据。③本表填写方法详见《关于高管人员月度年度综合考核填写（说明）规定》。

●延伸阅读

关于高管人员月度年度综合考核表填写（说明）规定

随着国家医改政策的不断深入，行业竞争日趋激烈，制药企业生存环境更加艰难。因此，企业要想求得生存和发展，必须具有适应市场竞争高素质的高管团队，高素质的高管团队不是从天上掉下来的，而是在激烈的市场竞争中、严格的管理制度约束中，不断地培训和在实践中锻炼成长的，为建立健全一套较为完整的年度考核体系，在实行一年（年初）一签《责任合同书》，一月一次《计划评定》，一月一次绩效考核结果公示、兑现的基础上，实行高管人员一年一度综合考核制度。综合考核共分四类：第一类为通用类，第二类为“工作目标类”，第三类为“工作责任类”，第四类为“工作信念类”。现将《高管人员年度综合考核表》填写方法（说明）规定如下：

一、分类与填写方法

第一类通用类，填写方法为：出勤、加班、事假、病假按每月考勤统计依据填写。

第二类工作目标类，填写方法为：目标内容的分项，执行情况“计划”按本年度《责任合同书》约定目标填写，“实际”按本年实际完成统计数填写，“占比”按计划和实际完成计划百分比填写。

第三类工作责任类，填写方法为：目标内容的分项按高管“四字经”，即“好、多、强、高”填写。

（1）执行制度比职工好。按《通用工作标准》量化，共多少条，“计划”执行好坏由本人填写，“实际”执行好坏由考核组依据全年统计共违纪次数填写。占比只填写“好”或“一般”、“不好”，一条通用工作标准或制度全年违背6次为不好，违背3次为一般，没有违纪记录为好。

（2）创造价值比职工多。在所在岗位或管理的部门中，一是创新了管理制度，为公司或在工作中提高了劳动生产率，或与上年比减少了损失，产生了价值，此项由本人申请鉴定或评估，可计算出产生的价值；二是提出并实施了技术工艺（在不违背GMP标准的前提下）创新或小改小革，经验收实际产生了价值；三是通过加强对本管辖的部门的管理，在不影响质量的前提下，实现了节约，直接产生了价值；四是通过努力工作，超目标完成任务（主要是实施销售回款和超额完成利润或技术创新），直接产生的价值。以上四项所产生的价值，经财务部门负责人或相关部门负责人进行确认，填写成果鉴定《申报表》报总经理组织相关部门统一签字认定后，可填写在“执行情况”的“实际”栏内，以万元计。

（3）责任心比职工强。按照分工，依据日常工作中的记录，对工作“能吃苦、肯负责、会管理、要求严、标准高”，工作不讲价钱，不推卸责任，认真负责，不出差错，在执行情况栏内“实际”项下填写强或差，此项考核办法分为：

1）能吃苦：在自己分管的工作岗位上，经常保持深入一线（现场）或终端市场，一月不少于15天（除公司重大活动或外派学习外）；经常加班加点（一周加班3次以上，一月加班10次以上界定为经常加班）且能持之以恒，很多工作管理制度、创新等，在8小时正常上班时间内是不可能完成的，只通过加班加点才能予以完成，此种现象在执行栏内“实际”项下填写“强”，相反则填写“差”。

2）肯负责：凡分管的工作目标（任务）计划能按预定的时间完成或超额完成，无论是公司安排的内部工作（业务），还是对外开展业务（政府事务），都能按期圆满完成，此种现象填写“强”。凡是明确了岗位职责或总经理临时性安排的工作（业务），当面或在一定（场合）范围内的会议上接受同意的，但事后不跟进、不落地或叫不接地气，又不及时汇报，导致工作（业务）出差错，结果也无法挽回的，总结时又为自己找借口，讲客观原因，只念市场经“转变观念、适应市场；加班加点、满足市场；加快节奏、不误市场；不计得失、心想市场；团结协作、抢占市场”，而不按市场经内容作出总结的，此种现象统计为“差”。

3）会管理：凡分管的工作对内能制订方案或完善方案，能编制各类计划，能草拟各类制度和表格，呈报公司董事长或总经理的各类文稿、方案、制度表格等资料时，不需要大量修改或重新撰写，能带领好管理团队，会办事、不出差错，能办事、效果好，此种现象统计为“强”。凡是年初制定的《经营方案》或经月评定的工作目标（任务）计划经常出现完不成任务，平时又不积极努力，平平淡淡，得过且过，既不积极出主意（策划）想办法，又不及时总结汇报，毫无紧迫感，无责任心，导致不能完成预定的年度、月度或阶段性目标任务，此种现象统计为“差”。

4）要求严、标准高：凡要求员工做的，高管自觉做到，在执行公司各类制度中，比员工做得好（此项可查执行各类制度记录），在执行各项制度和标准时，比员工要求严、标准高，在处理局部利益与全局利益时，能维护国家和公司利益，在工作（操作）过程中标准严、细，此种现象统计为“强”。由于历史和环境等原因，作为高管，未经严格培训和实践锻炼提高，先天不足而后天又不愿勤奋努力，很难胜任工作，对自己要求不严、标准不高，公司提倡一星期只回家三晚却做不到，工作又无好业绩，此种现象统计为“差”。

（4）“工作能力比职工高”。在“执行情况”栏内“实际”填写“高”或“低”。①按照分工对所管辖部门工作（业务）计划安排妥当，措施具体，有超前意识，又能扎实跟进，重视细节，没有影响市场销售的现象，此种现象统计为“高”，相反为“低”。②组织能力、协调能力强，矛盾不上交，此种现象统计为“高”，相反为“低”。③对管理、对技术操作能力比职工懂得多，在现场处理（销售业务、生产技术和各类管理业务）过程中动手能力强，此种现象统计为“高”，相反为“低”。

第四类工作信念类，填写方法为：

（1）目标内容栏的分项中：“诚信积分”按“诚信积分”管理办法的年度统计得分填写在“执行情况”栏的“实际”项内。

（2）“工作失误造成经济损失记录”按工作失误后所造成的经济实际损失填写在“执行情况”栏“实际”项内，以万元计。

（3）“工作失误造成公司形象损失记录”按照分工，在工作汇报、交流或工作沟通，言谈举止，工作行为中造成失误，在客户中、在行业中、在监管部门中、在社会中给公司造成形象损失，填写在“执行情况”栏“实际”项内，以次数计。

（4）维护公司利益，按日常工作中在内部处理局部利益和公司全局利益时是维护公司利益还是损害公司利益，以某项工作或某项事为例，在对外业务方面有无损害公司利益，以某项工作或业务为例填写在“执行情况”栏，“实际”项内填写“损害”，以次数计。

二、分类计扣分办法

（1）通用类权重分为5分，本年度实际出勤大于或等于应出勤天数，无事假、病假，计满分；请事假，每天扣0.2分，依次类推；请病假，每天扣0.1分，依次类推。

（2）工作目标类权重分为60分，全年完成约定目标计满分，各分项目标按每月各分项考核统计得分计总分，换算为该工作目标类权重分的实际得分。完成90 %（含）以上，按比例扣分；完成70%~90%（含），减半扣分；完成70 %以下，该项分全扣。

（3）工作责任类权重分为20分，全年无扣分为满分。各分项目标计扣分办法：该项分4小项，第1小项占2分，第2小项占10分，圆满完成目标任务产生了价值（按万元计）为满分；未完成自己目标任务的90%，扣5分；未完成80%，该项全扣；第3、第4小项各占4分，工作能力“强”为满分；工作能力“差”，扣2分。

（4）工作信念类权重分为15分，计扣分办法：该项分4小项，第1小项占3分，按诚信考核得分换算后对应扣分；第2小项占4分，工作失误一次扣2分；造成损失（按万元计），该大项全扣；第3、第4小项各占4分，每小项工作完成好为满分；完成差，一次扣2分；给公司造成损失（按万元计），该大项全扣。

三、分类依据（数据）日常管理方法

为真实反映和健全完善记录，相对准确和合理考核，公正评价高管，帮助高管提高整体综合素质，日常记录和统计的基础依据（数据）相对准确是非常重要的，《高管人员2014年月度年度综合考核表》分类依据（数据）日常管理：

（1）通用类：由人力资源处按考勤制度进行每月统计，每月将统计好依据（数据）交经营副总统一保存和管理，行政副总或人力资源统一造表统计并备份作为考核依据。

（2）工作目标类：由行政副总或人力资源处对每月绩效考核结果进行统计，并按该类表格据实填写，交经营副总统一保存，人力资源备份。

（3）工作责任类：工作信念类由总经理办公室主任负责，实行一日一事一议，一事一评，一事一界定，一月一统计，由经营副总和行政副总或人力资源共同考核打分进行统计填写，将统计后资料交经营副总统一保管，人力资源备份。

四、考核结论界定方法

（1）得满分或95分以上为优秀。

（2）80~95分（含）为合格。

（3）60~80分（含）为待提高。

（4）60分以下者为不合格。

以上《关于高管人员年度综合考核表填写（说明）规定》于2014年2月6日经高管人员讨论通过，并于即日开始执行。

（六）高管人员各类计划衔接、诚信考核、结果公示及奖罚兑现

1. 管理理念

每个企业（公司）都会经历过创始人或机构在初创期，根据市场的需求或政府计划的需要。经过信息收集，对行业、技术、市场、投资等进行论证和作出判断，并以此作出投资的决定，同时拟定中长期发展规划（目标），当投资建设周期完成后，根据投资规模的形成，每年根据市场变化情况、自身发展的需要，并依据自身的能力，制定当年《经营方案》及方案中的工作目标，即各类计划，按照企业建立与运作中“目标—组织—指挥—协调—监督”的管理规律，将《经营方案》中的计划（目标）落地，就必须重视各类计划进行协调衔接，实施“绩效考核”、“结果公示”、“奖罚兑现”，按照现代工业的组织分工，公司将计划（目标）分解到各部门、各环节，各部门必须明确各自的工作计划（目标）和公司的共同目标。在过程中不断完善自我，共同提高，全力以赴为实现公司的计划（目标）而工作。公司一年的《经营方案》一经确定通过，各职能部门都要时刻绷紧“年度计划目标”这根弦，要紧密衔接，相互配合，各层级、各部门都要运用和充分发挥好诚信“绩效考核”的杠杆作用，激励先进，鞭策后进，完善自我，共同提高，全力实现计划目标。

2. 管理目的

（1）通过计划衔接和绩效考核，推动公司管理职能，及时诊断公司运营状况，及时了解、挖掘和不断改进存在的问题，从而有效地改善公司的整体运营管理，提高决策层本身工作的规范化和计划性，提高公司运行效率，使公司年度计划真正落地，做到事事有目标，事事能量化，事事可考核，事事有成效，让公司赢得管理与效益，实现公司预期目标，促进公司健康持续发展。

（2）通过计划衔接和绩效考核，有言在先、目标明确，让所有员工肩上都有担子，心往一处想，劲往一处使，使员工了解到其个体指标完成与否，与公司总体目标的实现有着密切的联系，从而提高员工在工作执行中的主动性和有效性，进而成为员工职业发展规划的依据，促进员工的职业生涯发展，让员工赢得自我提升的认识，赢得自我改进的途径，赢得自我发展的方向，真正可完善自我。

（3）通过计划衔接和绩效考核，奖优罚劣，用相对公平的方法解决“大锅饭”问题，根据考核结果，拉开员工之间的待遇差距。同时通过计划衔接和绩效考核的方式进行优胜劣汰，为招聘、调岗、晋升、奖惩、淘汰等人事决策提供较

为准确的参考依据。

3. 各类计划衔接

公司每年都必须根据市场、管理的需要制定《经营方案》，方案中有全年的各类计划（目标），年度利润计划、销售回款计划、原材料采购计划、产品生产计划、技术创新计划、财务预算等计划，为实现以上各类计划，应合理配置相应的人、财、物。因而，在此运行过程中，必须重视各类计划衔接。

（1）计划（目标）的产生。公司一年必须有年度《经营方案》，方案中的主要内容为“工作方针”、“工作目标”、为实现目标而确定的各项管理措施、各项资源（人、财、物）的配置、各项分配规定、各项奖罚等规定，该《经营方案》的产生由总经理定“方针”、“工作目标”，各副总共同参与和讨论，办公室编制，报董事会批准实施。

（2）计划（目标）的衔接。公司依据全年《经营方案》中的工作目标，将总工作目标分解成各类计划，以《责任合同书》的方式落实到各个分线高管，再由各分线高管将计划以《责任合同书》的方式落实到各中层干部，实现年度计划衔接落地。为统一组织实施以市场为导向、实行以销定产的内部经营模式，每月首先由营销中心总经理以全年《经营方案》中销售回款计划和市场情况制定《新汇营销中心___年___月回款计划安排》（表（一）附件（一）），在每月底 28~30 日的 3 个工作日之内任何一天，在由全体高管人员参加的“计划评定”会上提交下月的《新汇制药分线高管___年___月重点工作计划评定表》（附件（二））。为防止销、供、产计划衔接失误，每月底 28~30 日，由经营副总牵头衔接落实《新汇产、供、销计划衔接表》（附件（三）），实现产、供、销月度计划衔接。为落实公司全年《经营方案》中的各项工作目标，在由全体高管人员参加的“计划评定”会上，各分线高管将分别提交《新汇制药分线高管___年___月重点工作计划评定表》，实现各类月计划（目标）全面衔接。为很好服从销售，服务销售，实现产、供、销计划及时衔接、及时调度，公司每天（除星期六、日外）召开产、供、销调度会，以实现计划每天衔接。

（3）计划（目标）的量化。实现任何计划（目标）都要循序渐进，分段进行，重视各时间段的进展和效果，关注细节，可谓细节决定成败。在制药行业中，中小企业，以普药为主的生产企业市场竞争十分艰难，在技术创新、产品创新没有得到实质性突破时，依靠现有普药求生存，以管理为核心的竞争手段，就

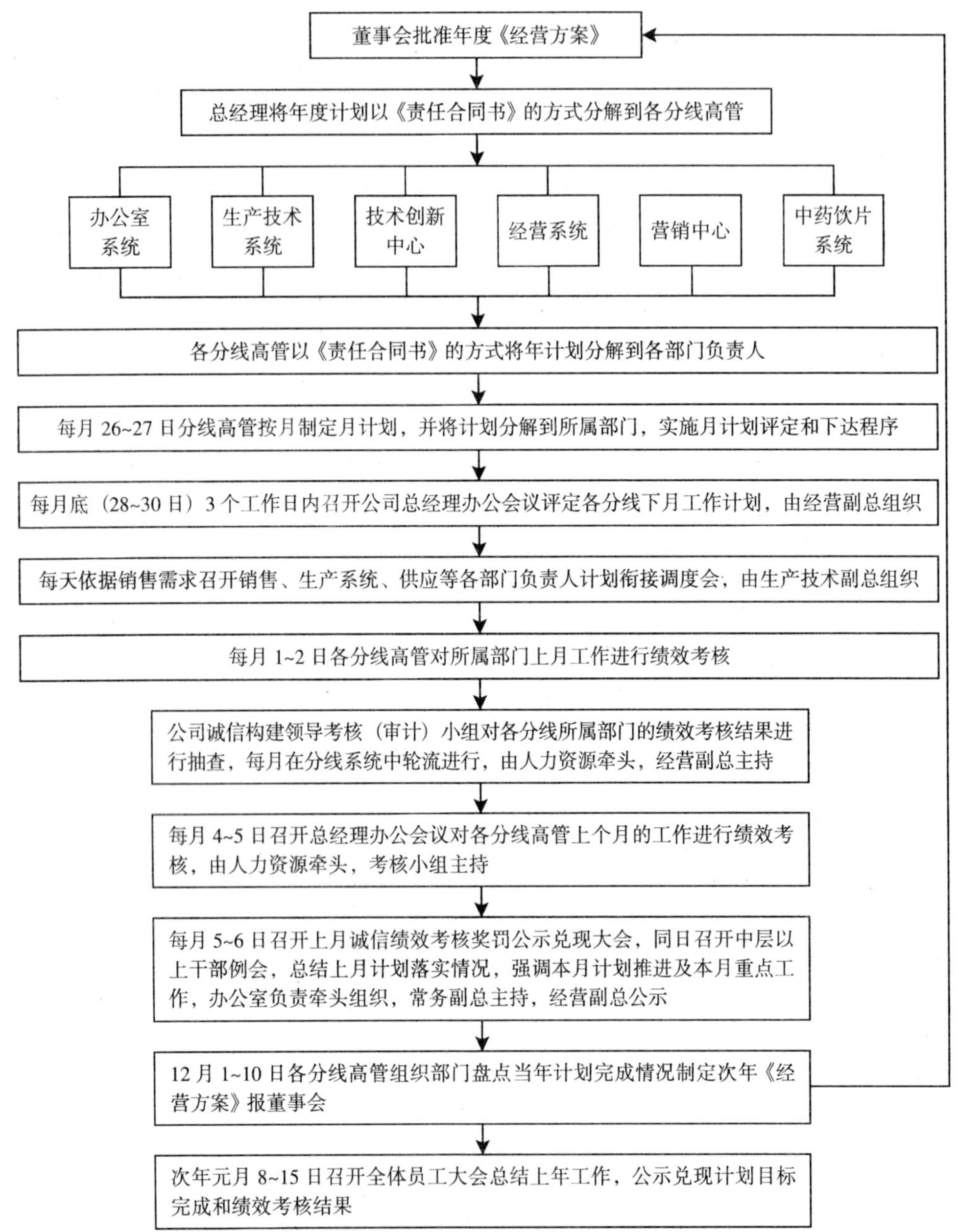

图 2-4　高管人员计划衔接和绩效考核管理流程

必须改变粗放管理，遵循计划目标有价值、可量化、可考核的原则，将所有工作计划（目标）进行量化，为考核创造条件，打好基础。以我公司 2014 年 2 月为例：2014 年公司《经营方案》中有 6 项工作目标，包括公司盈利计划（目标）、销售回款计划（目标）、生产计划（目标）中药饮片销售计划（目标）、新汇医药销售计划（目标）、技术创新计划（目标）等。为实现以上年度计划（目标），公司采取分月度进行分解量化的办法，由各分线高管制定出每月分解全年计划（目标）的“重点工作计划评定表”，按公司规定交由总经理办公会议进行评定，于是就有2014年2月“销售、经营、生产技术、技术创新、中药饮片、新汇医药”等重点工作计划产生。这样，才能使年计划在运行和实现过程中得到分段关注，确实掌握各环节阶段性的计划落实状况，以实现在预定时间段完成预定的计划，确保整个计划（目标）完成。

（七）高管人员计划衔接和诚信考核管理流程

各类计划衔接、绩效考核、结果公示、奖罚兑现管理体系已列入公司《一二三工程》战略目标中《十大管理体系》之一，本管理体系将计划产生、计划衔接、计划量化、绩效考核、结果公示、奖罚兑现进行系统梳理，进一步明确操作流程、时间、内容、对象、标准，将年度计划、月度计划、计划评定、计划衔接、绩效考核、结果公示、奖罚兑现的操作流程、操作时间及职责分工作出具体规定，雷打不动。

第五节　构建诚信文化保障机制　激励员工实现自我价值

我公司诚信文化建设体系和诚信岗位考核机制的建立和完善，使得企业的基础管理不断趋向合理，规范化程度不断提高。但公司在长期的实践中感受到，因人员多且素质参差不齐，岗位多且职能职责各异，单靠诚信岗位考核机制难以覆盖所有人员的言语行为及其产生的责任，难以准确区别和界定员工德能勤纪的优劣，在生产经营、为人处事中往往存在责任推脱、奖罚不明的弊端。待遇分配上，除极少数年终先进个人得到奖励外，其余基本上是“大锅饭”。为确保诚信构建取得良好的效果，公司在全面实施和运作《诚信岗位考核体系》的基础上，从“诚信构建岗位职责监督机制、诚信构建产品质量控制机制、诚信构建奉献精神衡量机制、诚信构建负面清单预警机制”四个方面着手大胆创新，创新了确保诚信文化建设和岗位考核效果、实现企业预期目标的“四位一体”的保障机制，实现了企业内部管理上的自我超越和提升。

一、构建诚信岗位职责监督机制

我公司创新的“诚信构建岗位职责监督机制”，就是创造性地制定了符合自身特色的“内外零投诉”的规定。该项规定分“内外投诉内容，内外投诉处理，内外投诉实施”三个部分共81条。这81条“规定”，就公司有关“服务销售、生产和产品质量、财务结算、生产计划衔接、原辅材料供应、基本职业道德、维护公司利益”等工作过程中有可能发生的内外投诉的范畴和内容作出了界定和规定，以遏制内外投诉发生，实现内外投诉发生率为零，并对发生的内外投诉采取相应的处理措施，以促进公司各项工作持续快速健康发展。制定这一职责监督措施的目的是为强化公司内部管理，明晰岗位职责，规范工作流程，进一步细化公司诚信文化内涵，树立公司诚信形象，构建内外和谐氛围。

这项措施根据“内外投诉”性质、程度的不同，分为了“A、B、C、D”四种程度的投诉，每发生1次投诉，经相关部门核查属实，按投诉级别高低给予被投诉的当事人扣除诚信考核分“5分、4分、3分、2分”的处理并公布于众。产品质量外部投诉的处理办法和处理原则为“三不放过”：凡是公司产品出现质量事故，做到事故原因不查明不放过，事故责任不分清不放过，事故处理结果和防范措施不落实不放过。

药品质量事故程度划分：无直接经济损失的属质量隐患问题；造成经济损失在5000元以下，或生产全过程中的过错而产生质量隐患及对产品质量影响轻微者属轻微质量事故；凡造成生产停产，产品的部分返工，直接经济损失在5000~50000元者属一般质量事故；凡出现混药、混批、造成停产、产品的成批返工，直接经济损失在50000元以上并使公司声誉受到严重影响者，均属重大责任事故范畴。

内外投诉的依据：①客观出现；②公开投诉；③实名投诉；④匿名投诉；⑤电话投诉；⑥短信投诉；⑦网上投诉；⑧检查发现等。内外投诉的归口：公司诚信构建领导小组办公室（设人力资源处）归口收集、管理统计投诉内容，公司财务劳资处配合内外投诉处理，每月同时结合绩效考核处理兑现一次。凡被投诉的员工，经主管部门核定属实的，将会受到该措施规定的相应处罚。这项监督机制强化了公司各项职能职责的监督力度，提高了执行力。

二、构建诚信产品质量控制机制

我公司创新“诚信构建产品质量控制机制”，就是创新药品生产GMP管理一二三四工程的管理方法。在实施国家药品生产GMP管理过程中，为使药品生产的各个环节都达到国家GMP标准，新汇制药创造性地研究制定了符合企业自身特点的GMP管理一二三四工程，即以“一个一致、二个结合、三级检查、四个一”为基本框架的《GMP管理一二三四工程》。

其中，“一个一致”，强调上下一致，高度统一，在GMP标准面前，没有原因可讲，没有姑息迁就，只有标准；“二个结合”，执行GMP标准结合工资，结合岗位责任，没有面子情分，没有资格可论，层层担责，株连纵横；“三级检查”，班组时时查，车间天天查，公司周周查，互相监督，及时整改，及时纠正风险偏差；“四个一”，一天一统计，一天一整理，一批一查物料平衡，一月一审计，高标准要求，思路清晰，责任明晰，环环紧扣，确保药品生产达到国家GMP标准，并把这一管理办法视为新汇药品生产的内部法律，成为约束新汇药品生产工人恪守质量管理规范的“紧箍咒”，在众多制药企业中独树一帜。生产技术系统采取三级检查制，横向全面覆盖各相关部门（供应、仓库、销售），纵向设立三级检查机构互相监督，全面覆盖各岗位及班组，确保各类问题得到及时的纠正和整改，为GMP标准的有效执行提供机构保障。“诚信产品质量控制机制的建立，使公司牢固树立了企业诚信形象。

三、构建诚信奉献精神衡量机制

相对于企业内部基础管理而言，积分制管理是把积分制度用于对人的管理，用积分衡量人的自我价值，反映和考核人的综合表现，并把各种精神、物质待遇与积分挂钩，达到激励人的主观能动性，充分调动人的积极性的一种管理机制。员工的积分渗透着公司企业文化的感召和精髓，反映出员工认同公司文化的淳朴品质，揭示出员工内心世界爱岗敬业的思想境界和精神文明。公司在按规定支付员工工资以外，特别设定相应的精神、物质待遇，用以与员工的积分挂钩，使热爱公司、乐于奉献的员工客观上获得相应的礼遇，以克服良莠不分的平均主义弊端，鼓舞先进，激励后进，弘扬正气，促进发展，彰显了公司与员工互尊互爱的朴实情怀。

我公司创新“诚信构建奉献精神奖励机制”，是创造性地制定了一种“诚信积分管理机制”，即用积分管理机制对员工的能力和综合表现进行全方位量化和考核，并用软件记录和永久性使用，以满足员工的精神需求，持续推进公司诚信文化建设，充分调动员工的积极性，激励员工的主观能动性，区分工作态度和工作质量的优劣，拉开精神、物质待遇差距，解决分配上的“大锅饭”，形成“众人拾柴火焰高”的爱岗敬业氛围，把公司“基础管理”这篇文章做到了极致，有效地增强各项制度的执行力，促进了公司各项战略目标如期实现。公司以“一统二评三结合”为诚信构建积分管理方针。其含义是：“一统”，即运用《新汇员工通用工作标准》来统一员工日常言行举止；“二评”，开展诚信构建岗位职责考核评定，开展诚信构建奉献精神评定；“三结合”，诚信积分管理与诚信构建岗位职责考核评定相结合，诚信积分管理与实施公司《员工通用工作标准》相结合，诚信积分管理与实施公司 《内外“零投诉”规定》相结合。通过实施“一统二评三结合”的《诚信构建积分管理方针》，进一步丰富公司诚信文化内涵，牢牢构建起新汇员工爱岗敬业的精神支柱，充分体现出新汇员工的自我价值，不断开创新汇内部基础管理的新局面。

四、构建诚信负面清单预警机制

为认真贯彻实施公司各项规章制度，确保实现公司年度工作方针和年度经营方案制订的各项工作目标，在已经制订诚信职责监督机制、诚信质量控制机制、诚信标准衡量机制的基础上，各分线高管针对自身所管理的工作，针对各个部门、各个岗位的职能职责和承担的工作任务，认真分析研究，以自查的方式，列出可能会出现阻碍完成各项目标任务的 《负面清单》，通过总经理办公会议对各分线自查列出的《负面清单》反复进行讨论并固定，作为对各分线工作可能产生负面因素的事前提示，以未雨绸缪，督促各分线防患于未然，并组织评价各分线预防、规避、克服负面因素的实际效果，最终确保预期实现公司各项战略目标。

为加强对“诚信负面清单预警机制”的领导，公司成立了“诚信负面清单预警机制” 领导小组，公司总经理兼领导小组组长，分线高管为领导小组成员，下设“诚信负面清单预警机制”工作负面清单自查自纠领导小组办公室，办公室设人力资源处，人力资源处处长兼办公室主任。公司充分运用这一机制的有关规定，充分发挥诚信积分管理激励机制作用，凡在年度内成功预防或排除了预警负面清单中所列负面项目因素的单位或个人视情节轻重给予诚信积分奖励，并作为年终评先创优的重要条件，对未能预防或排除工作负面清单中所列预警负面项目因素的单位或个人，视情节轻重扣除诚信积分。

第六节 构建诚信文化全价值链 将诚信文化融入全过程

我国改革开放以来，宽松的政策和由此带来的各种发展机遇让一部分人先富了起来，中小企业如雨后春笋，从沿海到内地异军突起，但不少中小企业的管理靠人情，不是靠制度。在企业早期，亲情血缘关系确实能够凝聚大家力量，打出一片天地。随着企业发展壮大，管理制度和流程显得非常重要，它能大大降低企业内部的“交易成本”，同时减少企业分崩离析的法律风险。企业没有将自己的成功能力和资源进行系统化的整理，将其变成一种制度，于是使自己失去了不断提升的基础，致使我国中小企业的平均寿命不到三年。

我创建新汇制药的早期，骨子里的确充满了对弱势人群的爱心，因为 2001 年，我们公司的前身湖南湘民制药厂破产了。当时我是一家 A 股上市公司的老总，又是全国人大代表和全国劳动模范，省委省政府领导动员我参与竞买收购这家破产企业。前期考察时，我看到几百名职工失去了归属，真的动了情，但我并没有想过收购这家破产企业要赚多少钱，因为我确实“不差钱”，只是产生了一种念头，产生了一种对破产企业职工、对社会的爱心，想重新组织一家公司，让下岗的职工重新有班上，结果想法成真，于 2002 年成立了新汇制药有限公司。公司成立后，在困难时期把个人的房子抵押贷款给员工发奖金，每年还组织员工旅游，让员工享受到甚至高于国有企业的福利待遇。

但是，爱心归爱心，我对员工的管理是很严的，我从不因为对员工的爱心而放松对员工的管理。我办企业的成功之道就是靠制度管人，无规矩不成方圆，企业只有爱心而没有制度，一座金山也爱不了多久，这一点我是向员工讲清楚了的。而且我在安江塑料厂是出了名的——原来的安江塑料厂是县政府办的工厂，县政府领导要我当厂长，我先后制定了185种近20万字的管理标准和岗位标准以及各项管理制度，县政府领导的5个亲人因违反了厂里的制度，被我严格依照制度规定除了名。有人说我胆子太大，说“何厂长太铁面，可能不想当厂长了”，有人调侃“大水冲了龙王庙”，但我是这样的风格，定了制度就要严格执行。安江塑料厂离县城约5公里路程，为重点考虑方便厂里的科研人员上下班，提高科研人员待遇，激励科研人员工作积极性，经厂长办公会研究决定，专门为厂里家住县城的科研人员上下班购买了一辆面包车，制订了面包车管理制度，规定厂里住在县城的其他人员不得乘坐这辆面包车上下班。我的家就在县城，那年我儿子（现在新汇制药股份有限公司董事长何承东）正读高中，其就读学校黔阳一中处县城至安江塑料厂中间地段公路边，他想搭这辆便车，虽然司机和科研人员都应允，但上了车却被我叫了下来，让他自己骑自行车上学。这件小事在职工中产生了无形的影响。久而久之，严格的制度变成了全厂员工自觉执行的一种文化，有了风顺气正的发展氛围，安江塑料厂越办越兴旺。

因此，我创办新汇制药后，在管理安江塑料厂取得成功经验的基础上，狠抓企业的文化建设，在抓物质文化、精神文化的同时，特别把制度文化列入了公司企业文化建设的主要内容之一，迅速出台了诸如公司《通用工作标准》、《通用工作规则》、《岗位职责》以及生产经营、市场营销、行政后勤之类的管理制度。但由于新汇制药的前身是一家国有中型（二级）福利企业，是靠国家政策扶持的企业，换句话说，就是吃“政策饭”的企业，企业破产改制后，在重新上岗的人员中，“大锅饭”、“铁饭碗”观念根深蒂固，他们的思维方式、经营理念与迅速兴起的市场经济规律、价值观念很难吻合和适应。对此，我一直在设想着，要力求创造出新汇著名品牌和新的企业文化体系。

于是，我抓住了2008年湖南省食品药品监督管理局在全省药品生产企业中推行“信用构建和分类经营”的发展契机，顺理成章在公司物质文化、制度文化、精神文化的基础上，通过引入诚信文化理念，在企业内部开展诚信构建活动，把诚信文化理念融入到企业的各项工作中，形成具有企业自身特色的“企业诚信文化建设体系”；在公司形成的各类“岗位职责”的基础上，建立起“诚信岗位职责考核体系”；为确保实现诚信文化建设和岗位职责考核健康持续推进，又建立了“四项保障机制”。在此基础上，根据公司实际，我把企业千头万绪的工作分成十大类，撰写了《新汇制药十大管理体系》（上下册），主体内容为：

"诚信制度建设和诚信考核"、"高管人员诚信准则考核"、"各类计划衔接、绩效考核、结果公示及奖罚兑现管理"、"财务劳资成本（结算中心）控制"、"走技术创新发展之路管理"、"产品市场营销（模式）管理"、"质量保证 GMP 一二三四工程管理"、"人力资源 12 字管理"、"社会责任关爱残疾人管理制度"、"安全生产标准化、消防安全、行政后勤和环境卫生管理"十大体系。把企业诚信文化建设体系、岗位职责考核体系及其四项保障机制内容融入其中，使公司生产、经营及管理工作贯穿了诚信这条红线。

《十大管理体系》从务实的角度出发，从公司的实际管理需要着手，以解析的形式，把公司每个管理体系的管理动因、管理目标、管理办法及管理措施融为一体，把管理者的理念、心态、目的和决心告诉被管理者，让被管理者从中受到管理者思维方式的感染和熏陶，懂得管理者在主张什么，在追求什么，有怎样的要求，被管理者需要想什么问题，该做什么，不该做什么，应该怎样去做，应该实现怎样的岗位业绩，并懂得只要按管理者心态去努力实现岗位业绩，就会实现管理者与被管理者双赢，反之会影响公司的发展和个人的利益。《十大管理体系》分门别类，脉络清晰，包罗了公司管理工作的方方面面。"十管齐下"，理念创新，以人为本，责、权、利分明，赢得了广大员工的拥护，变成了公司的一种文化，充分体现了公司顶层管理者"用正确的理念熏陶人，用合理的制度约束人，用美好的前景凝聚人"的管理方法和技能，是我公司立于市场竞争鳌头多年不败的奥秘，是指导公司走向成功彼岸的理论基础和总体设计。《十大管理体系》强化和细化了诚信制度建设以及诚信绩效考核的具体措施，把诚信文化理念融入各条分线、各个部位的管理工作，具有良好的诚信理念管理效果，充分体现了公司"企业诚信文化建设与管理创新"的独到之处。

公司企业诚信文化建设的"诚信考核机制"和"四项保障机制"既互为促进，又互为制约。例如：《十大管理体系》的"财务劳资成本结算中心控制体系"中，规定了财务结算中心结算人员考核办法，其中一条规定是，"根据客户到达公司账户的款项，及时、热情通知结算会计并及时下账到各客户。该项考核分为 20 分，一次未及时，扣 1 分；造成不良影响，一次扣 2 分；营销中心、供应处、生产系统投诉，一次扣 5 分"。这种扣分的依据是该公司诚信文化建设"四项保障机制"中的《内外零投诉规定》。在公司的《内外零投诉规定》中，关于"财务结算"投诉的内容，有第 33~45 条共 13 条，条条都具有针对性，该员工一旦被投诉扣分，公司有关部门将依据诚信文化建设“四项效果保障机制”中的《诚信积分管理办法》的有关规定，取消该员工当月因“当月未出现内外投诉”而获得的20分诚信奖分。相应地，公司有关部门将依据诚信文化建设的“岗位职责考核体系”中有关规定在该员工当月的工资中扣除相应分值的工资。《十大管理体系》与诚信文化理念挂钩，进行诚信考核，其管理办法、操作流程相同，所起到的诚信理念管理效果由此可见一斑。

与此同时，我公司将诚信文化理念融入《十大管理体系》实践中，把其中的“药材采购、技术创新、关爱员工、降本增效、服务销售”几项重点工作摆到了突出位置，对其实施融入诚信文化的全价值链流程管理。

（1）在药材采购方面。众所周知，“药材好，药才好”，我公司在“融入诚信文化，打造湘药品牌”的实践中，始终把药材采购及药材入库当作保证药品质量的源头来抓。专门成立了由公司总经理为组长的“原药材采购监控领导小组”；实施“货比三家”，在具有药材供应资质的供货商中选择诚信程度较高的、规模型的供应商作为公司药材采购的合作商家；无论是贵重药材、毒性药材、精神药品药材、麻醉药品药材，还是一般的原药材，不论包件多少，均逐件抽检。坚持“不合格原药材不入库”的“物料入库验收标准操作规程”，并按公司诚信考核规定，对相关岗位的员工及其直接领导进行诚信考核。

（2）在技术创新方面。我公司在普遍诚信考核的基础上，对技术创新人员在诚信积分管理中赋予了特殊的奖项：“凡提升标准被收载于《中国药典》的，凡获得新药临床批件、新药证书、新药批文的，主要负责人奖积分1000分，第二负责人按60%奖积分，辅助和参与人员按30%奖积分；新药临床批件，主要负责人奖积分600分，第二负责人按60%奖积分，辅助和参与人员按30%奖积分”。该奖励标准是公司对于其他或国家级奖项奖分的3~10倍，充分调动了技术创新人员的积极性。

（3）在关爱员工方面。我公司在《企业诚信文化建设体系》中明确规定了“公司与员工”之间的互为诚信承诺的关系，高管人员用自身的诚信行为落实对员工的承诺，把原厂的下岗职工（特别是200多名军残、社残员工）安置好、安排好，让他们工作好、生活好。为上班的员工上下班购置了车辆接送，购买医保、社保等各种保险，定期发放劳保用品，设置了免费的中餐，按时发放工资，过年过节发放物资，年终发放奖金，每年组织员工旅游，而且信守对员工的承诺。为确保残疾员工有稳定的工作、有合适的工作、有熟悉的工作，10多年来，公司的液体制剂车间、固体制剂车间的手工外包所有岗位全部保留，没有用现代化的外包生产线取代残疾员工的手工包装，还特别引进购置了适合残疾人员操作的机器设备，让残疾员工轻轻松松劳动，体体面面上班，使员工心情舒畅，公司呈现出和谐向上的氛围。

（4）在降本增效方面。公司专门制定了“成本管理控制体系和措施”，纳入公司的“诚信岗位职责考核”和“诚信积分管理办法”进行管理：一是设立“结算中心”制度，将公司销售、供应、生产、质量控制、设备环保、行政后勤等部门，实施分类核定各种费用，一律使用内部厂币，统一到“结算中心”进行收支结算；二是制定“‘三项资金’核定制度”（库存原材料占用资金、生产系统半成品和库存产成品占用资金、应收账占用资金）；三是制定“销售应收账款上限额核定制度”；四是制定“内部贷款制度”；五是制定“内部计息制度”；六是明确责任主体承担相应责任。公司根据每年《经营方案》中确定的经营目标计划，测算全年盈利目标，控制各类费用，实施财务预算，将各类费用核算到各分类单位，并明确按层级承担责任主体，首先是分线高管（总经理、副总经理）承担自己分管系统的各类费用盈亏，按规定承担各类（种）奖罚。在一年一次签订的《责任合同书》中予以明确。在此基础上，根据层级管理和分工将各类成本控制量化到各中层干部，实行诚信考核，承担管理和控制责任，实现降本增效目标。

（5）在服务销售方面。我公司内部有“一切服从销售，一切服务销售”的硬性规定，制定了《诚信销售服务“一二三准则”》，对全员进行“诚信岗位职责考核”和“诚信积分管理”考核，内容为“一诚心、二创造、三及时”。其中，一诚心是“诚心与客户合作，为客户服务”；二创造是“为消费者创造健康条件，为客户创造盈利空间”；三及时是“及时发（送）货不过夜，及时答复电话传真等信息不过时，及时处理问题不过周”。我公司诚心、诚信、周到的销售服务赢得了客户的一致信赖，到目前为止，VIP客户已遍布全国除“港、澳、台、藏、疆”以外的省（市、区），销售网络不断拓展。

●经典评说

何述金抱着一颗为省担当、为民造福的信念，凭借自身企业管理的经验，毅然决定辞去“安塑（集团）股份有限公司”的领导职务，收购了这家破产国有企业，成立了现在的新汇制药公司，实行全员安置，把这些残疾人的生存和发展扛起来。10年来他面对残酷的市场竞争，带领全厂以残疾人为主体的员工团队，不断改革创新，依据实际和该厂的特殊情况，先后制定了包括“诚信制度与考核、高管准则与考核、计划衔接与考核、技术创新、市场营销、产品质量以及社会责任关爱残疾人”等“十大管理体系”，使这个毫无市场竞争能力的残疾人企业竟然奇迹般地生存下来，员工生活大幅度提高，并一步一步走向今日的辉煌。①

仔细浏览何述金《企业管理务实——新汇制药十大管理体系解析》书稿，十大管理体系分门别类，脉络清晰，包罗了一家中小企业管理工作的方方面面。“十管齐下”，理念创新，以人为本，责、权、利分明，赢得了广大员工的拥护，使制度变成了企业的一种文化，充分体现了管理者“用正确的理念熏陶人，用合理的制度约束人，用美好的前景凝聚人”的管理方法和技能。或许，这就是以残疾人为主体的新汇制药立于市场竞争鳌头十年不败的奥秘。

但凡企业，都有一本管理的《经》，即一套常规的管理制度，但本书介绍的“新汇制药十大管理体系”有别于一般的常规管理制度，在内部管理创新上，新汇制药“十大管理体系”可谓独树一帜。本书的“管理体系一”《诚信制度建设和诚信考核体系》，是本书“十大管理体系”的基本管理体系。这个管理体系确立了公司的常规制度和所有员工的岗位职责及其考核细则。在此基础上，这一管理体系有四个创新点：一是专门制定了“诚信考核体系”《四四三工程》，确保了员工岗位职责考核公平公正，不走过场，让受奖的员工心安理得，让受罚的员工心悦诚服；二是专门制定了“诚信监督机制”《内外零投诉规定》，把涉及员工岗位职责的所有细小环节和事项（包括相关的语言行为）确定为8大类81条投诉内容，视性质严重程度扣除当月考核分并与工资挂钩；三是专门

① 国务院新闻办公室原副主任、中央人民广播电台原台长杨正泉于2013年10月在北京为《新汇制药十大管理体系》所做的《序言》。

制定了“诚信激励机制”《诚信积分管理办法》，鼓励员工创造个人积分，体现个人价值，书写灿烂人生；四是把“管理体系一”的内容渗透到其余九大管理体系中，让“十大管理体系”的每项管理体系既自成体系，又融为整体，“十管齐下”，“十架马车”朝着一个共同目标并驾齐驱。[①]

《企业管理务实——新汇制药十大管理体系》一书出版后，公司内部举办了为期10天的班组以上干部及全体管理人员100余人参加的骨干培训班，取得了良好的培训效果。使员工全面理解了公司《十大管理体系》的内容，理解了公司顶层制定和实施《十大管理体系》的目的要义，培养了员工的制度观念和业务素养，增强了公司凝聚力。春节联欢会上，员工还以《学习新汇新书卷》为题，用演唱形式，创作出自编自演节目，唱出了员工的学习体会，唱出了员工的内心世界，情真意切，感人至深。

●集中表达员工心得体会的一首歌词

《学习新汇新书卷》歌词：

参加工作新汇来上班，第一次领到的是新汇的新书卷。

知心的话儿写在上边，字字句句真真切切记在我心间。

我原想来新汇，当一个管理员，没想到搞销售，天天在外边转。满肚子文化儿没处儿用，板凳子白白坐了10多年。哎呀呀，高射炮打蚊子不呀不合算。迷茫中我学习了新汇的新书卷：大学生做销售，新汇平台大无边，竞争机制能者上，德才兼备为人先，从此后我把书中的话儿记在心间。

我原想搞销售，轻松赚到钱，没想到跑终端，工作好艰难。满肚子苦水儿没处儿倒，经理们、院长们，根本不见我的面。哎呀呀，一开始我的绩效工资吃了个大鸭蛋。失望中我学习了新汇的新书卷：树立信心不悲观，优势产品大宣传，渠道终端大拓展，你的钱包会胀烂，从此后我把书中的话儿记在心间。

---

① 湖南省食品药品监督管理局局长张光荣于2013年仲秋在长沙为《新汇制药十大管理体系》所做的《跋》。

我原想到车间，技术很简单，没想到一上岗，我就傻了眼。每一个环节都不能怠慢，质量总监QA员呀天天盯着我们看。哎呀呀，每粒药丸都要经过好几十道关。烦恼中我学习了新汇的新书卷：“一二三四工程”是模板，当天事情当天完，心到手到不偷懒，责任强了心不烦，从此后我把书中的话儿记在心间。

我原想车间里，工资很可观，没想到保险后就千多两千元。员工们盼望着增加订单，买汽车，住新房，生活质量得改善。哎呀呀，只盼着新汇制药有个大发展。期盼中我学习了新汇的新书卷：“一二三工程”是目标，全体员工同心干，待到2020年，平均工资过十万，从此后我把书中的话儿记在心间。

我原想在创新中心工作一般般，没想到生物工程科技是尖端。菌丝体产品要扩大生产，认真学习刻苦钻研还能到美国去上班。高科技，新产品，前景无限。枯燥中我学习了新汇的新书卷：市场竞争无情面，技术创新求发展，国际市场我们占，科技高峰我们攀，从此后我把书中的话儿记在心间。

第三章　精确企业市场定位　增强核心竞争力

第一节　员工市场观念定位

湖南新汇制药股份有限公司《市场经》：

转变观念，适应市场；加班加点，满足市场；加快节奏，

不误市场；不计得失，心想市场；团结协作，抢占市场。

在竞争激烈、瞬息万变的市场经济中，繁荣与衰败、取胜与出局，更换交替，不断轮回。纵观一些企业之所以衰败出局，除宏观经济环境发生一定变化外，就企业本身来说，一个很重要的原因是企业市场观念不强。因为不管市场经济如何推动企业发展，企业自身的市场观念是生存之本，它主宰企业兴衰。故此，我创立新汇制药后，根据新汇基本员工队伍是以军残、社残人员组成这一特殊性，我撰写了五句话四十字的新汇《市场经》，把这个《市场经》作为新汇企业文化的重要标志，员工上班早训、各种会前必念《市场经》，让员工保持天天竞争的态势，还用“龟兔赛跑”的寓言故事，说明实践《市场经》的重要意义。与此同时，我把组成《市场经》的五句话作为念好《市场经》的五个层面，结合新汇的实际，对员工进行培训，让员工对《市场经》既知其然也知其所以然，深刻理解到作为新汇员工为什么要念好《市场经》的道理，在公司内部形成了“一切服从市场，一切服务市场”的竞争意识，从而使一个毫无市场竞争能力的弱势群体在市场竞争中立于不败之地。

一、转变观念，适应市场

（一）名词概念浅析

（1）什么是观念。观念一词来自希腊文，原意是“看得见的”形象，在哲学史上这个术语有不同的含义。一般认为，观念是人类支配行为的主观意识，是人们在实践当中形成的各种认识的集合体，是人们对事物表达出的看法、想法、说法、做法的主体的意识形态。

观念的产生与所处的客观环境关系密切，正确的观念就是人的大脑对客观环境的正确反映。人类的行为都是受行为执行者的观念支配的，有什么样的意识能力和环境条件就会有什么样的思想；具备什么样的思想，就会有什么样的观念；有什么样的观念，就会有什么样的行为。观念正确与否直接影响到行为的结果。实践中，人们会根据自身形成的观念进行各种活动，利用观念系统对事物进行决策，计划，实践，总结等活动，从而不断丰富生活和提高生产实践水平。

（2）什么是市场。市场起源于古时人类对于固定时段或地点进行交易的场所的称呼，是由一切具有特定需求和欲望并且愿意和能够通过交换的方式来满足需求和欲望的顾客构成。狭义上的市场，是买卖双方进行商品交换的场所；广义上的市场，是指为了买卖某些商品而与其他厂商和个人相联系的一群厂商和个人。当今世界，随着社会交往的网络虚拟化，市场不一定是真实的场所和地点，许多买卖都通过计算机网络实现。

（3）什么是市场经济。所谓市场经济，是完全由市场的供求关系决定商品或服务价格的经济体系。市场经济是社会化的商品经济，是市场在资源配置中起基础性作用的经济，是实现资源优化配置的一种有效形式。市场经济和计划经济都是社会资源配置的方式。所谓社会资源配置，就是决定一定时期内，社会生产什么，生产多少，怎样生产，如何分配。二者区别在于配置资源的根本方式不同。计划经济条件下，资源配置的经济决策大权高度集中于政府尤其是中央政府；市场经济条件下，上述经济决策由经济主体分散自主作出，而他们决定上述问题的依据是市场价格，价高利大就生产，否则不生产。

（二）为什么要适应市场

（1）市场经济决定了“适者生存”。市场经济是实现资源优化配置的一种有效形式，它的基本特征之一就是“竞争性”。市场经济就是通过激烈的市场竞争，对商品生产者实行优胜劣汰的选择。因此，市场经济不相信人的眼泪，更不会同情人的眼泪。“市场好比战场”，胜者生存，败者灭亡。市场经济还有一个代名词，“自由市场经济或自由企业经济”，这就明显揭示了市场经济的性质，意即国家政策不再对企业生产的产品进行宏观调控，即使有阶段性或持久性《发展纲要》等纲领性文献，对企业发展的含义也只能是“指导性”而绝非“指令性”。倘若企业不具备核心竞争力，只能是自生自灭且必死无疑。

（2）企业只有适应市场才能生存。一家企业，诞生之前就要充分调研论证是否有持续发展的市场需求，从成立开始，它的生存就是如何适应市场的需求。谁适应了市场，谁就有生存的能力，也就有了生存的权利。企业要生存，势必要按照市场需求去做，去适应。如我公司从收购原湘民制药厂以来，销售模式基本沿袭原来的商务模式，从湖南到全国，基本上只有 OTC 市场，乡镇卫生院以及二甲以上医院市场基本没有我公司产品，所以市场难以拓展。根据这一市场现状，公司从 2011 年开始，努力去适应未开发的市场。2011 年，我们确立了“销售逐步转型，重视主流市场”的工作方针，把销售的工作重心向乡镇卫生院转移，当年初见成效，销售收入首次突破 5000 万元；2012 年，我们一鼓作气，确立了“销售转好型，做好大本营”的工作方针，并在湖南二甲以上医院逐步建立起业务关系，由代理模式向直营模式转型，使公司销售收入有了新的增长点。试想，如果我们不积极去适应市场，公司就难以生存。

（三）怎样才能适应市场

（1）要努力增强员工的市场观念。我公司员工基本队伍主要由两大部分构成，一部分是收购的原湘民制药厂中在我公司重新上岗的员工，一部分是大专院校毕业在我公司参加工作的员工。前者长期在国企而且是福利企业工作，坐惯了“铁板凳”，吃惯了“大锅饭”，对于“市场的竞争是怎样的激烈”、“只有做好了市场，工资才有保障”的市场意识很淡薄，认为“反正是老板的事”；后者从学校毕业出来，基本没有“闯市场”的经历，需要有一个锻炼磨合的过程。与此同时，公司还有相当一部分残疾人员，他们依附公司生存，本身完全没有闯市场的能力，培养这部分人员的市场观念，难度非常之大。因此，必须加大培训力度，努力转变员工固有的陈旧观念，让全体员工都懂得，市场竞争就是人才的竞争，就是科技的竞争，生产企业更有成本的竞争。要通过反复培训，要让员工学好《市场经》，用好《市场经》，使员工人人都增强公司生存的危机感和市场竞争的紧迫感。

（2）要努力实施公司“战略目标”。万向集团董事局主席鲁冠球有一个观点，“企业家的视野决定企业的发展范围和发展方向。现在我们就好比站在月球上看地球。我们搞企业的是生产商品的，你看得多远，你的产品就能提供到多远，你看到世界的需求了，你生产的产品就能够适应世界的需求”。公司制定的“一二三工程”，是公司2020年前要做的实事、要实现的战略目标，这一目标既是我创建新汇制药的初衷，也是我为新汇描绘的发展蓝图，是新汇人共同的梦想，其中，采用新型（HE）HDJ药用菌丝体为主（君）药的生物技术药物工程就是走进世界生物技术前沿的项目，是世界需求的产品。到那时，我们的产品就会适应世界的市场。中国有句俗语，“给人金钱是下策，给人能力是中策，给人观念是上策”。如果一个人无法放弃过去的无知，就无法走进智慧的殿堂。同理，在新的形势下，如果不及时转变陈旧的观念，努力去适应新的市场，就会被市场所淘汰。因此，我要求我们的管理人员、要求全体员工，大家既然认同了新汇，就要转变观念，适应市场，与新汇同心同德，目标一致，努力实现我们共同的奋斗目标。

二、加班加点，满足市场

（一）为什么要加班加点，满足市场

（1）“加班加点，满足市场”是弱势群体生存下来的需要。企业作为市场竞争的主体，在市场竞争中，适者生存，劣者淘汰，比的就是实力，如人、财、物、技术、信息等。10多年来，公司投入巨资建成了集药品研制、生产、销售于一体的现代医药基地，作为新汇员工，如何利用公司这一硬件平台，积极主动创造市场价值，加班加点，满足市场是很重要的因素。在变化莫测的医药市场竞争中，新汇员工是弱势群体，必须付出超乎寻常的努力，才能在市场竞争中生存下来。

（2）“加班加点，满足市场”是个人素质提高的需要。鲁迅先生说过：哪里有什么天才，只不过我把别人喝咖啡的时间用来读书写作了。加班加点，意味着你付出比别人更多的时间和精力来完成本职工作，力求尽善尽美；意味着你付出更多的时间和精力应对市场的瞬息万变。一个人能力有大小，智商有高低，但勤能补拙，同样可以有效地完成工作任务目标。因此完成一项任务目标，只有发挥自身优势，持之以恒，加班加点，在为企业创造价值的过程中，个人素质随之提

高，是双赢的选择。

（3）“加班加点，满足市场”是由市场属性决定的。加班加点是一个态度问题，也是转变观念的问题。在加班加点，完成本职工作的过程中，我们必须尊重市场的客观规律，制订出符合市场要求的目标计划，竭尽全力完成好。这是因为，你若不快速主动完成，别人就完成了；你的企业不能满足市场需要，别的企业就能满足市场需要，这正是市场经济所讲的“快鱼吃慢鱼”。失去的机会不会再来，机会只给有准备的人。例如，2009 年前药品必须进入新农合目录和医保目录，我公司主导产品如果没有进入，市场份额就会下降，大片市场就会丢失。公司及时采取措施，使主导产品进入了目录，获得了资格。现在新一轮的药品资格竞争已处于白热化状态，我们要积极主动，收集信息，加班加点，在目录进入、产品物价、集中采购等每个环节上打赢这一轮资格之战。

（二）怎样通过加班加点，满足市场

（1）有目的地加班加点。现代企业内部分工越来越细，这就要求我们每个部门、每个岗位、每道工序都必须在一定时间、空间内完成本职工作，力求精益求精，尽善尽美。每天都要反省自己：我们的工作为下道工序，为最终的市场提供了哪些服务和重要支撑，若是我们的工作质量、岗位要求放松一点，提供的服务和产品差一点，汇集起来就是满足市场的质量差一点，市场给我们的回报就会差一截。因此，我们的工作必须目标明确，日清日结，不得拖拉。用“成功思维模式”，有目的地加班加点。

（2）有效益地加班加点。衡量“加班加点”是否有价值，唯一标准是是否满足市场的急需和重要关节。我们应该通过有效的加班加点，在人、财、物、产、供、销等管理的每个环节上，以最少的投入获取最大的产出，从而创造出新的价值。公司给员工提供平台，提供了施展才干的场所，员工们就要珍惜和利用这个平台创造价值。我们敬畏市场，因为变幻莫测的市场为我们提供了劳动价值交换的场所，我们就要有效地服务好市场。如果我们提供的“加班加点”的劳动价值是无效的，没有价值，就必然会被市场否定，无法满足市场的现实需求。有些本应在 8 个小时内完成的工作，却拖到 8 小时之后去做，看似在加班，实际上没有增加效益。总而言之，我们提倡为做好市场的加班加点，提倡有目的、有效益、有价值的加班加点，共同为公司创造价值。

三、加快节奏，不误市场

（一）节奏的基本概念

所谓“节奏”，专指音乐中交替出现的有规律的强弱、长短的现象，也比如一种有规律的、连续进行的完整运动形式。例如：马不停蹄、大步流星、一目十行、捷足先登、风风火火等词语，表现的是快节奏形式；又如，老牛拉车、不疾不徐、虚度光阴、岁月蹉跎、鹅行鸭步、慢条斯理、姗姗来迟等词语，表现的则是慢节奏形式。

在《市场经》中，“加快节奏”这句话不是孤立的，每一句话都渗透着快节奏，最明显的是“加班加点”、“加快节奏”、“抢占市场”，这就是公司需要的快节奏。它体现了新汇公司的风格，表达了新汇公司敢为人先的精神。因此，公司的《通用工作规则》明确规定，每天早上上班前列队晨训，朗诵《市场经》；开会要起立朗诵《市场经》。

（二）节奏的普遍应用

节奏是普遍存在的运动形式。广义的节奏唯物主义告诉我们，世间万物都是运动着的，而事物在运动中就会产生节奏，节奏存在于事物的发展之中，有物体的运动就有节奏，如日月轮回，斗转星移，是宇宙天体的运动节奏；四季更替、干湿是气候变化的节奏；日出而作，日落而息是日常生活的节奏；细胞的繁衍衰亡是生物的节奏。节奏是客观事物运动的属性，是符合规律的周期性变化的运动形式。节奏广泛存在于宇宙自然界中，构成大自然的生生不息的运动。人类一切活动，都因活动目的而变化着活动的节奏。我们每一个新汇员工，都在这个集体中，按公司发展的运动轨迹，用各种不同的节奏工作和生活着。

公司《市场经》强调快节奏。公司的《市场经》为什么要强调“加快节奏”，加快节奏的目的就是为了适应市场。因为市场经济的发展速度是快节奏的，市场需求瞬息万变，市场机遇稍纵即逝，如果像计划经济时代那种按部就班的节奏，就无法适应快节奏的市场经济，企业就会被淘汰出局。正因为公司要做大做强，要不被市场淘汰，所以公司制定了包括“加快节奏，不误市场”在内的《市场经》，以不贻误稍纵即逝的市场机遇。

（三）节奏与市场接轨

市场是商品交换关系的总和，市场经济是社会化的商品经济，是市场在资源配置中起基础性作用的经济，市场经济具有平等性、竞争性、法制性和开放性等一般特性。上述“四性”的表现不是孤立的，而是相互联系、相互制约的，是市场经济所固有的，是各种社会条件下的市场经济的共性。通过市场可以有效地调节社会资源的分配，引导企业按照社会需要组织生产经营，并且可以对商品生产者实行优胜劣汰的选择。

进入市场经济时代后，国家对商品生产者生产的商品，或是经营者经营的商品，不再进行保护性的宏观调控，完全以市场需求为杠杆，让其自生自灭。所以，生产者、经营者必须随时调整和加快自身生产或经营的节奏，努力去适应市场的变化，否则就会被市场所淘汰。要知道，市场的变化是快节奏的，是不会反过来适应生产者和经营者的节奏的。就因为市场经济有“四性”特征，所以就产生了你死我活的竞争，胜者为王，败者为寇。于是，在汉语语法修辞中，便增加了诸如“市场滚爬”、“市场打拼”、“市场如同战场”等一些语法修辞的例句。公司为了在市场竞争中立于不败之地，创造性地制定了符合自身特色的《市场经》，并把“加快节奏，适应市场”列入其中，新汇员工要把《市场经》作为“座右铭”。

（四）节奏的新汇现象

被誉为“世界经理人的思想加油站”的《牛津管理评论》中的评论文章《企业家，要有自己的节奏》有语：“做企业，不能不懂节奏。创业也好，做企业也好，最重要的还在于把握节奏，当然，最难的也是把握节奏”。世界500强50条法则就有“胜利来自于比别人早走一步”一说。因此，“节奏”对企业有多么重要，不言而喻。公司深知“节奏”的重要，所以将“加快节奏，适应市场”纳入了《市场经》的重要内容。公司有很多战役打得非常漂亮，如 “8个月完成公司整体搬迁重建工程”、“8个月完成公司‘五大工程’新建工程”等。与此同时，在公司员工中，也反映出不少“快节奏”现象……公司典型的“快节奏”现象，是值得弘扬的，用党的十八大后流传甚广的一个新概念词组来表述，是公司的“正能量”。但是，相比之下，公司的“慢节奏”现象也无处不在……这些“慢节奏”现象与公司“快节奏”的战略部署形成了很大的反差，就像“急惊风撞着慢郎中”。

（五）节奏的自我约束

公司的《市场经》是公司带领全体员工闯荡市场的一部“战书”，是用以鞭策全体员工用“快节奏”姿态迎战市场的指导方针。但是，这种“快节奏”不能停留在口头上，需要全体员工把它变成实际行动。公司的战略部署及中心工作往往通过会议、发文等形式贯彻到各个部门和每个员工，而领导也不可能天天开会，天天发文，这就要靠员工的自我约束能力，靠员工让自己的节奏紧紧跟上公司节奏。如公司管理层面设置了若干机构，每个机构又设立了若干岗位，公司的战略目标下达后，要靠这些机构、岗位跟上公司的节奏而自觉地运转。这就好像一部机器，机器一旦发动，机器上的每个零部件都必须同步工作，否则机器就不能正常运转，这个不能正常工作的零部件就必须进行修理或者更新。同理，公司哪一个部门的哪一个岗位不适应公司的节奏，这个岗位的人员就会被淘汰。

员工想要不被淘汰，必须强化自我约束，因为自我约束是一种修养、一种风度、一种文化、一个现代人必需的品格。自我约束说到底，是为了鞭策自己把各方面工作做得更好，使自己的工作节奏紧紧跟上公司的节奏。这次公司利用五个星期的晨训时间，对管理部门人员进行《市场经》培训，旨在提高管理人员对《市场经》的执行力度，加快管理人员的工作节奏，以促进公司各项工作按预定目标实现。我们一定要认真领会、正确理解公司的良苦用心，要正确认识自己，摆正自己的位置。因为我们都是认同新汇文化的人，是新汇文化把我们凝聚在一起。如果我们相信命运的话，那么，命运有一半掌握在我们自己手里，另一半在公司的手里。只要我们的工作节奏紧紧跟上公司的节奏，并且努力去超越自己，越能超越自我，我们手里掌握的那一半就越庞大，我们获得的就越丰硕。贵在自觉，贵在自我约束，抓住生命的节奏，让我们在新汇“快节奏”的熏陶下，工作得更激烈，生活得更精彩。在公司《市场经》的鞭策下，“加快节奏，不误市场”，乘着新汇的航船，破浪前行，实现共同的美好愿望。

四、不计得失，心想市场

解读“不计得失，心想市场”，有两个成语很能做比照，谓之“鱼和熊掌不可兼得”，“失之东隅，收之桑榆”。这很符合诸子百家中道家文化，正好切合公司的《市场经》及公司 “一好、二多、三高”的战略目标。“不计得失，心想市场”其实是一种大主意、高谋略。三国时的诸葛亮，虽然结庐隆中，但对天下形势了然于胸，在著名的《隆中对》中，他向刘备提出“不计得失，心想天下”的战术，将兵微将寡的蜀汉，发展到与曹魏、东吴形成三国鼎立的局面。

会责任的办法措施，于是就制定了公司的《市场经》，并把“团结协作，抢占市场”这一硬措施写进了《市场经》。要以“团结协作”为基石，取得承担社会责任的思想保证；要以“抢占市场”为途径，取得承担社会责任的实力保证。

(四) 实现奋斗目标的需要

新汇公司自成立之日起，我就推心置腹地向员工们透露了新公司“一好二多三高”的发展宗旨和奋斗目标。当公司克服了重重困难，度过了成立后的前10年后，发展前景已清晰可见。对此，公司作出了“从2011年到2020年前实现‘一好二多三高’战略目标”的决定，公司10年前的梦想有望变成现实。但是，要实现“一好二多三高”战略目标，归根结底，首要的问题就是要“团结协作，抢占市场”，这是10年前公司定下的基调和指明的路径。写这句话的目的，就是要求全体员工团结一致，各方协作，为实现公司的战略目标努力奋斗。现在解读这句话，领会其中字里行间的内涵，十分深刻，极为重要。

如本句使用的“抢占”一词，原本为战争术语，是指“抢在敌人前面占领有利地形或重要地点的作战行动”，如“抢占制高点”。当今社会，“市场如同战场”，特别是在今天产品高度同质化的市场环境下，不是你去淘汰对手，就是你被对手扫地出局。我公司的主打产品正是处于这种现象。例如我们生产的胃药“猴头健胃灵胶囊”，全国治胃病的产品就有几十种，特别还有山西旺龙的同名“猴头健胃灵胶囊”；又如我们生产的止咳化痰药“蛇胆川贝枇杷膏”，全国同类产品比比皆是，特别是还有广州潘高寿的同名“蛇胆川贝枇杷膏”。这类产品虽然都有好的卖点，但“同质化竞争”十分激烈，如果不能快速抢占市场，市场就会被对手占领，只有以速度保证领先，以精细化操作超越对手，才是快速制胜的关键所在。这表明，10年前公司制定《市场经》时，就要求我们要以战斗的姿态，战斗的速度，切合新汇特点的战略和策略去抢占销售渠道和销售客户，去战胜我们的对手。

回顾这几年，我们正是这样做的，例如：我们抵制山西旺龙药业同类产品以低质低价抢占湖南省基药市场，与潘高寿同类产品抢占重庆市场，以及与更多的厂家同类产品抢占湖南医院市场和全国各地基药市场，等等。与此同时，“团结协作，抢占市场”这句话首先强调了“团结”和“协作”的基本要素和方法艺术，公司在近几年实践中还特别强调“一切服从销售，一切服务销售”的团结协作措施，使“团结协作，抢占市场”的规则要求更富科学内涵。

（五）表达真诚爱心的需要

毛泽东主席的《在延安文艺座谈会上的讲话》结论中有一句话，“世上没有无缘无故的爱”。为什么说“团结协作，抢占市场”这句话的提出是“表达真诚爱心的需要”，“爱”的“缘由”是什么？要探究这个问题，我们重温一次2010年《工作报告》第二部分——“2010年工作思路”五大点“拨乱反正讲爱心，确保公司团结一致不添乱”的第二小点，我们就会了然于胸。这段话有个小标题叫“打造爱心集体的初衷”，原文如下：

2001年，我公司的前身湖南省湘民制药厂破产了。当时我是一家上市公司的老总，又是全国人大代表和全国劳动模范，省委省政府领导动员我参与竞买收购这家破产企业。前期考察时，我看到几百名职工失去了归属，真的动了情，但我并没有想过收购这家破产企业要赚多少钱，因为我确实“不差钱”，只是产生了一种念头，产生了一种对破产企业职工、对社会负责的爱心，想重新组织一家公司，让下岗的职工重新有班上，结果想法成真，于2002年成立了现在的新汇制药有限公司。为了让大家有一个良好的工作环境，公司花了近亿元搬迁到现在这个地方。公司受强烈的爱心支配，为员工上下班购置了车辆接送，定期发放劳保用品，设置了免费的中餐，按时发放工资，过年过节发放物资，年终发放奖金，在困难时期甚至把个人的房子抵押贷款发员工奖金，每年组织员工旅游等，让员工享受到甚至高于国有企业的福利待遇，确立了包括“员工收入高”在内的“一好、二多、三高”工程作为公司的奋斗目标，让员工在新汇这个大家园里有一席之地，有安身之处，有幸福美满的生活”

我作为公司的业主，报告中的这段肺腑之言，就是对员工最真诚的沟通和承诺，员工听了感慨万千。但是，这种沟通和承诺，是需要具备一定物质条件和经济基础的。说一千，道一万，爱心是要有能力和实力才能实施的。如果公司不具备造血功能，没有取之不尽用之不竭的资金源泉，一座金山也爱不了多久，业主对员工使爱，就会是“爱莫能助”，就会“力不从心”。正因为如此，公司就制定了与实现“一好、二多、三高”工程配套的《市场经》，并把“团结协作，抢占市场”写进了《市场经》，从而把“打造爱心集体”寄望于首先打造出“团结协作”的集体，打造成有能力“抢占市场”的集体，把使爱的原动力牢牢地构筑在永久的市场上。一个团结的集体拥有个人无法比拟的无穷智慧。虽然我们每个人都不是最优秀的，但我们在一起就可以组成一个最优秀的集体，所遇到的任何困难都会迎刃而解。团结产生动力，团结铸就辉煌，团结就是力量。让我们团结协作，抢占市场。

第二节　市场管理体系定位

一、营销中心组织架构

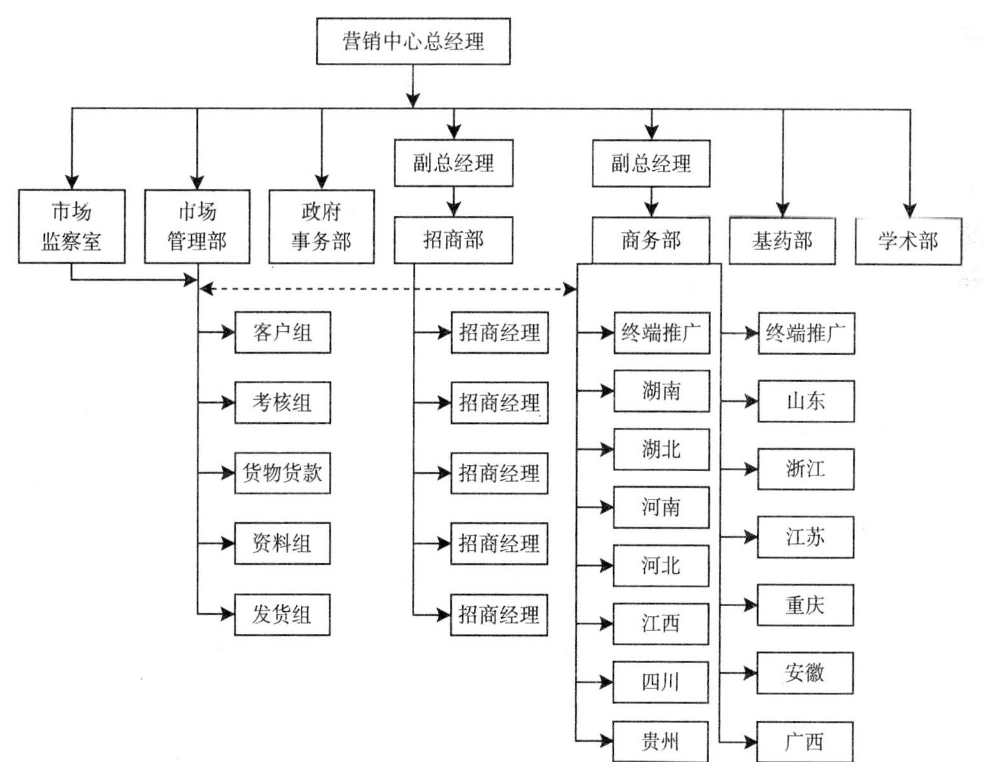

图 3-1　营销中心组织架构

二、制剂药品市场管理体系

根据药品销售市场“三线”业务（一线即二甲、三甲医院，二线即乡镇卫生院、社区卫生服务中心、村级卫生室，三线即 OTC 市场和各类诊所）的需求，公司营销中心在营销的“产品、资格、架构、模式、政策、团队、网络、管理”方面狠抓落实，自创了营销“A6 以”模式（招商或直营）、“B6 以”模式（商销）和基本药物营销模式，走出了一条具有新汇特色的营销之路。销售网络不断拓宽。公司营销中心设立了即招商部、商务业务部、基药部、直营部、政府事务部、市场管理部、策划部、市场监察室“七部一室”，统筹公司在全国的营销工作。目前，公司已在湖南市场和省外重点市场河北、山东、浙江、广东、四川（含重庆）以及江苏、上海、福建、河南、安徽、湖北、江西、云南、贵州、广西、东北三省、西北五省等 20 多个省（市）建立了销售网络。市场发展走势看好，2020 年前计划在除我国台湾、香港地区、澳门、西藏、新疆外的 28 个省市实现销售渠道网络 2215 家，实现销售终端网络 341505 家，市场潜力前景巨大。发展进入了快车道。公司拥有 68 个国药准字号批文，其中 15 个国家基本药物，主要经营以生物药用菌丝体为主要原材料的生物技术药物猴头健胃灵片、猴头健胃灵胶囊、滋肾健脑液、蛇胆川贝枇杷膏、小儿智力糖浆、九味肝泰胶囊等 20 多个品种品规的中成药，中药饮片以及系列生物保健食品，产品远销全国 30 多个省市，经营业绩呈持续增长态势，年经营增长速度 30%以上。

“A6 以”模式（招商或直营）的含义：以争取进入国家或地方医保、基药目录为资格；以报物价、招投标中标为切入点；以寻找配送商实施医院直营或进行区域招商，开发医院和维护上量为依托；以二甲、三甲医院（标杆医院）为重点；以加入当地医院协会、实施产品学术推广或小型科室推广会和情感维护为手段；以中标产品在辖区内目标终端达 80%覆盖为目标。

“B6 以”模式（商销）（非医保、非基药）的含义：以报物价、招投标中标为前提；以选择搭建好辖区内一级商业分销和二级分销为平台；以建立一级商业分销、二级商业分销（连锁）铺货、供货为渠道；以“三类”目标终端业务，即配合商业公司实行批发、分销、纯销（OTC 连锁、单体药店、乡（镇）药房、私人诊所）为重点；以渠道（三员管理）、门店目标终端促销为手段；以做大业绩（地市月回款 20 万元以上）为目标。

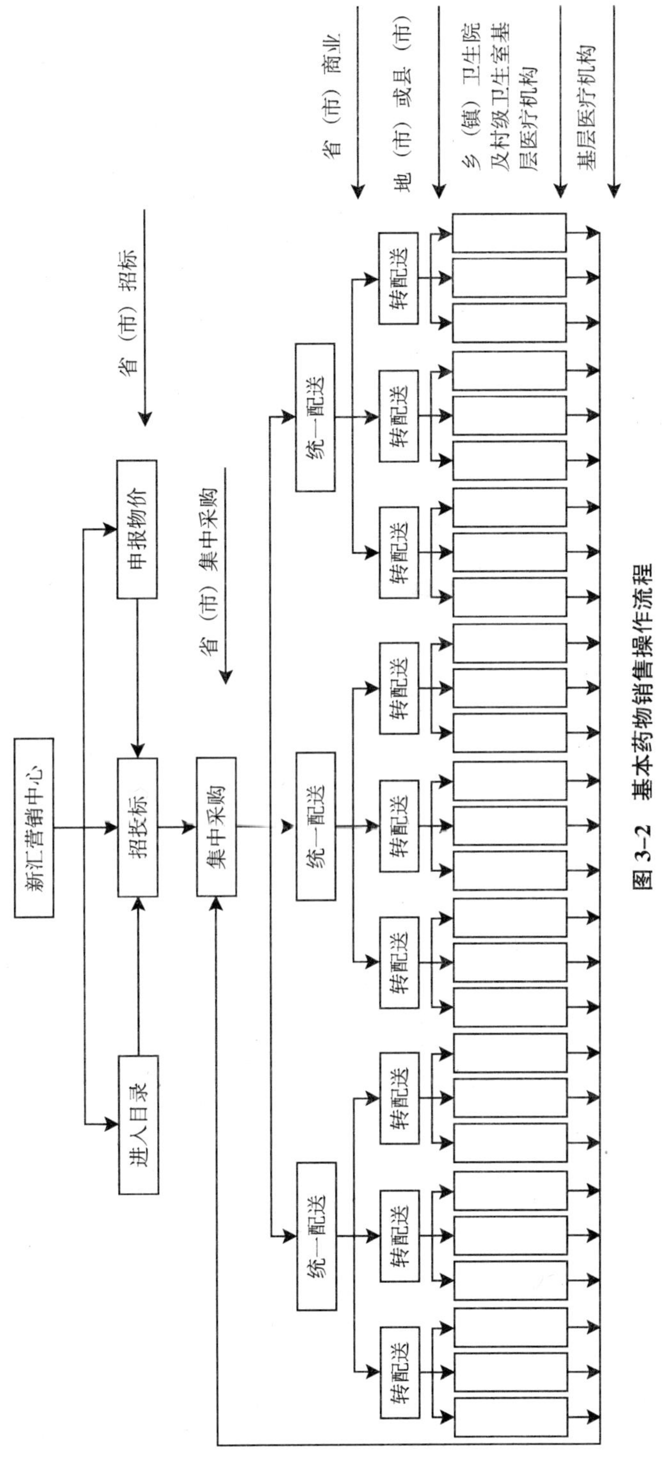

图 3-2　基本药物销售操作流程

三、中药饮片市场营销方向

公司中药饮片生产经营初具规模，中药二次开发（颗粒）初具雏形，目前已经形成“订单做不赢”的良性格局，2015 年中药饮片销售收入有望突破 3000 万元。因中药饮片属于国家基本药物，患者服用可以报销，故全国中药饮片需求量正在以每年 30%的速度增长，公司仅 2015 年就发展中药饮片销售网点 300 家，其中三甲以上中医院 5 家，县级以上中医院 10 家，连锁大药房 30 家，社区及乡镇卫生院 40 家，民营医院 25 家，个体诊所、单体药店 190 家，发展前景非常广阔。

四、保健食品市场营销方向

公司成功收购美国一家保健品公司，成立了新杜保健品有限公司，现已完成 10 多个保健品原料培养、原料检测及相关的工艺研究，2015 年完成了工艺研究、质量标准研究、剂型研究、质量检测、包装设计等工作及其申报备案工作，同时配合美国新杜保健品公司准备生产现场，实现产品生产上市。在美国完成了 10 个保健品原料的检测工作并确定了最终的质量标准，完成了 10 个保健品制剂的生产工艺研究，设计了内外包装，产品说明书，并申报备案。同时准备各种条件，逐步在美国新杜保健品公司实现菌丝体培养大规模产业化，并实现 5 个以上的保健品产业化生产，现已正式开展运营，将与公司的生物工程中心形成对接和互补格局。一个将美国保健品进入中国市场，将公司保健品进入美国市场的大好局面的形成指日可待。

五、商业配送市场流通网络

2009 年 4 月 6 日，国务院正式公布《中共中央国务院关于深化医药卫生体制改革的意见》，该《意见》首次提出，把基本医疗卫生制度作为公共产品向全民提供，到 2011 年，基本医疗保障制度全面覆盖城乡居民，切实缓解“看病难、看病贵”的问题。随着新医改政策的出台和实施，何述金觉察到药物配送环节对基层老百姓及时使用到需要药物的重要意义和药物配送行业潜在的商机，是发展健康产业必不可少的重要环节。针对自身拥有 15 个基本药物品种且主打产品“猴头健胃灵”、“蛇胆川贝枇杷膏”等均属基本药物的优势，于 2011 年 8 月投资收购了原长沙市药王堂医药有限公司，重组成立了湖南新汇医药有限公司，于是以新汇医药为药品销售商业公司，按照国家GSP标准组织，形成了药品销售和商业配送环节链。

公司投资2000余万元，于2013年按国家GSP标准新建了全新的仓储及办公大楼，目前仓储面积达5000多平方米，并建有高标准冷库设施，配备了冷链运输车辆及设备。经过3年的经营，目前公司由原来20名员工的县级小医药批发企业成长为60多人的规模型医药商业配送企业。公司采取总经理负责制，负责公司全面运营及业务开展，设有市场营销部、采购中心、质量管理部、财务部、仓储运输部等部门，员工具备相应专业技能和多年业内工作经验。公司业务主要面向市场调拨及终端配送，同时包含临床、基药、OTC连锁及中药饮片业务，其中中药饮片为公司特色业务，建有符合国家GMP要求的中药饮片加工基地及中药种植基地。通过几年的努力，在湖南省内中药饮片市场以质量优异，价格适中闻名。公司现有配送车辆6台，完全适应长沙市范围内全覆盖的自主配送。同时建立了多条成熟物流线路，对省内及周边省份市场能够及时配送到位。公司业务覆盖全省及周边省份的大型医药流通企业，经营药品品种2000余个，中药饮片500余种，品种齐全，服务优良，配送及时，在省内医药行业占有一定地位，年销售收入已由原来的1000万元增加到2亿元。

第三节 市场发展目标定位

销售网络不断拓宽。公司营销中心设立了“七部一室”，组织架构合理，各部室职责明确，并与营销中心总经理签订一年一度的《责任状》。营销中心确立的“A6以”、“B6以”模式和基本药物销售模式，适应当前新医改后的药品销售，将传统的“三线”业务划分更为科学。按照公司产品分类组合，将二、三甲医院主流市场（视为一线业务）按“A6以”模式以招商为主。将商业公司OTC连锁药店、单体药店、民营医院、私人诊所（视为二线业务）按“B6以”模式，由营销中心自建团队，通过医药商业渠道供铺货，团队促终端，拉动销售为主。县（市）区以下基础医疗机构的乡（镇）卫生院，村级卫生室（视为三线业务），由于我国推行基本药物制度，因此按基本药物模式为主，实行外省以招商、省内自建团队相结合的办法，将全国分为大本营、重点、一般三类市场。湖南具有地缘优势为大本营市场，河北、山东、浙江、广东、四川（含重庆）为重点市场，公司在大本营市场和重点市场加大投入，实施自建团队，加大网络、网点建设取得明显效果。已在湖南大本营市场和重点市场河北、山东、浙江、广东、四川（含重庆）以及江苏、上海、福建、河南、安徽、湖北、江西、云南、贵州、广西、东北三省、西北五省等 20 多个省（市）建立了销售网络，市场发展前景看好。

发展进入了快车道。公司拥有 65 个国药准批文，15 个国家基本药物，常年生产猴头健胃灵片（胶囊）、滋肾健脑液、蛇胆川贝枇杷膏、小儿智力糖浆、九味肝泰胶囊、宁心宝胶囊、小儿氨酚黄那敏颗粒、阿司匹林肠溶片等 20 多个品种。公司生产的“猴头健胃灵片（胶囊）、蛇胆川贝枇杷膏、小儿智力糖浆”三个产品是国家中药保护品种，“滋肾健脑液”属国家火炬计划项目，是国内独家生产品种，具有广阔的发展空间和前景。公司以“生产放心药品，诚对天下苍生”为己任，紧紧围绕“市场营销、技术创新、资本市场，基础管理”四篇文章，扎实开展工作，经营业绩呈持续增长态势。公司经营理念符合市场经济规律且思路十分清晰，发展前景看好。近几年，经营业绩持续保持了 30%~40%的增长率。

市场潜力前景巨大。在我国除台湾、香港、澳门地区以及西藏、新疆外的 28 个省（市），公司已在较发达的 18 个省（市）（包括北京、河北、山西、上海、江苏、浙江、安徽、福建、江西、山东、河南、湖北、湖南、广东、广西、重庆、四川、陕西）运用公司“A6 以”、“B6 以”、“基药”三种市场模式，建立了自己的销售渠道网络和终端网络，在 2020 年前，有望实现销售渠道网络 2215 家，实现销售终端网络 341505 家。其中“A6 以”模式“一线”业务省市级经销配送商 52 家，地市级分销配送商 172 家；“基药”模式“二线”业务省市级一级经销配送商 36 家，地市级分销配送商 414 家，县市级配送商 1277 家；“B6 以”模式“三线”业务（OTC）连锁省市级 54 家，地市级 210 家。在 2020 年前实现销售建有终端网络 341505 家，其中“A6 以”模式“一线”业务省市级终端 131 家，地市级终端 546 家，县市级终端 2550 家；“基药”模式“二线”业务，乡镇卫生院终端 26060 家，村卫生室终端 303140 家（注：随着新医改的深化，未来基本药物会覆盖省市、地市、县市二甲、三甲医院，因此“基药”终端网络会更多）；“B6 以”模式“三线”业务省市级（OTC）终端 2710 家（店），地市级（OTC）终端 1260 家（店），县市级（OTC）终端 5108 家（店）。如表 3-1 所示。

表 3-1　2020 年实现全国部分省（市）“一、二、三线”业务渠道、终端网络建设计划

序号	省（市）名称	设地（市）	设县（市）	总人口（万人）	“A6 以”模式“一线”业务渠道终端网络建设计划（家）					“基药”模式“二线”业务渠道终端网络建设计划（家）					“B6 以”模式（OTC）连锁“三线”业务渠道终端网络建设计划（家）				
					省市级		地市级		县市级	省市级渠道	地市级渠道	县市级渠道	乡镇村卫生院终端		省市级		地市级		县市级
					渠道	终端	渠道	终端	终端				乡镇卫生院	村卫生室	渠道	终端	渠道	终端	终端
1	湖南	14	88	6355	长沙 3	10	13	39	176	2	28	88	2300	34500	3	150	14	84	352
2	山东	17	91	9367	济南 3	8	15	45	182	2	30	91	1820	27300	3	240	17	102	364
3	河北	11	136	6943	石家庄 3	8	10	30	272	2	20	136	2700	29700	3	180	11	66	544
4	浙江	11	58	5060	杭州 3	7	9	27	116	2	22	58	1160	12760	3	150	11	66	232
5	江苏	13	52	7625	南京 3	6	12	36	104	2	26	52	1040	11440	3	120	13	78	208
6	福建	9	59	3581	福州 2	6	8	24	118	2	18	59	1180	12980	3	100	9	54	236
7	河南	17	109	9360	郑州 3	8	16	48	218	2	34	109	2180	23980	3	180	17	102	436
8	安徽	17	61	6118	合肥 3	6	16	48	122	2	34	61	1220	13420	3	150	17	102	244
9	广东	21	67	9449	广州 3	8	20	60	156	2	42	67	1340	14740	3	180	21	126	268
10	江西	11	80	4368	南昌 3	6	10	30	160	2	22	80	1600	17600	3	120	11	66	320
11	四川	21	138	8127	成都 3	8	17	51	248	2	42	138	2760	30360	3	150	21	126	552
12	重庆	/	21	2816	重庆 2	6	/	/	42	2	/	21	420	4620	3	210	/	/	84
13	上海	/	18 区	1858	上海 3	10	/	36	2	2	/	/	/	/	3	180	/	/	/
14	北京	/	18 区	1168	北京 3	10	/	32	/	2	/	/	/	/	3	180	/	/	/
15	山西	11	96	3294	太原 3	6	9	27	192	2	22	96	1920	21120	3	90	11	66	384
16	广西	14	75	4883	南宁 3	6	8	24	150	2	28	75	1500	16500	3	90	14	84	300
17	陕西	10	83	3674	西安 3	6	8	24	166	2	20	83	1660	18260	3	120	10	60	332
18	湖北	13	63	6001	武汉 3	6	11	33	126	2	26	63	1260	13860	3	120	13	78	252
合计		210	1277	100047	52	131	182	614	2550	36	414	1277	26060	303140	54	2710	210	1260	5108

着手开辟国际市场。我公司于 2014 年 7 月 4 日与美国“戈斯控股”、“福摩国际”在中国长沙签订《购买协议书》约定：我公司购买“戈斯控股”拥有位于美国阿肯色州康韦市 496 号公路 64E 100%的土地和房产，购买“福摩国际”70%无形资产。2014 年 7 月 24 日在美国阿肯色州注册登记成立了“新杜生物科技有限公司”和“新華国际有限公司”，9 月 18 日进行了资产交割，10 月在办妥工商、税务、银行登记和办理水、电、网络及员工聘请等各项手续后进入正常运营。根据对亚洲特别是中国市场及人口状况的分析，中国有 13 亿多人口，2015 年 60 岁以上老年人将超过 2.5 亿，到 2020 年将达到近 3.5 亿。中国已进入小康生活水平，人们生活水平不断提高，保健意识普遍提高。随着中国城镇化建设速度加快，到 2020 年中国城镇人口将超 7 亿以上，按 30%以上的人群注重保健、购买保健品的需求趋势分析，这是一个非常庞大的潜在市场。因此，我公司在开发领先新概念、新分子原料、新产品的同时，着手开辟国际市场，特别是中国市场和印度市场，在新華国际销售一部、二部的市场拓展部各安排 1 人做前期筹备工作，收集相关信息，2015 年起步，2017 年出口业绩将实现预期。

第四章　制定长远发展战略　让企业基业长青

第一节　制定技术创新长远发展战略

创新也叫创造，创造是个体根据一定目的和任务，运用一切已知的条件产生出新颖、有价值的成果（精神的、社会的、物质的）的认知和行为活动。“创新是带有氧气的新鲜血液，是企业的生命”，是经济结构调整、经济增长方式从资源依赖型向创新驱动型转变的重大战略任务。提升企业自主创新能力是实施创新战略的突破口。美国著名经济学家熊彼特（Joseph Schumpeter）认为资本主义经济的最本质特征是创新，资本主义不断突破自身的各种局限性和经常发生的经济危机，其最主要原因就是资本主义经济的自发创新的机制。纵观当代企业，唯有不断创新，才能在竞争中处于主动地位，立于不败之地。许多企业之所以失败，就是因为他们未能真正做到这一点[①]。

我公司早在成立之初，就确立了公司发展靠“走技术创新之路”，所以“创新”为经营理念。当初确立的“创新”理念虽属于广义的创新，有着管理、文化等各类创新之内涵，但技术创新是企业发展战略的核心，是提高企业综合实力的关键，是企业实现持续发展的根本，故走技术创新发展之路无疑是正确的。当公司解决了生存问题之后，需要谋划发展战略问题，唯有走技术创新发展之路。为了探索、寻找到制药（中成药为主）行业实施技术创新的方向和途径，我们认真学习研究国家发展医药产业的有关政策——国家《医药行业“十二五”规划》、

---

① 苏州读墅湖图书网《浅议企业创新的意义及内容》，发布时间：2007 年 4 月 30 日。

《国家生物产业“十二五”规划》中关于“大力发展生物技术药物、现代中药、突破生物技术药物产业化的技术瓶颈，开发自主知识产权产品，抢占世界生物技术药物制高点”的发展趋势和导向性意见要求，公司在这有利政策倡导下，确立了“立足现有产品为基础，依托公司猴头健胃灵产品实施公司技术创新‘三步走’战略目标”。

第一步：注重基础研究，为技术创新打好基础研发体系。

公司成立 10 多年来，在对已有产品生产经营的深入研究中发现：猴头健胃灵胶囊产品投放市场 20 多年（1989 年投放市场），患者普遍反映其疗效好，当进一步了解猴头菌丝体生产栽培过程时，初步发现该味君药生产栽培技术复杂，属微生物发酵技术生物转化类原料。由于历史的原因，过去没有条件进行药效成分检测，也无质量标准。因此，有必要对该菌丝体活性成分重新进行评价和基础研究，制订质量标准，规范栽培（发酵）过程，固定工艺，确保该菌丝体（原料）质量稳定。为此 10 年期间做了如下工作：

其一，2005 年实施猴头健胃灵胶囊剂改，申报猴头健胃灵片，于 2009 年获得生产批文，同时申请了该产品专利，并已授权拥有完全知识产权，为全国独家品种，此项的成功为公司发展创造了条件。

其二，2011 年对猴头菌丝体进行物质基础研究和活性重新评价，有重大发现：经多家具有资质的单位检测，猴头菌丝体含有菌类多糖、氨基酸、三萜、多肽等物质，含有以纤维素酶为代表的多种活性酶，含多种维生素及多种微量元素。经中南大学基础研究发现 50 多种化合物，经筛选、分离、提纯后含有多糖类、黄酮类、环二肽类、多酚类等很有特色的有效成分，研究结果表明该菌丝体活性成分体外实验具有明显抗癌作用。经美国罗斯威尔派克癌症研究所实验，并经上海药明康德新药研发公司实验证明，猴头菌丝体对治疗肝癌、胃癌、结肠癌、头颈癌均有明显效果，已申请 4 个抗癌药物专利。

其三，2012 年根据国家药典委员会课题任务安排，实施公司产品九味肝泰胶囊提升标准，拟定收载入《中国药典》2015 年版。

其四，2012 年根据国家药典委任务安排，《中国药典》2015 年版标准研究课题，国家级重大课题“菌丝类药材的遴选以及相关制剂标准制定研究”针对猴头健胃灵产品原料“猴头菌丝体”进行基础研究和制剂标准提升，现猴头菌丝体、猴头健胃灵胶囊、猴头健胃灵片三个质量标准拟定收载入《中国药典》2015 年版。

其五，2011 年公司与山西运城建峰菌类养殖场的实际控制人常耀台先生达成一致，由新汇制药出资整体收购运城建峰菌类养殖场，并投资 4000 万元新建生物工程中心，现已多批次大规模产业化，申请了国家 GAP 认证，自此公司拥有了猴头菌丝体原料生产和核心技术，为技术创新、研发新产品找到了一种可延伸研发的生物转化技术平台和原料。

其六，生物工程中心的建立，为公司技术创新、新产品研发创造了条件，搭建了三个“技术平台”：一是“生物转化”生产多种菌丝体或生物技术药物原料的技术平台；二是新药研发基础实验技术平台；三是中药（生物转化）二次开发技术平台。经过几年的探索，初步寻找到了走技术创新发展之路的方向和路径。为技术创新第二步打好了基础。

第二步：实施新药创制、建立新药研发项目执行管理体系。

公司坚定不移地走“创新求发展”的道路，10 多年来，培养、引进和造就了一支专业性配置好、年龄结构合理、创新意识强、职业道德好的医药研发创新团队，取得了一系列创新成果，被评为“长沙市创新型单位”、“长沙市企业技术中心”、“湖南省高新技术企业”。近期，公司获得“长沙市药用菌丝体工程技术研究中心”及“药用菌丝体综合利用湖南省工程实验室”，公司“创新胃药猴头健胃灵片产业化”被列入国家火炬计划，“食药真菌猴头菌培养物的新型固体发酵技术及产业化示范”被列入“十二五”农业领域“国家星火计划”。

公司投入 4000 万元新建生物工程中心，为技术创新、新产品研发创造了条件，搭建了三个“技术平台”。经过几年的探索，初步寻找到了技术创新发展之路的方向和路径，为技术创新打好了基础。公司正在集中优势技术力量，与中南大学、湖南中医药大学、湖南省食品药品检验研究院、美国布法罗斯威尔派克肿瘤研究所（Roswell Park Cancer Institute）等科研院所进行紧密的产学研合作，实施我省战略性新兴产业科技攻关项目“生物双向转化新型药用菌丝体的关键技术研究及产业化”，及长沙科技重大专项“中药创新关键技术研究——生物中药猴头健胃灵质量标准化关键技术研究”，已形成较系统的产学研管理体系。

由于制药行业的特点，技术创新（新药开发）投资大、风险大、周期长、门槛高、开发一个新药需要 6~8 年的时间且成功率非常低，获批不到 30%比例。在这样一种环境背景下实施技术创新（新产品开发）需要信心、勇气，持续地投入资金是技术创新的基本保证措施之一，公司自 2004 年以来，用于技术创新的费用开支占年销售收入8%以上。今后在财务预算时，用于技术创新的费用按销售收入平均不低于5%的比例安排，坚持持续投入不动摇。

第三步：实施成果产业化，打造完整产品专利链和产业链的产业体系。

公司在走好第一步和第二步的同时，考虑到未来的发展，公司坚持实施成果产业化，打造完整产品专利链和产业链，公司已经掌握如下核心技术，拥有近20项发明专利，拟在2020年形成100项专利，公司正在形成并不断完善专利链和产业链。

公司依据药用菌的特点，通过模拟药用菌的生存环境，实施了定向培养、生物转化、无菌对接、低温工艺四大技术的集成，创造了药用菌丝体的工业化生产中的多项关键技术，解决了药用菌丝体工业化生产及其浓缩纯化分离的技术难题，申请了多项专利和专有技术，实现了药用菌丝体的高效高产和活性药用成分的富集。

公司掌握了生物转化核心技术。通过生物转化培养生长"菌丝体"，在生物转化过程中不使用任何添加剂，完全利用农副产品自身营养成分作为培养基，通过接入不同菌种实施四级放大，并在经控制的温度、湿度环境下，使"菌丝体"得以健康成长，从而实现了"生物转化"，生产出各类"菌丝体"特殊原料。该工艺技术复杂，过程控制难度大，公司拥有完全知识产权，具有核心竞争优势。

公司掌握了"定向培养"核心技术。该技术采用高科技手段，实施"生物定向转化"（即定向培养），通过调整不同的"菌株"、营养基、培养基和环境控制，培养生长的"菌丝体"既能充分保留原中药或农副产品中所含的有效成分，又能在"菌丝体"生长过程中"次生"出高附加值的活性成分，这种"次生"长出获得的活性成分，在其他途径中（合成、植物提取）难以获得。该技术控制技术极其复杂，具有非常强的核心技术竞争优势。

公司掌握了"低温"工艺核心技术。传统意义上的中药成分及"菌丝体"的提取，是采用高温蒸煮的方式，经过浓缩、干燥、灭菌过程，而在高温条件下，活性成分损失。采用低温提取、浓缩、干燥、灭菌工艺技术，可最大程度保留活性成分。公司不仅掌握药用菌丝体的低温工艺技术，实现"无菌对接"，还掌握中成药的低温工艺技术，保证了产品的疗效，解决了行业技术难题，也具有非常强的核心技术竞争优势。

公司主导产品猴头健胃灵胶囊（片），具有核心竞争技术，从主要原料菌丝体种植过程到该产品的组方、加工工艺等各环节，都拥有自主完全知识产权。公司已实施该品种主要原料猴头菌丝体（菌丝体）GAP标准种植，及延胡索、香附、白芍标准GAP标准种植，已实现完整产品专利链和产业链。全国医保品种九味肝泰胶囊和独家品种滋肾健脑液，均拥有自主完全知识产权（均有2个以上发明专利），加上九味肝泰胶囊拟定收载入《中国药典》2015年版，已实现产品完整的专利链和产业链。

公司正在研发4个重大新药（6类抗幽门螺旋杆菌新药、5类抗肿瘤新药及2类抗血栓新药、2类幽门螺旋杆菌新药），预计分别在2017~2018年，争取获准临床批件。由于该4个新药的原料来源于生物转化及定向转化后的新原料，具有重大的药用价值，极具现代行业特色且属于生物技术药物，科技含量高，具有世界前沿技术水平，公司将彻底改变靠生产普药毫无竞争力的时代，进入生产高科技、高附加值并拥有自主完全知识产权所形成的产品专利链和产业链产品，实现走技术创新发展之路的战略目标。

第二节 制定人才队伍长远发展战略

我公司以人才强企的战略思想为人才队伍建设发展理念。在这一发展理念作用下，制定了《人力资源12字管理体系》，并把这个体系纳入公司“一二三工程”战略目标。其核心要务，是使公司所需人才“招得来，用得上，留得住，提得高”。贯彻实施《人力资源12字管理体系》：一是要认真研究公司的人才需求，做到规划在前，放开视野，拓展招聘渠道，设计和规范好招聘流程，达到能招得合格的人才来的要求。二是要按照公司岗位特点要求，招聘适合公司岗位的人才，认真考察招聘对象的综合素质，讲究人才质量，严格审核把关，严格实施入职培训程序，达到“用得上”的要求。三是要为录用人才创造条件，制定“感情留人、待遇留人、机制留人、环境留人”的用人政策，实现“留得住”的目标。四是为录用人才提供各种业务培训、学习深造机会，使录用员工在工作中完善提高自己，实现“提得高”的目标，并不断完善公司人才招聘、培训、使用、提高的“人才强企”机制，以热爱、立志药品销售的急需人才招聘（引进）、开发为重点，加快形成适应公司发展的人才群体和人才梯队。

一、把好“四道关口”

为实现我公司“招得来，用得上，留得住，提得高”的人才战略，建立起一支综合素质优秀、学历结构合理、专业人才充足、认同公司文化、适应我公司“市场销售、产品创新、资本市场、基础管理”等重大经营活动的人才队伍，我公司以2011年在册人员为基础，到2020年，员工队伍计划扩大到600~1000人，做到随时都能满足公司的各类人才需求，从而对公司“一二三工程”战略目标的实现提供人力资源支撑，从根本上提高公司在市场竞争中的核心竞争力。具体要围绕实现“四项目标”制定相应的战略措施，开展相应的工作。

（一）把好招聘关

（1）做好招聘规划。招聘的目的在于按照公司经营战略规划的要求，把优秀、合适的人员招聘到公司来，使公司拥有一定数量稳定性强、质量较高的人才。人力资源规划的重点在于对公司人力资源管理现状信息进行收集、分析和统计，首先要明确公司到底需要什么人，需要多少人，对这些人有什么要求，以及通过什么渠道去寻找公司所需要的这些人，这些都要进行详细规划。依据这些数据，结合公司战略，制定好公司当年和未来人力资源招聘工作的规划。

（2）选好招聘渠道。招聘规划明确后，结合岗位特点、难易、数量及时限等因素，并结合招聘成本综合考虑，进行渠道选择，可通过内部聘任、现场招聘、网络招聘、熟人及猎头推荐等渠道进行招聘，确保招聘效果。根据我公司历年招聘的做法，认真总结经验教训，有的放矢地开展招聘工作。一是扩大招聘渠道。首先要与省内相关大专院校、人才市场挂钩，把握好招聘时间，捷足先登选拔人才，进行人才储备。二是做好经常性的人才招聘信息发布工作，让更多的求职者响应公司的聘用。三是在公司内部有计划地摸底物色培育梯队人才。做到需要人才时能及时招聘到位，人才缺位时能及时替补。

（3）把好人才质量。对初试预录的招聘人员，必须进行严格的测试与面试，制定和实施好测试与面试的流程：一是组织好各种形式的考试和测验，确定招聘岗位的胜任能力特征。二是通过严格的测试，最后确定参加面试的人选，发布面试通知，做好面试前的准备工作。三是实施好面试的设置流程，不走过场。四是分析和评价好面试结果，综合评价，客观公正，讲究适合，宁缺毋滥，忌急于求成。五是慎重确定人员录用的最后结果，体检合格后正式录用，进入公司人才库。

（4）建好人才梯队。当现在的人才正在发挥作用时，未雨绸缪地培养该批人才的接班人，做好人才储备，当这批人才变动后能及时补充上去和顶替上去，而这批接班人的接班人也在进行培训或锻炼，这样就形成了水平不同的人才，成为人才梯队。既可以避免人才断层，保证有合适的人选接替这个位置；又可以形成人才磁场，大力宣扬公司招贤纳才的形象，有利于招到优秀的人才。

（二）把好使用关

（1）做好前期分析，有的放矢地招聘。人员招聘工作必须严格按招聘流程开展工作。首先，公司用人部门要向公司提出本部门用人需求申请，详细说明需要怎样的人才。其次，人力资源部门要严格设置好面试、复试、审查、体检、录用等选拔流程并制定好标准和要求，确实选拔出用得上、能胜任应聘岗位、能独立开展工作并能按计划完成工作任务，在工作过程中能为企业创造价值的合适人才。最后，招聘人员要通过针对性的笔试和面对面的交流，认真分析招聘对象是否具备胜任所聘职位（岗位）的实际能力，或认同公司文化，具备胜任所聘职位（岗位）的潜在能力。忌勉强凑数，急于求成，以尽可能减少招聘后用不上的概率。

（2）恰当配置人员，做到招之能用。所谓“用得上”，是指按照公司经营战略目标及相应岗位职责的要求，因岗招人，因岗配人，把合适的人放在合适的岗位，并对其绩效进行有效的考核管理。合理恰当的人员配置，就要做到人岗匹配，因岗配人。找到合适的人却放到不合适的岗位，与没有找到合适的人一样，会令招聘工作失去意义。人员配置工作，事实上应该在招聘需求分析之时就充分予以考虑，根据岗位“量身定做”一个标准，再根据这个标准招聘公司所需人才，配置工作将会简化为一个程序性的环节，确保所需人才招之能用。

（3）严格岗前培训，促进新员工适应岗位。新聘员工大都是刚走出学校大门的学生，进入企业，就进入了与学校全然不同的环境，对于分配的岗位及其操作流程，是非常陌生的，特别是 80 后、90 后的学生，多属独生子女，父母的惯养和宠爱无不在他们身上留下了印记。因此，对新聘员工需要进行耐心的岗前培训。当他们接受公司的统一培训分配到具体工作岗位后，需要公司或部门主管指派一名本部门业务能手进行传帮带，要手把手地带，不厌其烦地带，让新员工尽快走过从不会到会，从陌生到熟悉，从生疏到娴熟的磨合期。本部门所有员工都要对新员工投以热情的目光，伸出热情的双手，促进新员工适应岗位。（附《新员工入职培训方案》）

（三）把好留人关

（1）要创造就业良好环境。为员工创造良好的就业环境，这里指的是两个方面的环境。一是员工工作和生活的环境。创造这一环境，就是企业要搞好必要的基础设施建设。无论员工在公司从事哪种工作，首先要让员工能有基本的生活环境和良好的工作环境，让员工能快乐地工作，舒适地生活。所谓“良禽择木而栖”，就是这个道理。二是员工施展才华的环境。创造这一环境，就是企业要有一个符合市场需求并有发展潜力的主导产业。因为，企业本身具备良好的发展前景，对人才具有很强的吸引力。要让人才对企业的前景有信心，有了企业的大好前景，才有人才的用武之地，才有人才个人的发展空间。改革开放赋予了人才招聘的双向选择，有实力、有才华的人才同样需要慎重选择那些近期有目标、中期有规划、长期有发展前景的企业加盟。所谓“栽得梧桐树，留得金凤凰”，就是这个道理。可以断定，一个因循守旧、没有开拓进取精神的企业是吸引不了人才的。所以说，企业本身的发展规划与前景，是吸引人才、留住人才的首要环境。

（2）注重企业文化建设。积极向上、开拓进取的企业精神和企业文化，也是吸引人才、留住人才的一个重要方面。对新聘员工，首先要宣传公司“团结、进取、实干、创新”的企业精神，要全面灌输公司常规的“精神文化、制度文化、物质文化”，要灌输具有新汇特色的“诚信制药、完善自我、追求卓越”的诚信文化，让新聘员工全面接触、全面领会到公司文化的有机构成要素，从而有利于新员工一开始就能按照公司文化要求来规范自己的言行，使自己感到在公司能够“合群”，不至于因不理解公司的文化而产生思想上的“抵触”，并随时关注新员工的成长，尊重人才的创造性劳动，及时了解和总结新员工工作中取得的成绩，及时给予鼓励。与此同时，在日常工作和生活中，还要努力构建起公司与员工之间的和谐氛围，如有计划地组织员工旅游、节日聚餐、派送生日蛋糕、看望员工父母等福利活动，以增强公司的凝聚力和亲和力，让员工和人才产生归属感。

（3）制定薪酬晋升机制。薪酬是指员工为公司提供劳动而得到各种货币与实物报酬，是对员工业绩的肯定，是激励员工的最有效手段之一。制定薪酬提升机制，个人利益与公司利益紧密联系，个人业绩好，收入一定高。公司制定出薪酬策略，并通过工作分析、薪酬调查、薪酬结构设计、薪酬分级和定薪、薪酬制度的控制和管理等步骤，制定和利用合理的薪资福利机制，结合员工自身能力和特点，适时为员工提供晋升的机会，促进员工不断提高业绩，使员工留得住。同时，要保证薪酬公正公平。一个有效的薪资福利机制必须具有公平性，保证外部公平、内部公平和岗位公平。外部公平会使得公司薪酬福利在市场上具有竞争力，内部公平需要体现薪酬的纵向区别，岗位公平则需要体现同岗位员工胜任能力的差距。公平地肯定员工的业绩，会让员工获得成就感。对未来薪资福利的承诺，会激发员工不断提升业绩的热情，激励员工形成在公司长期发展的目标。

（4）构建员工成长平台。企业需要与员工特别是新入职的青年员工建立良好的沟通机制。一方面向员工灌输企业的发展思路，以及随着企业的发展将会为员工提供职位晋升机会，让员工看到企业的发展前景和个人在企业中的发展空间，更理解到企业已搭建或所要搭建的发展平台，是员工和企业共同发展的平台；另一方面及时掌握员工的职业需要，并通过培训和实践形式，让员工不断增强胜任岗位工作的能力，懂得公司内晋升的不同条件和程序，懂得个人在企业内发展的路径，懂得企业的发展与个人的成长息息相关，让员工看到自己在公司未来的发展前景与希望，使员工的职业目标和计划与企业的发展战略高度一致，使企业和个人之间形成最紧密的凝聚力，既有利于公司的需要，又加强了员工的忠诚度和稳定性。同时，人才也在这样的环境中得到了锻炼。要让人才实实在在地感觉到，只要努力进取，就有步步提升的希望和可能，就能够达到个人能力发挥的最好状态，从而实现自我价值的最佳体现。企业对个人的努力和成绩的肯定，是对人才的最好激励。个人有不断发展的空间，有努力的方向和目标，这样的企业环境有利于留住人才。

（四）把好培训关

（1）培训是不可或缺的战略性投资。培训员工是企业通过学习、训导的一种手段来培养员工，是企业人才队伍建设永恒的主题，是企业的战略性投资，以提高员工的工作能力和知识水平，最大限度地使员工的个人素质与企业的工作需求相匹配，帮助员工胜任工作并发掘员工的最大潜能，促进员工工作绩效的提高。一家企业，培训工作是持之以恒的一项战略性工作。新员工要不断实践，不断总结，进行阶段性培训；老员工要适应市场形势的变化，适应公司战略的调整，需要不断调整思维方式，不断提高生产和工作技能，进行与时俱进的培训。要以战略眼光培养人才，多层次、多渠道、多形式地广泛开展继续教育，既要培训内向型、专业型人才，又要培养外向型、复合型人才。

(2) 培训是“提得高”的重要途径。公司为录用员工提供实习机会（实习生），让实习生在实践中得到从理论到实践的提高；公司为录用员工提供培训和继续培训的机会，即通过公司人力资源部门组织专业人员对新聘员工进行岗前培训，通过部门负责人及专业技术人员对新上岗员工进行岗位培训和实践培训，让新员工掌握相应专业技能、技巧，从而得到提高；公司提供参加各种外派参观、培训、考察、学习的机会，让员工学习先进管理经验和技术水平，管理水平和技术技能得以提高；依据月工作计划及岗位职责考核细则对录用员工每月进行月计划评定和月工作考核，在评定和考核中不断总结经验和不足，从而使新聘员工在工作中得到完善和提高，这是确保新聘员工能够“提得高”的重要方法和必经之路。

(3) 强调企业学习培训的针对意义。一般来说，员工培训内容多以公司企业文化培训、规章制度培训、岗位技能培训以及管理技能培训为主，也可根据企业阶段性目标需要，开发相关的培训课程，注重培训的针对性和实效性。为实现人力资源战略的发展目标，企业培训机构要针对企业发展现状及未来对员工的培训作出总体设计与安排，要根据公司各阶段的关键性工作，有针对性地组织培训，突出重点、难点，确保公司整体发展战略的实现。要对员工培训需求进行分析，弄清谁最需要培训，培训什么，以及需要进行什么样的培训，把每次培训安排在关键环节，准确判断培训价值并及时进行培训效果评估，培训一次，总结一次，不断完善，为今后培训提供依据。

(4) 构建企业学习培训的良好氛围。我公司“一二三工程”战略目标中“三”的含义是指“三高”，即一是公司主打产品附加值高，二是员工队伍综合素质高，三是员工福利待遇高，把“员工队伍综合素质高”摆到了公司战略目标的重要位置，并要求“分类别”、“分阶段”实施培训。培训机构要根据公司中高层管理团队、技术创新团队、营销团队及各类管理人员和生产员工团队的特点和需求，从文化（企业文化）素质、业务素质、思想素质多方面进行规划，运用自学、讨论、集中授课、外训、在职培训等不拘一格的方式，开展学习培训工作。要创造员工学习培训的良好氛围，让员工感受到：接受公司培训是公司求发展的需要，更是个人求进步、求成长、求生存的需要，并感受到参加培训会踏实、自豪，不参加培训会遗憾、失落。从而使员工不放弃公司给予的培训机会，通过培训获得提高。

二、掌握“四个原则”

我公司人力资源管理的根本目标就是要“招得来，用得上，留得住，提得高”。要实现这一目标，重要的问题是还要考虑“招什么样的人，用什么样的人，留什么样的人，培养什么样的人”的问题，既要保证尽快建立起适应公司需要的人才队伍，又要保证人才队伍的高质量。人力资源部门在实际操作过程中需要把握好四个原则。

（1）坚持高起点、高标准的原则。人才高的核心是高层次、高素质、高效用的人才。大力培养具有专科及以上学历，对公司发展具有较强适应性和支撑性的高层次人才。重点培养理论功底扎实、实践经验丰富、工作业绩突出的企业管理人才、销售管理人才、创新科技人才，初步形成公司高层次人才群体。

（2）坚持有目标、抓重点的原则。以公司经营结构战略性调整对人才的需求为原则，重点围绕市场营销、技术创新、资本市场、基础管理“四篇文章”，有计划地引进、培养、选拔专业人才，促进公司的人才储备。

（3）坚持梯队式、长效性的原则。遵循“长期开发，重点培养”的人才培养策略，注重公司各系统人才队伍的建设，采取多形式、多渠道的培养方式，努力提高现有人才的基本素质和操作技能，大力培养具有发展潜力的年轻人才，储备后续人才资源，提高公司竞争实力，增强公司发展后劲。

（4）坚持政策性、市场性的原则。按照“有利于优秀人才集聚，有利于优秀人才脱颖而出，有利于优秀人才发挥作用”的要求，制定公司人才队伍建设的相关政策，建立健全公司人才开发体系和运行机制，完善和优化用人机制，以市场需求配置人才，以市场机制开发人才，建立人才资源库，实行人才动态管理，促进高级人才脱颖而出。

三、用活“两种机制”

通过以招聘大专院校应届毕业生为主，同时吸纳社会实用人才和内部培养相结合的方式，加快培养一批认同公司文化，具有创新精神、市场意识和经营管理以及解决实际问题能力的后备管理人才，为公司提供强有力的人才保障。在人才的引进、储备、使用过程中，要建立和灵活使用好两种用人机制。

（1）人才分类机制。首先要盘活存量人才，要对企业现有在岗人员改善人才结构，培植与锻炼各类人才，使人才在产业结构、职业分工等各方面趋向合理；其次要培养实用人才，要在现有人才中，挑选可以造化的人才，加以重点培养，减少人力成本；再次要引进专业人才，要针对公司经营管理和专业技术人才的需求，加大引进的力度，建立畅通的人才引进渠道；最后要留住核心人才，加强对核心人才的开发，加强对核心人才的再造，加强人才良好工作生活环境的营造。

（2）人才激励机制。创造激励人才队伍成长的良好环境，鼓励人才竞争，有计划地培养、选拔、奖励优秀人员。对作出较大、特大贡献的，给予精神和物质奖励，营造“危机永存、激励同在”的工作氛围。建立年度激励考核机制，在公司全体员工中建立年度激励考核机制，以充分调动公司管理者和全体员工的积极性、创造性和自觉性，通过公开、公正、公平地评估每一位员工的工作业绩，从而发现人才、吸引人才、留住人才、使用人才，带动和提高公司整体工作效率和效益。在采取一般性激励机制的同时，我公司按照公司“诚信制药—完善自我—追求卓越”的诚信文化理念，采取了在员工中选拔、培养“新汇骨干员工”、“新汇精英员工”的特别激励措施，并制定了《新汇骨干、新汇精英员工管理办法》。该《办法》按规定的选拔流程，在员工中物色选拔出员工总数的15%为“新汇骨干员工”，物色选拔出员工总数的5%为“新汇精英员工”（其中营销、技术创新、管理、生产技术、质量管理等不同岗位各占相应比例）。公司还制定了 “骨干员工、精英员工”通用部分、专业部分的选拔标准，制定了“骨干员工、精英员工”培训学习、职务晋升、免费旅游等激励措施以及各类非正常补贴措施。如：①新汇骨干、精英员工设工龄工资，其中新汇骨干每年增加约定数额的工龄工资，新汇精英每年增加约定数额的工龄工资，年终一次领取。②新汇精英纳入公司特殊津贴管理人员名单，公司为新汇精英建立独立账户，每年予以存入约定数额的特殊津贴，该特殊津贴在员工退休后领取。③公司为新汇骨干、精英员工建立独立的账户，每年给新汇骨干存入约定数额的金额，给新汇精英存入约定数额的金额，该员工在公司工作3年后，可支取40%，6年后可支取60%，12年后可支取80%，20年后可支取100%。未满20年已到退休年龄的，该特殊津贴在该员工到达退休年龄时按年限领取。④公司精英、骨干员工正常工资、奖金待遇不受此影响。新汇精英、骨干员工均须与公司签订协议，履行协议职责内容，公司对新汇精英、骨干员工按综合考核评审表进行动态考核管理。

多年来，我公司以人才强企的战略思想为人才队伍建设发展理念，强化了公司所需人才“招得来，用得上，留得住，提得高”的人力资源管理原则，用活了人力资源管理的激励机制，始终把建设“肯负责、能吃苦、会管理、要求严、标准高”的团队新形象作为公司人才队伍建设和企业文化建设的出发点和归宿点，打造了公司的核心团队，凝聚了广大员工的爱岗敬业精神，在员工中创建了与为实现公司战略目标的企业价值观和企业精神相适应的企业文化，新汇团队已成为一支相对稳定的、风雨同舟的“新汇人”团队，为公司打造“百年老店”，为实现员工的美好愿景作了人才队伍铺垫。

第三节 制定企业总体长远发展战略

我国的中小企业是国内最活跃的经济体之一，但其存在的平均寿命却不长。China Hrkey 发布《中国中小企业人力资源管理白皮书》（2012 年 9 月 5 日）：1158 万个中小企业，平均从业规模仅为 13 人。中国中小企业的平均寿命仅 2.5 年，集团企业的平均寿命仅 7~8 年。那么寿命短的原因是什么呢？我认为，首要的问题是没有战略，因为战略解决企业做什么和达到什么目标的问题。但凡短命的中小企业大多很少有清晰的战略，很多企业在发展中并没有自身的长远发展战略规划，只是步入其他企业的后尘，这样就只是拼价格，靠价格竞争取胜，由此导致无序竞争和过度竞争。

我于 2002 年创建新汇制药，当时的初衷是要拯救这几百名下岗职工，先做规模，要把新汇制药作为做成较大规模的健康产业的核心龙头企业来抓，让这一批弱势人群解决生活着落问题，尔后再考虑盈利。2008 年，我开始考虑企业第二个 10 年（2011~2020 年）的长远战略目标。

我把新汇制药总体上的长远战略目标定位为“一好、二多、三高”战略目标，简称“一二三工程”战略目标，即“一好”：公司效益好；“二多”：公司主打产品专利多，公司销售市场渠道、终端网络多；“三高”：公司主打产品附加值高，员工队伍综合素质高，员工福利待遇高（详见本书附录 5：湖南新江制药股份有限公司《"一二三工程"战略目标》。2011年，公司基本走出困境并且开始盈利。于是，我将已经成型的新汇制药《"一二三工程"战略目标》按程序交由我的高管团队、中层干部讨论，得到了高管团队和中层干部的一致赞成并开始试运行和进一步完善。大家充分认识到，一定要结合自身的发展需求，制定出符合自身总体上长远发展的战略规划体系，并将其付诸实施，让员工们对企业的发展前途和个人的美好愿景充满信心，共同抵御发展过程中的风险因素。

2012年下半年，我公司发展形势看好，产品市场占有率大幅提升，这时我屈指一算，公司寿命不仅远远超出了当年相关统计数据显示的"中国中小企业的平均寿命2.5年"的寿命期，并已超出了"集团企业的平均寿命仅7~8年"的寿命期，我对此感到欣慰和自信。遂于2012年12月正式行文决定实施《"一二三工程"战略目标》。公司总体上的长远发展战略在公司各个层面产生了强烈反响，一股推波助澜的正能量暖流在员工中迅速传播……

2012年，对于我来说，是一个值得记载的年份，因为我已经62岁，这个数字标志着我已进入老年。"老骥伏枥，志在千里"，忆往昔，我许多次用曹操的这句经典名句鼓励和比喻有志向的人虽然年老，仍有雄心壮志，曾几何时，就轮到用这句名言来勉励我自己了。这一年，以新汇制药为核心龙头的健康产业链已初具雏形，我需要腾出大量精力考虑如何完善健康产业链运作格局，与此同时，我继成功创建安塑A股上市公司经营12年后，创建新汇制药又成功经营10年，我需要把新汇制药的管理进行梳理，以利于传承下去。所以，这一年我把新汇制药核心龙头企业的管理权委任给了我的儿子何承东。

我儿子何承东生于1978年6月，1999年9月毕业于湖南商学院，在职进修华东理工大学高级管理人员工商管理硕士学位（EMBA）。1999年9月至2000年12月就职于湘财证券昆明营业部任营业部交易员；2000年1月至2003年8月调湘财证券深圳营业部任交易部经理；2003年9月至2004年7月赴英国留学深造；2004年8月回国协助我办企业闯市场，任新汇制药有限公司总经理助理至2007年12月；2008年1月至2010年12月任新汇制药有限公司营销副总经理；2011年1月至2012年12月接任新汇制药股份有限公司董事长兼总经理；2013年1月至今任新汇制药股份有限公司董事长兼新汇医药有限公司总经理。何承东任职以来，认真落实董事会各个时期的战略举措，诚对员工，诚对客户，诚对社会，主政公司取得长足发展，2013年获"中国诚信优秀企业家"称号。无论从产权的角度还是从职位的角度来看，主政新汇《“一二三工程”战略目标》的接班人理所当然就是何承东。

2012年12月4日，新汇“一二三工程”战略目标骨干培训班开班，公司班组长以上干部110余人参加了这期培训班。在开班典礼上，何承东以湖南新汇制药股份有限公司董事长兼总经理的身份作了题为《树起新汇发展的风向标》的致辞，他的致辞有深度，有高度，实实在在，激情昂扬，引起了培训班全体人员的共鸣。现收载于本书，与读者分享。

初冬时节，溢彩流丹。在这丹枫欲燃之季，湖南新汇制药股份有限公司“一二三工程”战略目标骨干培训班隆重开班了！这期培训班，是公司继往开来，描绘未来，决定公司未来发展战略目标的谋划班。今天，我们有幸请到我国资深专家，尊敬的原湖南省中医药管理局袁局长和中南大学药学院谭院长，对他们的到来，让我们表示最热烈的欢迎和衷心的感谢！同时，向光荣参加本期骨干培训班的同志们致以亲切的问候，预祝公司“一二三工程”骨干培训班圆满成功！

星移斗转，光阴似箭，在新汇的历史上，日月已轮回了10个春秋。10年坎坷，10年奋斗，忆往昔峥嵘岁月！在新汇制药沧桑的岁月里，公司老板志存高远，忠心赤胆，凭着诚信创新和追求卓越的理念，凭着坚韧不拔和牢不可破的信念，带领国企改制重新上岗的弱势群体，整体搬迁，巨资重建，身体力行，改革创新，闯荡市场，攻坚克难，自强不息，敢为人先，亲手描绘新汇的壮丽蓝图，执着打造新汇的美好前景。10年拼搏，10年磨炼，今回首壮志宏图展！“市场营销”渠道网络不断拓展，2011年销售收入首次实现5000万元，2012年有望突破1亿元；“产品创新”树起了标杆，生物工程基地建设不久将竣工投产，生物技术药物将开创湘药新纪元；“基础管理”进一步夯实，诚信构建不断丰富内涵，可谓一年一个新局面，年年都有新光环；“资本市场”帷幕已拉开，利税指标一年一个新台阶，昭示着公司健康持续发展的前景灿烂。10年付出，10年成长，“四篇文章”荡气回肠。

“莫道凯旋举杯时，策马扬鞭再奋蹄。”回眸公司过去的10年，是艰苦创业的10年，是新汇人同舟共济的十年，是打造新汇“百年老店”固本强基的十年。审视新汇当前的发展态势，自己与自己相比，我们在不断进取，已看得见美好前景的曙光，已领略到美丽新汇的希望，我们为公司渡过难关而自豪，但我们决不能有丝毫的自满。要保持清醒的头脑，充分认识到“山外青山楼外楼，强中更有强中手”，在市场经济的大风大浪里，在你死我活的行业竞争中，我们仍然是非常脆弱的。“骄兵必败，哀兵必胜”，我们必须时刻保持着生存的危机感，牢牢记住公司业主的告诫“在市场经济条件下，必须天天保持竞争的态势”，唱好时代主旋律，念好公司《市场经》，马不停蹄，激流勇进！

当今社会，“高天滚滚寒流急”，世界风云变幻莫测，国内发展迅猛异常。在世界多极化与经济全球化的发展趋势下，一个国家，一个民族，一个企业，“道路决定命运”，“落后就会挨打，发展才能自强”。一个企业的道路选择正确与否，将决定企业的兴衰沉浮，企业离开了发展，就会出局，就是死路一条。

对于公司而言，今天是个特殊的日子，本期骨干培训班是一期特殊的培训班，公司业主、我们尊敬的老板将对大家进行公司“一二三工程”战略目标的培训，为我们诠释公司“一二三工程”战略目标的基本内涵和目的要义。公司“一二三工程”战略目标的确立和全面推进，其根本目的就是要解决我们公司选择什么道路的问题，就是要解决我们公司朝着什么方向发展的问题，就是要解决我们公司几百人汇集在一起做什么、怎么做、做到什么程度、达到什么目标的问题。公司决定实施的“一二三工程”战略目标，是公司立志做大做强的宣言书，是公司快速持续发展的风向标，是新汇员工梦寐以求的共同心声。本期培训班完成的使命，将在新汇制药的发展史上树起一座前进的里程碑。

公司“一二三工程”战略目标，自2008年形成概念性雏形开始，这一良好的理念基础和永恒不变的创业初衷，历经了长达四年实践的检验和认证，通过分析时刻变化的国际国内形势，特别是面对国家新医改的发展趋势，联系本公司实际，到2012年充实内涵和最终完善定型。公司“一二三工程”战略目标，凝结着公司业主的不懈追求和苦心耕耘，饱含着公司业主科学治理的决策精髓，充满着公司业主领航企业走上一条正确道路的理念和灵魂，昭示着新汇制药未来5~8年将发生深刻变化的锦绣前程。这一创造性的战略目标，是公司业主呕心沥血的结晶，是公司持续发展的创业丰碑，是公司赋予全体员工的历史使命。

公司“一二三工程”战略目标的文案，首先以征求意见的形式书面印发到公司高层，公司各位高管认真学习解读后，深刻领悟了精神实质。充分认识到：经充实完善后的公司“一二三工程”战略目标，其涵盖的内容既符合国家政策方针，又紧贴公司的具体实际，既展示了公司的宏伟蓝图，又体现了员工的愿景追求，既具有高瞻远瞩的战略性，又具有切实可行的操作性。深刻领会到：公司“一二三工程”战略目标定位准确，方向正确，目标明确。其根本宗旨是——公司效益好，员工待遇高；其核心要务是——队伍素质实现全面提高，市场份额实现明显扩大，产品创新实现重大突破，竞争实力实现国内一流。

“黄沙百战穿金甲，不破楼兰终不还。”古为今用，借古喻今，古人如此不辱使命，我们公司这期骨干培训班的骨干们，要积极效仿古人忠于职守、不负重托的豪迈气概和崇高精神，要把公司“一二三工程”战略目标这项神圣的使命铭刻在心坎上，溶化在血液里，落实到工作中。面对公司“一二三工程”战略目标，我们新汇的员工们，无论是团队还是个人，必须首先树立起神圣的使命感，排除杂念，轻装上阵，投身到实施公司“一二三工程”战略目标的热潮中。宏图绘就，使命在肩，让我们在公司业主的高度重视和亲自指导下，在公司董事会和总经理班子的带领下，在公司战略合作伙伴的大力支持和全体员工的共同努力下，让公司“一二三工程”战略目标在全体员工中形成共识，团结一心，共同树起新汇发展的风向标，激发活力，坚定信心，下定决心，不辱使命，朝着公司“一二三工程”战略目标指引的方向，努力成就我们共同的伟大事业，不达目的，誓不罢休！

让我们集中精力，共同聆听好公司老板对我们进行公司“一二三工程”战略目标的培训讲座，聆听好资深专家、教授的指导，全面实施公司“一二三工程”战略，让公司“一二三工程”战略目标在新汇制药这个团结、进取、实干、创新的大家园中开出鲜艳的花朵，结出丰硕的果实。“大鹏一日同风起，长风破浪会有时”，我们的目的一定要达到，我们的目的一定能够达到！（致辞完）

新汇“一二三工程”战略目标骨干培训班由我全程授课讲解，学员们聚精会神，不失时机，认真领会公司的战略目标，时而爆发出热烈的掌声。授课后按业务类别分组进行了讨论，大家畅所欲言，对公司整体战略目标充满信心。2013 年的春节文艺联欢会上，员工们热情洋溢，激情奔放，以“新汇是棵常青藤”为歌名，将公司“一二三工程”战略目标的精神主旨创作成文艺节目，载歌载舞，极具感染力，员工们纷纷学唱，歌词：

“新汇是棵常青藤，我们都是藤上的瓜，瓜儿连着藤，藤儿牵着瓜，藤儿越肥瓜越甜，藤儿越壮瓜越大；新汇的青藤连大家，藤肥瓜甜靠大家，大家齐努力，共同培育她，公司经济大发展，我们心里乐开了花；新汇好比红太阳，我们都是向阳花，花儿朝阳开，花朵磨盘大，不管风吹和雨打，我们永远不离开她；新汇的阳光照大家，我们播种幸福花，'一二三'工程，句句是实话，幸福的种子发了芽，幸福的种子发了芽；新汇的阳光照大家，我们培育幸福花，'一二三'工程，都是心里话，众手浇开幸福花，众手浇开幸福花!"

我自 2014 年 7 月 4 日与美国"戈斯控股"、"福摩国际"在中国长沙签订《购买协议书》约定后，我们一行几人即去了美国，7 月 24 日在美国阿肯色州注册登记成立了"新杜生物科技有限公司"和"新華国际有限公司"，9 月 18 日进行资产交割，10 月在办妥工商、税务、银行登记和办理水、电、网络及员工聘请等各项手续后，两个公司均进入正常运营，过春节才回公司。当我走进离开约有半年的公司，首先映入我眼帘的是公司电子屏上醒目的标语——2015 年工作方针：强化管理，提升业绩，进一步做好"四篇文章"，为实现"一二三工程"战略目标而努力奋斗！我明白，公司总体长远发展战略落地了！

第五章 “诚信构建统筹管理”效益综述

第一节 诚信的新汇

古人云，“以诚感人者，人亦诚而应”。诚心诚意，诚字的另一半就是成功。我收购国有破产企业湖南省湘民制药厂成立新汇制药有限公司后，引入诚信文化理念，创造了“诚信构建统筹管理”办法，实施“企业诚信文化建设与管理”，把诚信文化理念融入企业的各项管理工作。恪守诚信，靠诚心诚意起家，诚心诚意对待我的员工，诚心诚意对待我的客户，诚心诚意对待社会，“生产放心药品，诚对天下苍生”，使公司牢固树立了企业诚信形象。因而赢得了公司员工的理解和努力奋斗，赢得了社会的信誉，赢得了上级部门的大力支持，促进了公司各项工作的健康持续发展，打造了制药企业的诚信品牌。湖南省食品药品监督管理局以《简报》专辑形式就我公司诚信文化建设的做法向全省药监系统进行推介，我公司一跃成为湖南省药品生产企业诚信构建“A 类企业”的排头兵，有效地促进了全省药品生产企业的信用构建工作。

“真诚是通向荣誉之路”，湖南省食品药品监督管理局对我公司诚信构建典型做法的通报，一石激起千重浪，《当代商报》、《湖南在线》、《环球经贸》、《湖南人》、《新浪》、《星魂黄页》、《湖南品牌》、《商商通》等数十家报刊、网络媒体相继转载和发表评论，产生了良好的社会效益。

连年来，公司及公司产品先后多次受到所在地长沙市望城经济开发区、望城区委区政府以上的各级部门和社会团体的表彰奖励：2014 年被中共湖南省委宣传部等 4 个单位授予“湖南诚信企业”和“湖南诚信百强品牌企业”，被湖南省科学技术厅等4个单位授予“湖南省高新技术企业”；2013年被湖南省农村卫生协会乡镇卫生院管理专业委员会授予“值得信赖的合作伙伴”荣誉牌匾，被全国诚信单位光荣榜活动组委会等5个单位授予“中国诚信经营AAA级示范企业”；2012年被中和亚健康服务中心等2个单位授予“全国百项亚健康中医调理技术推广示范单位”，被湖南省品牌信誉调查中心等2个单位授予“湖南省诚信建设示范单位”；2011年被中国医药协会等5个单位授予“健康中国医药科技创新品牌企业”；2011年、2015年被湖南省工商行政管理局授予“湖南省著名商标”企业，被中国医药协会等5个单位授予“健康中国药品质量百姓放心品牌企业”；2010年被中国医疗卫生改革与发展研究会等7个单位授予“全国医药行业重合同守信用企业”称号…… 在公司产品方面：2014年公司产品猴头健胃灵片（胶囊）、九味肝泰胶囊、滋肾健脑液被湖南省质量技术监督局授予“湖南名牌产品”；2012年公司药食真菌猴头菌培养物（药食真菌猴头菌培养物的新型固体发酵技术及产业化示范）被科学技术部星火计划办公室列入“十二五农业领域国家星火计划项目”（项目编号2012GI770005），“滋肾健脑液亚健康调理技术”被中华中医药学会等2个单位选入2011年度首批百项亚健康中医调理技术，被中和亚健康服务中心等2个单位定为“亚健康专干预产品示范基地”；2011年公司产品创新胃药猴头健胃灵片产业化被科学技术部火炬高技术产业开发中心列入“国家火炬计划项目”（项目编号2011GH021644），公司产品猴头健胃灵片（胶囊）被中国医药协会等5单位授予“健康中国十佳肠胃用药品牌”；2010年公司产品猴头健胃灵片（胶囊）被中国民族卫生协会等2单位授予“新中国60年影响中医药事业发展的60品牌”，公司产品小儿智力糖浆被中华医院协会等2个单位授予“妇幼健康行业十大影响力品牌”，公司产品滋肾健脑液、九味肝泰胶囊、猴头健胃灵片（胶囊）被中国医药卫生改革与发展研究会等7个单位分别授予“全国十大最受欢迎亚健康用药”、“全国十大最受欢迎护肝药品牌”和“全国十大最受欢迎肠胃用药品牌”。

我公司开展“企业诚信文化建设与管理创新”，运用“诚信构建统筹管理”办法管理企业，促进了各项工作的发展，取得了良好的经济效益和社会效益。

（1）促进了创新发展。近几年来，我公司依据药用菌的特点，通过模拟药用菌的生存环境，实施掌握了定向培养、生物转化、无菌对接、低温工艺等四大技术的集成，创造了药用菌丝体工业化生产中的多项关键技术，解决了药用菌丝体工业化生产及其浓缩纯化分离的技术难题，申请了多项专利和专有技术，实现了药用菌丝体的高效高产和活性药用成分的富集。公司正在研发 10 个保健食品及 4 个重大新药（6 类抗幽门螺旋杆菌新药、5 类抗肿瘤新药及 2 类抗血栓新药、2 类幽门螺旋杆菌新药），由于该 10 个保健食品及 4 个新药的原料来源于生物转化及定向转化后的新原料，具有重大的保健及药用价值，极具现代行业特色且属于生物技术药物，科技含量高，具有世界前沿技术水平。公司将彻底改变靠生产普药毫无竞争力的时代，进入生产高科技、高附加值并拥有自主完全知识产权所形成的产品专利链和产业链产品。

（2）确保了产品质量。我公司开展的诚信构建工作之所以能确保产品质量，在于凡是涉及产品的质量，都有具体的条款与诚信岗位职责的考核、与诚信积分的奖扣分直接挂钩。也就是说，新汇产品的质量问题直接影响着员工的工资收入和其他所有福利待遇。公司规定：只要出现药品质量问题，一律采取“三不放过”的原则，即凡是公司产品出现质量事故，必须做到“事故原因不查明不放过，事故责任不分清不放过，事故处理结果和防范措施不落实不放过”；凡是公司产品出现质量事故，都要追究每个环节的责任，纵到底，横到边，凡涉及人员，无论是谁，绝不迁就，绝不手软，首先按诚信考核办法兑现，再按质量事故损失、影响程度进行责任追究。严格的质量管理，严格的诚信岗位职责考核对员工警钟长鸣，员工普遍养成了一丝不苟的工作作风，创造了公司连续 10 年产品市场检验合格率达 100%的好成绩。

（3）强化了社会责任。我公司是 2002 年 3 月 4 日在收购破产企业原湖南省湘民制药厂的基础上成立的新公司，对原湘民制药厂下岗职工进行了全员安置。在诚信理念的感召下，我公司克服自身客观存在的种种困难，“先天下之忧而忧，后天下之乐而乐”，坚持向贫困伸出援手，向社会提供资助。10 余年来，在依法收购原湘民制药厂，但并无义务对原湘民制药厂职工住房问题负责任的前提下，超责任范围努力为原湘民制药厂职工解决住房困难，即自立名目、自定规则，通过公司先期投入房款、发放住房补助、发放迁出补助、向房产部门申请经济适用房和房源、向房产部门申请廉租房指标和房源等多种方式，为原湘民制药厂 100 多户职工解决了住房困难；汶川大地震、玉树大地震抗震救灾以及政府部门、医疗卫生群团组织开展公益性活动，公司积极伸手援助，献出爱心。

（4）销售总量增加。我公司开展诚信构建工作以来，在广大新老客户中产生了深远的影响，VIP 客户不断增多，销售网络不断拓宽。2011 年公司销售收入首次突破 5000 万元，2012 年公司销售收入首次突破亿元大关，近年来保持了 30% 以上的增长率。

第二节　希望的新汇

当时代的步伐迈进 2000 年后，我国经济社会进入了全面建设小康社会时期。为适应社会发展，我于 2002 年投资成立了“长沙新泉新林商贸有限公司”，欲在满足人民群众日益增长的物质需求上有所作为，但面对突如其来的“湘民”破产倒闭的严峻现实，我毫不犹豫地调整了创业计划，迅速形成了“新兴健康产业，拯救弱势人群”的战略思路，紧接着投资创办新汇制药，在解决下岗职工就业燃眉之急的同时，从长计议，以新汇制药为核心龙头企业，逐步实施产业链延伸，以打造核心技术产品品牌，推进健康产业布局，确保公司做大做强，持续发展，基业长青。这就是我 2002 年退出亲手打造且正在兴盛时期的安塑集团，组建以弱势群体为基本队伍的新汇制药的初衷。因为，延伸健康产业链，实现企业可持续发展，这一长远的战略举措，与确保公司残疾人员稳定的就业岗位有着千丝万缕的联系。

通过 10 余年的努力磨合打拼，截至 2014 年，以新汇制药为核心龙头企业的药品生产、加工、销售和发展延伸，已形成了较为完整的健康产业链。在行业法律法规和质量管理规范上，已形成了从中药材 GAP—药品生产 GMP—药品经营 GSP 的有机连接；在其产业格局上，已形成了以湖南雪峰山药材种植产业为“药材原料供应环节链”，以新汇制药为西药、中成药、中药饮片加工的“药品加工环节链”，以新汇医药为药品销售商业公司的“药品销售和商业配送环节链”，以新森生物菌丝体有限公司等科研机构为健康产业技术创新中心的“研发创新环节链”，以美国新杜生物、新華国际（含福摩国际）为保健品原料和保健品加工的“保健品研发、生产和销售环节链”。目前，这一产业链正以新汇制药大本营为主动链，由此延伸的各个产业连接点为从动链，整体调控，方向一致，自成一体，运转自如，协调配合，相得益彰，正顺应时代的发展和人民的需求，在国家大健

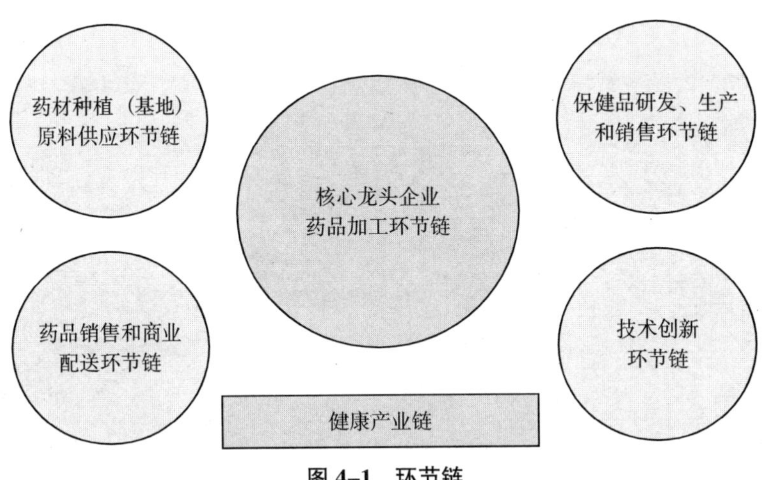

图 4-1 环节链

康产业的指引下健康成长，发展前景看好。

新汇制药为药品加工环节链。公司生产设备先进，生产条件优越，配备了中药提取浓缩、压片、填充和灌封等先进的生产设备，配备了高效液相色谱、气相色谱、薄层扫描、双光束自动扫描紫外分光仪等精密检验仪器，具备基本的实验、生产、检测和质量控制条件。公司是湖南省食品药品监督管理局“盐酸美沙酮口服溶液”特药唯一的定点生产企业，同时被省市相关部门批准设立“长沙市药用菌丝体工程技术研究中心”、“药用菌丝体综合利用湖南省工程实验室”。生产资质齐全，有中华人民共和国“药品生产许可证”，中华人民共和国《药品GMP 证书》，中华人民共和国 《药品 GMP 证书》（中药饮片），中华人民共和国《药品经营许可证》以及《制备盐酸美沙酮口服溶液备案批件》。公司拥有 68 个国药准字号批文，其中 15 个国家基本药物，主要经营以生物药用菌丝体为主要原材料的生物技术药物猴头健胃灵片、猴头健胃灵胶囊、滋肾健脑液、蛇胆川贝枇杷膏、小儿智力糖浆、九味肝泰胶囊等 20 多个品种品规的中成药，中药饮片以及系列生物保健食品，产品远销全国 30 多个省、市，经营业绩呈持续增长态势，年经营增长速度 30%以上。

新汇医药为商业配送环节链。公司于 2011 年 8 月投资收购了原长沙市药王堂医药有限公司，重组成立了湖南新汇医药有限公司。公司投资 2000 余万元于 2013 年按国家 GSP 标准新建了全新的仓储及办公大楼，目前仓储面积 5000 多平方米，并建有高标准冷库设施，配备了冷链运输车辆及设备。经过几年的经营，

图 4–2 湖南新汇制药股份有限公司

目前公司由原来 20 名员工的县级小医药批发企业成长为 60 多人的规模型医药商业配送企业。公司采取总经理负责制，负责公司全面运营及业务开展，设有市场营销部、采购中心、质量管理部、财务部、仓储运输部等部门，员工具备相应专业技能和多年业内工作经验。公司业务主要面向市场调拨及终端配送，同时包含临床、基药、OTC 连锁及中药饮片业务，其中中药饮片为公司特色业务，建有符合国家 GMP 要求的中药饮片加工基地及中药种植基地。通过几年的努力，在湖南省内中药饮片市场以质量优异、价格适中闻名。公司现有配送车辆 6 台，完全适应长沙市范围内全覆盖的自主配送。同时建立了多条成熟物流线路，对省内及周边省份市场能够及时配送到位。公司业务覆盖全省及周边省份的大型医药流通企业，经营药品品种 2000 余个，中药饮片 500 余种，品种齐全，服务优良，配送及时，在省内医药行业占有一定地位，年销售收入已由原来的 1000 万元增加到 2 亿元。

创新中心为研发创新环节链。以湖南新森药用菌丝体科技有限公司、湖南省发改委批准的“药用菌丝体综合利用湖南省工程实验室”、长沙市科技局批准的“长沙市药用菌丝体工程技术研究中心”为健康产业技术创新中心，是公司健康产业链中的研发创新环节链。公司投资 4000 余万元新建了生物工程中心，开展了卓有成效的技术创新工作：狠抓了基础研究，建立了为技术创新打好基础的研发体系；实施新药创制，建立了新药研发项目执行管理体系；实施成果产业化，打造完整产品专利链和产业链的产业体系。打造了“三个”技术创新平台，即药

图 4–3 湖南新汇医药有限公司

用保健品生物转化“菌丝体”研发平台、“新药创制”研发平台、中药二次（生物转化）开发平台，为公司健康产业实施技术创新，为实现健康可持续发展创造了条件，现已多批次大规模产业化，申请了国家 GAP 认证，拥有猴头菌丝体原料生产和核心技术，为技术创新、研发新产品找到了可延伸研发的生物转化技术平台和原料。

图 4–4 湖南新森药用菌丝体科技有限公司

雪峰山药材种植为药材原料供应环节链。在具备了优质产品、产品加工、产品市场、产品配送等优势条件时，面对目前我国中药材原料市场管理不尽完善，流通领域里以次充好、以假乱真时有发生的现象，为确保公司中药材原料的质量，致力保持优质中药材供应，成为我公司新的研究课题。为建立新汇大品种猴头健胃灵、蛇胆川贝枇杷膏等产品及新汇药用菌丝体加工生产的药材原料示范基地，实现公司健康产业的生产、加工、销售（出口）一条龙计划，实现新汇制药的制药原材料大部分自给；控制影响药材生产的各种因子，规范药材生产各环节及至全过程，保证中药材的真实、安全、有效和质量稳定，确保公司产品药材原料质量达标，实现公司产品质量可追溯。公司利用湘西南雪峰山适宜种植中药材的地理环境、气候条件以及当地政府实施国土开发的有利因素，在雪峰山所在地洪江市注册成立"湖南新汇雪峰山药材种植有限公司"，以雪峰山药材种植产业为基础，采取"公司+育种场+专业种植场"的发展模式。按国家 GAP 标准发展药材种植基地，形成健康产业链中的药材原料供应环节链。目前已按照国家中药材 GAP 要求，建立 2000 亩中药材育种基地核心园区，实施药材种子培育和规范化栽培，以做到种苗、种子自给，建立 10000 亩药材栽培基地，计划 2020 年内，药材种植面积达到 50000 亩，10 年内药材种植面积达到 100000 亩以上，发展成为省内最大的中药材种植基地，总产值 10 亿元以上。

美国新杜生物、新華国际为保健品研发生产销售环节链。10 多年来，我公司创新研发团队研究发明的生物转化及定向转化后的新原料，具有重大的药用价值，为现代行业极具特色且属于生物技术的药物原料，科技含量高，具有世界前沿技术水平，我公司将彻底改变靠生产普药毫无竞争力的时代，进入生产高科技、高附加值并拥有自主完全知识产权所形成的产品专利链和产业链产品，在技术创新发展的路上迈出了坚实的步伐。随着全球性资产配置时代的来临，依据《国务院关于鼓励和引导民间投资健康发展的若干意见》（国发［2010］13 号）的有关精神，为充分利用、多途径转化具有世界前沿科技水平的生物技术药物原料科技成果，我多方捕捉信息，购买了美国"戈斯控股"和"福摩国际"（保健食品公司），在美国阿肯色州注册成立了新杜生物科技有限公司、新華国际有限公司（含福摩国际），全面启动了两个公司的业务运营，公司研发的药用、保健品用生物转化菌丝体已在新创建的美国新杜生物科技有限公司、新華国际有限公司（含福摩国际）投入生产。这两家公司以保健品研发、销售为主业，按照美国

图 4-5　湖南新汇雪峰山药材种植有限公司 2014 年新开发的塘湾药材种植基地

FDA 颁布的保健品生产标准，实施保健品原料和保健品的生产加工，实现资源优势和市场优势的中外互补，使生物健康产业成功走出国门，形成了健康产业链中的保健品研发、生产和销售环节链。健康产业链正以新汇制药为主动链，由此延伸的各个产业链，整体调控，方向一致，自成一体，运转自如，协调配合，相得益彰，正顺应时代发展和人们需求，在国家大健康产业指引下健康成长，展现出勃勃生机和美好前景，在公司广大员工中产生着强大的凝聚力。

图 4–6　美国新杜生物科技有限公司、新華国际有限公司一隅

“大鹏一日同风起，扶摇直上九万里。”

党的十八大报告对医疗卫生事业说法最多的是围绕“健康”二字做文章，十八大对“健康”的新诠释划开了医药产业对未来的新构想。随着国家政策对“健康”理念的越发重视，国民对保健预防的意识与需求也将加强。纵观新汇制药健康产业链的形成，无疑以大健康创造了企业新的突破口，必将迎来历史的重大发展契机，创造更大的发展空间，在健康产业的路上越走越宽。希望的新汇，新汇的希望，“它是立于高山之巅远看东方已见光芒四射、喷薄欲出的一轮朝日”！

附录 1　湖南新汇制药股份有限公司内外零投诉规定

为强化公司内部管理，明晰岗位职责，规范工作流程，进一步细化公司诚信文化内涵，树立公司诚信形象，构建内外和谐氛围，公司就服务销售、生产和产品质量、财务结算、生产计划衔接、原辅材料供应、基本职业道德、维护公司利益等工作过程中有可能发生的内外投诉的范畴和内容作如下界定和规定，以遏制内外投诉发生，实现内外投诉发生率为零，并对发生的内外投诉采取相应的处理措施，以促进公司各项工作持续健康发展。

（一）内外投诉的内容

1. 关于“服务销售”投诉的内容

（1）“服务销售”的内部投诉包括下述内容：

第 1 条（A 级投诉）：对计划不合理影响销售发货的投诉。

第 2 条（B 级投诉）：对不及时按规定核销促销费用影响业务员信誉的投诉；

第 3 条（B 级投诉）：对不按规定要求及时为回公司开会（或办事）的业务员解决在公司宿舍住宿和在公司食堂就餐问题的投诉；

第 4 条（B 级投诉）：对业务员反映的市场情况未及时处理或未及时上报处理影响销售的投诉；

第 5 条（C 级投诉）：对营销中心各类协议、资料及各种证照存档管理不规范、不齐全的投诉；

第 6 条（C 级投诉）：对服务态度生硬，工作推诿，不利于工作推进的投诉；

第 7 条（C 级投诉）：对营销中心节假日未安排值班或值班人员值班时间不坚守岗位的投诉；

第 8 条（C 级投诉）：不按公司规定接待客户，在各环节造成客户不满意、或流失客户现象的投诉；

第9条（D级投诉）：对营销中心各部室统计的各种报表数据各类结算和提成不准确或不及时的投诉；

第10条（D级投诉）：对营销中心相关部门未及时传递所接收的（销售直接业务以外的）有关公司其他业务的传真、电话、邮件（含电子邮件）等信息资料的投诉。

（2）“服务销售”的外部投诉包括下述内容：

第11条（A级投诉）：对违背公司服务销售“三及时”原则的投诉。

第12条（B级投诉）：对不按协议约定时间及时给商务返利的投诉。

第13条（B级投诉）：对已知客户或业务员信息，传达不及时影响销售工作的投诉。

第14条（C级投诉）：对不及时发放资料或发放错误资料影响销售工作的投诉。

第15条（C级投诉）：对税票寄出不及时或寄出地址错误和寄出后无跟踪落实的投诉。

第16条（D级投诉）：对接听电话态度冷漠推诿敷衍或使用文明忌语的投诉。

2. 关于“生产和产品质量”投诉的内容

（1）“生产和产品质量”的内部投诉包括下述内容：

第17条（A级投诉）：对违背公司GMP“一二三四工程”规定造成生产和质控环节出差错的投诉。

第18条（B级投诉）：对错误使用包装或装错产品的投诉。

第19条（B级投诉）：对产品交货不及时或因产品检验不及时造成推迟发货影响销售的投诉。

第20条（B级投诉）：对中间产品不符合质量标准、无法上机以及工艺发生偏差不及时修改等影响产品质量的投诉。

第21条（B级投诉）：对QA员取样操作和QC员检验操作不规范，影响产品质量的投诉。

第22条（B级投诉）：对生产设备维护保养不及时造成带病运转、维修不及时以及校验不准确影响生产计划完成的投诉。

第23条（B级投诉）：对公共设施方面的电、空调（温度、湿度）、水（饮用水、纯化水、注射用水）、蒸汽（压力）、压缩空气等影响产品质量的投诉。

第24条（B级投诉）：对中间产品、待包装产品的储存、保管、中途运输等方面造成二次污染，增加灭菌次数，影响产品质量的投诉。

第25条（C级投诉）：对因管理不善造成车间、班组、上道工序与下道工序之间工作衔接或工作质量出问题的投诉。

（2）"生产和产品质量"的外部投诉包括下述内容：

第26条：药监、药检部门对公司产品内在质量进行抽检，对不符合标准规定的产品所印发的《通知》、《通报》等文书、网络资料视为公司产品的外部投诉；

第27条：对单位产品数量短少的投诉。

第28条：对产品直观上呈现异物（药物本身的或其他的）、破损、打码（无码、打码错误）、封口不严、外漏、玻屑以及未贴标签等外观性状的投诉。

第29条：对包装中装错药品（如甲药品中包装乙药品）或包装品错乱（如小盒、说明书、铝箔、小袋复合膜）等包装混淆的投诉。

第30条：对有可能伤害用户的不良药物事件引起的投诉。

第31条：对引起用户投诉的药物不良反应，虽不危害用户，但对公司不利或影响公司今后销售的投诉。

第32条：对出现直接或间接导致患者不适或导致患者致病等严重后果的投诉。

以上外部投诉，无论是书面的或口头的投诉，无论是否附有"问题产品实物"或"有关证明"的投诉，无论该用户是否具备投诉的正当理由，公司都予以高度重视，视情况采取相应处理措施（对产品质量的外部投诉不划定投诉级别，按照产品质量事故的程度，依据公司《产品质量事故应急预案》的"后期处置"相关规定追究相关责任人责任）。同时，公司内部发现销售至市场的产品存在质量问题也作"外部投诉处理"并迅速启动公司《药品质量事故应急预案》。

3. 关于"财务结算"投诉的内容

（1）"财务结算"的内部投诉包括下述内容：

第33条（A级投诉）：对业务员有合格票据并已办理审批手续的结算，在1个工作日内未出结算表的投诉。

第34条（B级投诉）：对通常情况下未按规定时间在规定范围内发放工资的投诉（在各种审批手续齐全的情况下，每月15日为工资发放日，遇节假日顺延，有特殊情况作临时性解释）。

第35条（B级投诉）：不按规定及时给退休人员办理退休，不及时办理应缴社保、医保的投诉。

第36条（B级投诉）：对质控部已经“放行”和仓库已开“入库单”的成品、半成品在规定的每月28日结算中没有结算计件工资的投诉。

第37条（B级投诉）：对节假日发货，相关人员通信不畅通影响发货的投诉。

第38条（C级投诉）：对1个年度终了后的3个月内没有及时上交应交的财务结算资料到档案室的投诉。

第39条（D级投诉）：对已经按照“盖章管理制度”履行了审批程序而不能及时办理盖章手续的投诉。

（2）“财务结算”的外部投诉包括下述内容：

第40条（A级投诉）：对服务态度恶劣和出口伤人行为的投诉。

第41条（B级投诉）：对客户提供的已经审批的合格票据在1个有效工作日内没有及时支付的投诉。

第42条（B级投诉）：对客户的结算，有合格票据并已办理审批手续，在1个工作日内没有出结算表的投诉。

第43条（C级投诉）：对客户开发票时，当客户提供的证照齐全，针对不同的客户和发票管理制度，不按公司规定，没有及时开出发票的投诉。

第44条（C级投诉）：对结算错误的投诉。

第45条（D级投诉）：对供应处已提供经审批的合格票据和入库单而财务在两个工作日内不能确定应付账款供应商余款的投诉。

4. 关于“生产计划衔接”投诉的内容

第46条（A级投诉）：对月生产计划下达不及时、不准确，造成供应部门采购原辅材料被动导致影响销售发货的投诉（生产技术处每月20日拟定下月生产计划并制定物料使用量报供应处）。

第47条（B级投诉）：对月生产增量计划衔接不及时，造成供不应求，不能按时发货的投诉（生产技术处每周至少3次主动与营销中心市场部衔接，及时掌握临时性市场需求，及时调整计划安排并采取日调度，确保按时供货）。

第48条（B级投诉）：对月生产计划缺乏过程督促管理，影响和延误下道工序运行直至影响发货的投诉（生产技术处应经常过问各车间生产进度，提高生产效率，杜绝停工待料）。

第 49 条（B 级投诉）：对在公司“产品质量事故”突发事件中不积极主动投入公司《产品质量应急预案》程序造成事态扩大的投诉（生产技术处在实施公司《产品质量应急预案》中不得以任何借口拒绝或延缓）。

第 50 条（B 级投诉）：对不按《国家安全生产法》和公司相关“安全规章制度”组织生产造成一般性安全事故发生的投诉（发生重大安全事故按《国家安全生产法》和公司相关“安全规章制度”处理，生产技术处要严格按安全操作规程指导生产）。

第 51 条（C 级投诉）：对月生产计划分解不合理、不准确，影响车间有序运转的投诉（生产技术处每月应根据生产计划按品种、分车间分解并检查任务分解的合理性及准确性）。

5. 关于“原辅材料供应”投诉的内容

第 52 条（A 级投诉）：对原辅材料供应不及时影响生产进度和影响销售发货的投诉。

第 53 条（B 级投诉）：对原辅材料供应不合格或质量不稳定或不符合 GMP 标准并影响生产和销售的投诉。

第 54 条（B 级投诉）：对增补计划的原辅材料供应未及时与生产、销售部门衔接影响生产和销售的投诉。

第 55 条（B 级投诉）：对原辅材料采购未经比价采购程序，价格明显高于市场价，未经批准采购高价材料的投诉。

第 56 条（B 级投诉）：对不严格按计划采购，违背规定私自超量采购，造成库压（半年内未使用完毕）影响资金周转的投诉。

第 57 条（C 级投诉）：对包装材料的印刷、版本、质量、颜色、尺寸、文字及内容等未经严格校审出现错误造成印刷产品不合格以及印刷资料的计划未按规定程序审批的投诉。

第 58 条（D 级投诉）：对不及时供应五金配件影响生产和销售的投诉。

6. 关于违背“基本职业道德”投诉的内容

第 59 条（A 级投诉）：对违反《劳动合同》、《补充协议》中各条款规定内容从事第二职业或私自对外加工的投诉。

第 60 条（A 级投诉）：对违反《责任状》中各条款规定内容的投诉。

第 61 条（B 级投诉）：对不按公司规定违背管理程序，未经批准擅自组织活动，造成管理混乱的投诉。

第 62 条（C 级投诉）：对不按公司各项管理制度，执行、实施暗箱操作另搞一套的投诉。

第 63 条（C 级投诉）：对工作作风不正派，当面不说，会上不说，背后乱说，造成人心涣散的投诉。

第 64 条（C 级投诉）：对在工作过程中不顾大局，片面强调局部，造成工作难以协调的投诉。

7. 关于违反“维护公司利益”投诉的内容

第 65 条（A 级投诉）：对在各类业务过程中，收受回扣、泄露公司技术商业机密（包括公司核心技术、经营方案等资料）、私下串通一气损害公司利益的投诉。

第 66 条（A 级投诉）：对在各类业务过程中，未按规定开支，扩大开支范围，先斩后奏，损害公司利益的投诉。

第 67 条（B 级投诉）：对在各项工作中不顾全大局，强调不切实际的局部（个人）利益，损害公司利益的投诉。

第 68 条（B 级投诉）：对在岗位（工作）生产经营过程中不尽职尽责，明明有浪费却视而不见的投诉。

8. 关于“公共部分及其他部门”投诉的内容

公司其他部门（岗位）投诉包括下述内容：

第 69 条（A 级投诉）：对员工“不服务销售、不支持销售”导致销售工作受到影响或造成损失的言语行为的投诉。

第 70 条：对本《规定》未明晰“投诉内容”的其他部门或岗位，以不履行公司《诚信构建考核细则》中的“岗位职责”为投诉内容的投诉。

员工公共部分投诉包括下述内容：

第 71 条：对违反公司《新汇员工通用工作标准》的投诉。

第 72 条：对违反公司《通用工作标准奖励与处罚细则》的投诉。

（二）内外投诉的处理

1. 公司内部投诉的处理办法

第 73 条：本《规定》所指“内部投诉”和服务销售、财务结算发生的外部投诉，视情节轻重和对工作影响的程度划定为“A、B、C、D”四个级别的投诉，每发生1次投诉，经相关部门核查属实，按投诉级别高低给予被投诉的当事人扣除诚信考核分“5分、4分、3分、2分”的处理并公布于众。

第74条：“公共部分及其他部门”的投诉级别划分，在其相应的投诉内容范围内，按影响程度划定为“A、B、C、D”四个级别，并参照“公司内部投诉的处理办法”处理。

第75条：本处理办法不含产品质量发生重大事故和各类重大安全事故的处理办法和处理标准。

2. 产品质量外部投诉的处理办法

第76条：处理原则“三不放过”。凡是公司产品出现质量事故，做到事故原因不查明不放过，事故责任不分清不放过，事故处理结果和防范措施不落实不放过。

第77条：药品质量事故程度划分。无直接经济损失的属质量隐患问题；造成经济损失在5000元以下，或生产全过程中的过错而产生质量隐患及对产品质量影响轻微者属轻微质量事故；凡造成生产停产、产品的部分返工，直接经济损失在5000~50000元者属一般质量事故；凡出现混药、混批、造成停产、产品的成批返工，直接经济损失在50000元以上及公司声誉受到严重影响者，均属重大责任事故范畴。

第78条：评估公布质量事故损失。突发事件得到有效控制或消除后，根据事件性质、危害范围，组织人员进行全方位调查研究，及时分析、总结事件发生的原因，核算经济损失，评估社会影响，提出防范意见，并将调查处理意见向公司全体员工进行公布。

第79条：按照事故程度追究责任。凡是公司产品出现质量事故，都要追究每个环节的责任，无论是谁，绝不迁就，绝不手软，并按质量事故损失、影响程度进行责任追究：

（1）无直接经济损失的质量隐患问题，按责任分类进行经济处罚，并按公司诚信构建考核办法兑现；

（2）对轻微质量事故和一般性质量事故，根据责任分类，按公司《质量事故处罚细则》进行经济处罚，并按公司诚信构建考核办法严格兑现，相关人员均负连带责任；

（3）对在重大质量事件的预防、通报、报告、调查、控制和处理过程中，有玩忽职守、失职、渎职等行为的，根据情况进行经济、行政处罚，影响重大的追究法律责任；

(4) 对未造成直接经济损失的质量事故，公司视责任人层级进行经济处罚。对造成直接经济损失的质量事故，视质量事故程度，按公司《质量事故处理制度》处理，由责任人和公司按规定比例共同承担直接经济损失。

（三）内外投诉的实施

第 80 条：内外投诉的依据：①客观出现；②公开投诉；③实名投诉；④匿名投诉；⑤电话投诉；⑥短信投诉；⑦网上投诉；⑧检查发现等。

第 81 条：内外投诉的归口：公司诚信构建领导小组办公室（设人力资源处）归口收集、管理统计投诉内容，公司财务劳资处配合内外投诉处理，每月同时结合绩效考核处理兑现一次。

以上规定自公布之日起执行，希望各部门针对各自岗位的职能职责采取相应的管理措施，认真贯彻执行，严格自查自纠，防患于未然，以遏制内外投诉发生，实现公司内外投诉发生率为“零”。

附录 2 《GMP 管理“一二三四”工程》管理办法

一、《GMP 管理“一二三四”工程》实施细则

一个一致。公司上至董事长、总经理，下至每一位操作工及部门职员认识一致。公司自 2003 年推行 GMP 开始，思想上就高度重视，执行 GMP 标准管理，并实施好 GMP 管理“一二三四”工程，确保产品质量，在公司每年经营方案中纳入公司工作目标。公司每年组织全员 GMP 培训，不断加强 GMP 知识，内容包括药品管理法律、法规，卫生学知识，微生物学知识，安全知识，消防知识及 GMP 标准文件学习，特别是新进员工岗前培训，转岗员工转岗培训。公司一年必须组织两次全员 GMP 培训，上半年一次，下半年一次。GMP 管理“一二三四”工程纳入公司诚信建设管理体系，丰富公司诚信建设内涵。

两个结合。一是结合工资。生产系统只有严格执行 GMP 标准，产品质量合格才能核发有效计件工资，每月凭产品放行单，产品入库单，再按执行 GMP 标准每月审计后，由质量授权人按审计后的结果进行奖扣分后，由人力资源处将分数审核统计结果送到财务劳资处核算计件工资。二是结合岗位责任制。公司管理层结合岗位职责，在公司各级管理者的岗位职责中都明确 GMP 职责。每月进行考核评审兑现，计划评定，绩效考核评定在公司各级管理人员中此项工作“雷打不动”。

三级检查。第一，班组时时查。在各工序各班组生产过程中，班组长和 QA 员，操作员工，时时检查产品质量、数量、交接单、工序参数、设备参数、生产前准备、清场合格证、生产许可证，以及校正衡器、设备运行是否正常，各种复核如交接复核、称量复核、打码复核、领料复核、投料复核，批生产记录，批包装记录以及各种辅助记录内容是否填写完整、准确及时、字迹清晰等，检查内容

在生产记录中体现。每个工作日的各班工作完成情况及GMP执行情况记录于《班组检查记录》中（见附表1）。第二，车间天天查。车间主任、工艺员每天对各工序现场进行检查，检查有记录，对不符合GMP标准的操作行为记录于《员工考核》中（见附表2）。第三，公司周周查。生产技术处，诚信领导小组或公司领导每周至少对各生产车间及相关部门检查一次，检查有记录，检查记录于《GMP日常检查记录》中（见附表3）。

四个一。第一，一天一统计。生产车间各工序每天统计内容为产量，物料使用、退库、入库情况，产品、中间产品质量情况，清场情况，各种记录情况等。将统计情况记录于《班组检查记录》中。核算员、仓储保管员每天统计产值、产量、原辅料、包装材料、成品库存情况，统计报表交生产技术处、供应处、营销中心等相关部门，便于核对和生产计划调度。第二，一天一整理。整理包括生产车间生产结束后的物料、容器具、清洁工具、废弃物的整理，设备、设施状态标识的整理；批生产记录、各种原始辅助记录的整理；仓库领料后各种物料（原辅包装材料、成品）的整理。整理是否合格由各部门负责人检查，检查结果记录于《员工考核记录》中。第三，一批一查物料平衡。生产过程中各种物料必须达到物料平衡，物料采购入库、领用，各工序生产，成品入库、销售发货的各种数量保持平衡，特别是各工序的收率要达到工艺规程规定的范围之内，出现偏差要进行偏差处理，查物料平衡记录于《物料平衡检查记录》表中（见附表4）。第四，一月一审计。公司对生产车间、仓库、质量控制管理处、供应处、营销中心进行一月审计一次，审计内容主要为物料平衡，收率、批生产记录、批包装记录、各种辅助记录，审计有记录，审计内容填写于《GMP管理“一二三四”工程重点审计记录》中（见附表5~附表12）。

二、《GMP管理“一二三四”工程》审计办法

（一）《GMP管理“一二三四”工程》内部审计的基本要求

在上级药监部门的关怀和支持下，我公司于2013年11月19日正式通过了新版GMP认证，取得了新版GMP证书，这是来之不易的，需要倍加珍惜。我们要以实施新版GMP为契机，加大实施新版GMP的内部审计力度，把GMP管理“一二三四”工程真正落到实处，以实现公司“生产放心药品，诚对天下苍生”的庄重承诺。为此，在原GMP“一二三四”工程的基础上，对原内容进一步完

善，并就实施内部审计的具体事项规定如下。

（1）实施审计的目的。规范和完善公司的质量管理体系，扎实推进公司 GMP 管理“一二三四”工程，通过前瞻性或者回顾性的风险管理，采取有效的预防措施，最大程度上降低药品的质量风险，保证公司药品生产经营活动有序健康进行，保证药品安全、有效、质量稳定，确保公司严格执行《药品生产质量管理规范》（2010 年版），确保公司内部管理程序化、标准化，从而最大限度地降低公司药品生产经营活动过程中的风险或者从源头上消除风险。

（2）实施审计的范围。公司 GMP 管理“一二三四”工程管理审计贯穿于药品生产周期的各个阶段：研发创新、生产管理、物料管理、质量管理、销售流通等；以及各个阶段的所有职能部门和公司所有人员。

（3）审计的成员及职责。公司总经理负责审计实施项目内容的批准，审计报告及审计结论的审核；审计具体实施的负责人由质量授权人负责审计管理办法具体内容的实施，负责各部门的人员和资源协调，对审计的结果进行风险评估总结和汇报；审计小组成员由外聘专家、经营副总、生产技术副总、行政后勤副总、质量负责人、质量管理处副处长、生产技术处处长、设备环保处处长组成，负责审计的实施、审计记录的整理、审计缺陷内容的风险等级判定及汇总（审计小组成员说明：进行生产技术系统审计过程中，生产技术副总欧阳习叶回避不参与；进行质量管理系统审计过程中，质量负责人回避不参与）。

审计内容风险管理小组成员：生产技术副总、行政副总、质量负责人、质量管理处副处长、生产技术处副处长、设备环保处处长。风险管理小组负责风险分析、风险等级的判定，整改实施后的风险再分析、风险等级的再判定。

（4）审计的实施依据。《药品生产质量管理规范》（2010 年版）、《中华人民共和国药品管理法》、《中华人民共和国药品管理法实施条例》、《药品注册管理办法》、《自检管理规程》（文件编号：SMP/–01400）。

（5）审计的实施时间。每月进行审计：现场审计时间为每月 25~30 日；审计情况汇总及评定结果为下月 1~3 日；审计结果的审核和公示为下月 4~6 日。

（二）《GMP管理"一二三四"工程》审计检查记录办法

附表1　班组检查记录

<table>
<tr><th colspan="3">项　目</th><th>内　容</th></tr>
<tr><td rowspan="3">产量</td><td colspan="2">品名</td><td></td></tr>
<tr><td colspan="2">规格</td><td></td></tr>
<tr><td colspan="2">批号</td><td></td></tr>
<tr><td rowspan="3">物料</td><td colspan="2">领用</td><td></td></tr>
<tr><td colspan="2">结余及退库</td><td></td></tr>
<tr><td colspan="2">入库（中间站）</td><td></td></tr>
<tr><td rowspan="5">清场情况</td><td colspan="2">时间</td><td></td></tr>
<tr><td colspan="2">清洁/消毒剂名称</td><td></td></tr>
<tr><td colspan="2">清洁/消毒剂用量</td><td></td></tr>
<tr><td colspan="2">清场人</td><td></td></tr>
<tr><td colspan="2">清场是否合格</td><td></td></tr>
<tr><td colspan="3">是否有生产许可证</td><td></td></tr>
<tr><td rowspan="11">记录</td><td colspan="2">批生产/包装记录</td><td></td></tr>
<tr><td colspan="2">设备运行记录</td><td></td></tr>
<tr><td colspan="2">设备清洁消毒记录</td><td></td></tr>
<tr><td colspan="2">清场记录</td><td></td></tr>
<tr><td colspan="2">容器具清洗记录</td><td></td></tr>
<tr><td rowspan="4">物料流转单据</td><td>领料单</td><td></td></tr>
<tr><td>入库单</td><td></td></tr>
<tr><td>退库单</td><td></td></tr>
<tr><td>盛装单</td><td></td></tr>
<tr><td rowspan="2">标签说明书</td><td>领用记录</td><td></td></tr>
<tr><td>销毁记录</td><td></td></tr>
<tr><td colspan="4">风险分析：</td></tr>
<tr><td colspan="4">检查人：　　　QA员：　　　　　　　　　　　　年　　月　　日</td></tr>
</table>

附表2　员工考核记录

部门

序号	姓名	考核记录内容	备注

检查人：　　　　　　　　QA员：　　　　　　　　年　月　日

附表3 GMP日常检查记录

检查日期： 检查部门： 检查人：

检查项目	检查内容及检查发现的问题及缺陷	风险分析	整改措施	责任人	考核
批生产记录或者检验记录（及时性、符合性、一致性、完整性、整洁度等）					
各类辅助记录（压差记录、温湿度记录、消毒液配制记录、地漏清洁记录、洗衣记录、设备或者仪器使用记录、模具使用记录、物料或者试液领发记录等）					
操作规范性及质量管理技术水平					
生产成本控制					
现场工艺卫生					
物料平衡（原料、辅料、包装材料、中间产品或者净料及批生产过程工序物料平衡率等）					
定置管理（工具、器具、容器、洁具等）					
状态标识（质量标识、卫生标识、运行标识、设备完好标识、生产状态标识等）					
班组检查表、员工考核记录表记录情况					
其他					

说明：①GMP日常检查每周一次。
②检查结果每周公示一次，月底汇总考核兑现。
③参加检查人员为生产技术处及各部门负责人。

附表4 物料平衡检查记录

检查人：________ 检查时间：

物料名称				
物料批号				
物料规格				
入库数量				
领用数量				
成品入库数量				
生产工序效率				
检查结论				
风险分析				
整改措施				
责任人			QA员	

附表 5　GMP 管理“一二三四”工程重点审计记录（1）

审计部门	财务劳资处（仓库）		检查日期	
审计人员				
审计内容	存在的缺陷描述	风险分析	纠正预防措施	整改落实情况
①基本设施维护地面、墙面、垫板，空调及除湿、冷藏设施安全、消防器材				
②计量器具校准情况				
③物料入库程序及台账				
④物料存放和保管情况（分区放置情况、色标、货位卡、状态标识）				
⑤物料出库程序及台账				
⑥不合格品、退货品管理				
⑦温度、湿度记录				
⑧防虫害、中药养护情况				
⑨其他（上次缺陷整改情况）				
审计标准：对应的 2010 年版 GMP 条款	第 11、57、58、59、60、61、77、81、102、104、106、107、108、110、112、113、114、122、123、126、131、132、137、211、240、255 条；附录五：中药制剂（44 条）			
审计意见及建议				

填表人：

附表 6　GMP 管理“一二三四”工程重点审计记录（2）

审计部门	设备环保处		检查日期	
审计人员				
审计内容	存在的缺陷描述	风险分析	纠正预防措施	整改落实情况
①空气净化系统温度、湿度、压差各种记录，岗位规程的执行情况，系统监测情况，岗位人员的操作技能				
②空压系统				
③设备维护保养，维护保养记录，维护保养周期				
④计量器具校准，计量器具校准台账，计量器具校准合格证				
⑤ 配电室，交接班记录，消防设施配备，维修记录				
⑥纯水站，各种记录、岗位规程的执行情况、水质监测情况 岗位人员的操作技能				
⑦其他（上次缺陷整改情况）				

续表

审计标准：对应的 2010 年版 GMP 条款	第 15、38、39、40、41、42、43、48、49、53、55、63、65、71、72、73、75、81、82、83、84、96、97、100、101、140、141、142、143、144、145、146、147、148、149、183、193、211、240 条
审计意见及建议	

填表人：

附表 7　GMP 管理“一二三四”工程重点审计记录（3）

审计部门	前处理车间		检查日期	
审计人员				
审计内容	存在的缺陷描述	风险分析	纠正预防措施	整改落实情况
①工艺规程的执行情况				
② 岗位规程的执行情况				
③质量监控情况				
④不合格品的处理情况				
⑤工艺用水的使用				
⑥环境卫生、工艺卫生				
⑦物料的领取和使用				
⑧生产记录情况				
⑨状态标识情况				
⑩中间物料存放、进出站台账				
⑪设备、计量器具的情况				
⑫其他（上次缺陷整改情况）				
审计标准：对应的 2010 年版 GMP 条款	第 14、15、34、40、44、47、51、74、75、76、78、81、82、84、115、116、117、118、119、127、133、134、138、139、140、141、142、143、144、145、146、147、148、149、150、151、152、153、154、157、158、161、170、171、173、174、175、180、184、187、188、191、192、194、196、197、198、199、201、213、214、221、240、250、285 条；附录五：中药制剂（44 条）			
审计意见及建议				

填表人：

附表 8 GMP 管理"一二三四"工程重点审计记录（4）

审计部门	固体制剂车间		检查日期	
审计人员				
审计内容	存在的缺陷描述	风险分析	纠正预防措施	整改落实情况
①工艺规程的执行情况				
②岗位规程的执行情况				
③质量监控情况				
④不合格品的处理情况				
⑤工艺用水的使用				
⑥环境卫生、工艺卫生				
⑦物料的领取和使用				
⑧生产记录情况				
⑨ 状态标识情况				
⑩中间站物料存放、进出站台账				
⑪设备、计量器具的情况				
⑫其他（上次缺陷整改情况）				
审计标准：对应的 2010 年版 GMP 条款	第 14、15、34、40、44、47、51、74、75、76、78、81、82、84、115、116、117、118、119、127、133、134、138、139、140、141、142、143、144、145、146、147、148、149、150、151、152、153、154、157、158、161、170、171、173、174、175、180、184、187、188、191、192、194、196、197、198、199、201、213、214、221、240、250、285 条；附录五：中药制剂（44 条）			
审计意见及建议				

填表人：

附表 9 GMP 管理"一二三四"工程重点审计记录（5）

审计部门	液体制剂车间		检查日期	
审计人员				
审计内容	存在的缺陷描述	风险分析	纠正预防措施	整改落实情况
①工艺规程的执行情况				
②岗位规程的执行情况				
③质量监控情况				
④不合格品的处理情况				
⑤工艺用水的使用				
⑥环境卫生、工艺卫生				
⑦物料的领取和使用				
⑧生产记录情况				
⑨状态标识情况				
⑩中间物料存放、进出站台账				

续表

⑪ 设备、计量器具的情况				
⑫其他（上次缺陷整改情况）				
审计标准：对应的2010年版GMP条款	第14、15、34、40、44、47、51、74、75、76、78、81、82、84、115、116、117、118、119、127、133、134、138、139、140、141、142、143、144、145、146、147、148、149、150、151、152、153、154、157、158、161、170、171、173、174、175、180、184、187、188、191、192、194、196、197、198、199、201、213、214、221、240、250、285条；附录五：中药制剂（44条）			
审计意见及建议				

填表人：

附表10 GMP管理“一二三四”工程重点审计记录（6）

审计部门	质量管理处		检查日期	
审计人员				
审计内容	存在的缺陷描述	风险分析	纠正预防措施	整改落实情况
①质量管理体系维护及运行情况				
② 设备设施维护情况、仪器仪表校准情况				
③质量标准实施情况				
④检验操作技术水平及规范性				
⑤ 检验记录及检验报告单、各类台账				
⑥产品质量回顾及供应商审计情况				
⑦ 标准品管理、标准液管理				
⑧ 留样观察、持续稳定考察				
⑨变更控制、偏差管理情况（含风险管理情况）				
⑩其他（上次缺陷整改情况）				
审计标准：对应的2010年版GMP条款	第2、9、10、12、14、15、46、64、74、75、81、82、101、130、133、134、138、139、140、141、142、143、144、145、146、147、148、149、150、151、152、153、154、157、158、161、165、166、167、168、169、170、171、173、174、175、180、184、187、188、191、192、194、196、197、198、199、201、213、214、217、218、219、221、222、223、224、225、226、227、228、229、230、231、240、247、250、252、255、266、269、285、306、307、308、309条；附录五：中药制剂（44条）			
审计意见及建议				

填表人：

附表 11　GMP 管理"一二三四"工程重点审计记录（7）

审计部门	人力资源处		检查日期	
审计人员				
审计内容	存在的缺陷描述	风险分析	纠正预防措施	整改落实情况
①培训计划的落实（计划、培训记录、考核、评价）				
②培训档案（至少包括公司级、部门级、班组级培训内容等）				
③健康档案（人员健康证、健康有问题的人员档案）				
④全员花名册，人员变动情况是否按规定变更				
⑤组织机构图是否与实际相符合				
⑥人员任免文件是否齐全				
⑦部门以上人员人事档案（包括职称等）				
⑧其他（上次缺陷整改情况）				
审计标准：对应的 2010 年版 GMP 条款	第 5、6、7、9、11、13、18、19、24、25、26、27、28、29、30、31、32、36、162、219、247、306 条			
审计意见及建议				

填表人：

附表 12　GMP 管理"一二三四"工程重点审计记录（8）

审计部门	营销中心		检查日期	
审计人员				
审计内容	存在的缺陷描述	风险分析	纠正预防措施	整改落实情况
①公司产品召回系统是否能有效运作				
②是否每年对产品召回系统的有效性进行评估				
③发运记录内容是否齐全				
④ 产品是否经质量管理处审核放行后发货				
⑤ 发运记录是否可与批入库记录相对应、零散发货是否有效管理				
⑥不良反应收集和上报情况				
⑦客户信息是否进行有效的核对和维护（如联系人、联系电话、联系地址等的变化）				
⑧其他（上次缺陷整改情况）				

续表

审计标准：对应的 2010 年版 GMP 条款	第 10、136、183、269、270、271、272、273、274、275、276、277、293、294、295、296、297、298、299、300、301、302、303、304、305 条
审计意见及建议	

填表人：

（三）GMP 管理“一二三四”工程审计检查考核办法

1. 对操作人员个人的考核办法（详见 GMP 三级检查附表系列）

（1）GMP 三级检查附表系列。

附表 13　GMP“一二三四”工程三级检查班组检查（1）

<table>
<tr><td>检查内容</td><td colspan="2">生产记录</td></tr>
<tr><td>检查人</td><td></td><td>检查时间：　年　月　日　时　分</td></tr>
<tr><td colspan="3">检查项目：批生产记录或者检验记录（及时性、符合性、一致性、完整性、整洁度等），各类辅助记录（压差记录、温湿度记录、消毒液配制记录、地漏清洁记录、洗衣记录、设备或者仪器使用记录、模具使用记录、物料或者试液领发记录等）</td></tr>
<tr><td colspan="3">考核办法：①少记录 1 次扣 0.2 分，记录不真实扣 0.5 分；②记录不及时扣 0.2 分；③记录不整洁或者不完整扣 0.2 分；④记录未按要求进行收集和整理扣 0.2 分；⑤现场出现过期或者失效（未受控）的记录扣 0.5 分</td></tr>
<tr><td colspan="3">检查发现的问题及缺陷：

扣分小计：　　　　　　　直接责任人：　　　　　　　关联责任人：</td></tr>
</table>

附表 14　GMP“一二三四”工程三级检查班组检查（2）

<table>
<tr><td>检查内容</td><td colspan="2">现场管理</td></tr>
<tr><td>检查人</td><td></td><td>检查时间：　年　月　日　时　分</td></tr>
<tr><td colspan="3">检查项目：操作规范性及质量管理技术水平</td></tr>
<tr><td colspan="3">考核办法：①没有按照文件及生产指令进行生产扣 0.2 分；②没有按照质量监控的频次进行质量检查扣 0.2 分；③违反操作规程扣 0.5 分；④因为操作不规范生产出不合格产品扣 0.5 分（造成损失按 100%损失赔偿）；⑤新员工或者转岗员工没有进行培训考核扣 0.5 分</td></tr>
<tr><td colspan="3">检查发现的问题及缺陷：

扣分小计：　　　　　　　直接责任人：　　　　　　　关联责任人：</td></tr>
</table>

附表 15 GMP“一二三四”工程三级检查班组检查（3）

检查内容	现场管理	
检查人		检查时间： 年 月 日 时 分
检查项目：工艺纪律		
考核办法：①上班着装不符合 GMP 或者公司规定扣 0.5 分；②串岗、溜岗、睡岗每次扣 0.5 分；③上下班没有按规定进行岗位的清洁卫生扣 0.2 分；④下班前没有按照规定对本岗位使用过的工器具和洁具进行清洁扣 0.2 分；⑤交接班时交接不清楚、不完整或者没有填写交接班记录扣 0.2 分		
检查发现的问题及缺陷： 扣分小计： 直接责任人： 关联责任人：		

附表 16 GMP“一二三四”工程三级检查班组检查（4）

检查内容	现场管理	
检查人		检查时间： 年 月 日 时 分
检查项目：现场工艺卫生		
考核办法：①生产现场卫生不符合（生产垃圾乱摆乱放、水电气有跑冒滴漏现象）要求扣 0.2 分；②盛装物料的容器表面洁净度不符合要求（表面应无粉尘或者药液）扣 0.2 分；③物料或者药液未按规定进行存放或者保管扣 0.2 分；④设备设施表面残存有大量的粉尘或者药液扣 0.2 分		
检查发现的问题及缺陷： 扣分小计： 直接责任人： 关联责任人：		

附表 17 GMP“一二三四”工程三级检查班组检查（5）

检查内容	现场管理	
检查人		检查时间： 年 月 日 时 分
检查项目：状态标识（质量标识、卫生标识、运行标识、设备完好标识、生产状态标识等）		
考核办法：①标识不全扣 0.2 分；②填写内容不正确扣 0.2 分；③没有填写状态标识扣 0.2 分；④在标识上随意涂改或者填写扣 0.2 分；⑤盛转单填写信息不全或错误扣 0.2 分		
检查发现的问题及缺陷： 扣分小计： 直接责任人： 关联责任人：		

附表 18 GMP“一二三四”工程三级检查班组检查（6）

检查内容	现场管理	
检查人		检查时间： 年 月 日 时 分
检查项目：定置管理（工具、器具、容器、洁具、物料等）		
考核办法：①未按定置要求摆放扣 0.2 分；②工具、器具、容器、洁具使用后，没有进行清洁卫生扣 0.2 分；③岗位人员没有进行物料称量和复核就摆放入中间站扣 0.2 分		
检查发现的问题及缺陷： 扣分小计： 直接责任人： 关联责任人：		

附表 19　GMP“一二三四”工程三级检查班组检查（7）

<table>
<tr><td>检查内容</td><td colspan="2">物料</td></tr>
<tr><td>检查人</td><td></td><td>检查时间：　年　月　日　时　分</td></tr>
<tr><td colspan="3">检查项目：物料平衡（原料、辅料、包装材料、中间产品或者净料及批生产过程工序物料平衡率等）</td></tr>
<tr><td colspan="3">考核办法：①物料使用量超标扣 0.5 分，并按损失的 100%进行赔偿；②每批次没有进行物料平衡核算扣 0.2 分；③每批次进行了物料平衡核算，但没有符合规定（工艺规程的物料平衡规定）扣 0.2 分；④生产后，物料没有及时按规定进行处理（退库或者销毁）扣 0.2 分</td></tr>
<tr><td colspan="3">检查发现的问题及缺陷：

扣分小计：　　　　直接责任人：　　　　关联责任人：</td></tr>
</table>

说明：

①班组检查表中关联责任人为同班组所有的工作人员，同样的问题在班组出现 2 次（含 2 次）以上，关联责任人扣 0.2 分/人次，同类问题或者缺陷只扣除 1 次。

②员工每月 GMP“一二三四”工程三级检查的扣分结果由部门负责人填写《员工__月 GMP“一二三四”工程扣分情况汇总表》，交由人力资源处合并质量管理处的抽查 GMP“一二三四”工程扣分情况，报表报财务劳资处按诚信考核规定与员工工资挂钩。

（2）员工______月 GMP“一二三四”工程扣分附表系列。

附表 20　员工__月 GMP“一二三四”工程扣分情况汇总表

部门：__________　部门负责人：

序号	所属部门	被扣人姓名	被扣分汇总	备注

附表 21　GMP“一二三四”工程三级检查车间检查（1）

<table>
<tr><td>检查内容</td><td colspan="2">生产记录</td></tr>
<tr><td>检查人</td><td></td><td>检查时间：　年　月　日　时　分</td></tr>
<tr><td colspan="3">检查项目：批生产记录或者检验记录（及时性、符合性、一致性、完整性、整洁度等）；各类辅助记录（压差记录、温湿度记录、消毒液配制记录、地漏清洁记录、洗衣记录、设备或者仪器使用记录、模具使用记录、物料或者试液领发记录等）</td></tr>
<tr><td colspan="3">考核办法：①少记录 1 次扣 0.2 分，记录不真实扣 0.5 分；②记录不及时扣 0.2 分；③记录不整洁或者不完整扣 0.2 分；④记录未按要求进行收集和整理扣 0.2 分；⑤现场出现过期或者失效（未受控）的记录扣 0.5 分</td></tr>
<tr><td colspan="3">检查发现的问题及缺陷：

扣分小计：　　　　直接责任人：　　　　关联责任人：</td></tr>
</table>

附表 22 GMP“一二三四”工程三级检查车间检查（2）

检查内容	现场管理	
检查人		检查时间： 年 月 日 时 分
检查项目：操作规范性及质量管理技术水平		
考核办法：①没有按照文件及生产指令进行生产扣 0.2 分；②没有按照质量监控的频次进行质量检查扣 0.2 分；③违反操作规程扣 0.5 分；④因为操作不规范生产出不合格产品扣 0.5 分（造成损失按 100%损失赔偿）；⑤新员工或者转岗员工没有进行培训考核扣 0.5 分		
检查发现的问题及缺陷：		
扣分小计：	直接责任人：	关联责任人：

附表 23 GMP“一二三四”工程三级检查车间检查（3）

检查内容	现场管理	
检查人		检查时间： 年 月 日 时 分
检查项目：工艺纪律		
考核办法：①上班着装不符合 GMP 或者公司规定扣 0.5 分；②串岗、溜岗、睡岗每次扣 0.5 分；③上下班没有按规定进行岗位的清洁卫生扣 0.2 分；④下班前没有按照规定对本岗位使用过的工器具和洁具进行清洁扣 0.2 分；⑤交接班时交接不清楚、不完整或者没有填写交接班记录扣 0.2 分		
检查发现的问题及缺陷：		
扣分小计：	直接责任人：	关联责任人：

附表 24 GMP“一二三四”工程三级检查车间检查（4）

检查内容	现场管理	
检查人		检查时间： 年 月 日 时 分
检查项目：现场工艺卫生		
考核办法：①生产现场卫生不符合（生产垃圾乱摆乱放、水电气有跑冒滴漏现象）要求，扣 0.2 分；②盛装物料的容器表面洁净度不符合要求（表面应无粉尘或者药液）扣 0.2 分；③物料或者药液未按规定进行存放或者保管扣 0.2 分；④设备设施表面残存有大量的粉尘或者药液扣 0.2 分		
检查发现的问题及缺陷：		
扣分小计：	直接责任人：	关联责任人：

附表 25 GMP“一二三四”工程三级检查车间检查（5）

检查内容	现场管理	
检查人		检查时间： 年 月 日 时 分
检查项目：状态标识（质量标识、卫生标识、运行标识、设备完好标识、生产状态标识等）		
考核办法：①标识不全扣 0.2 分；②填写内容不正确扣 0.2 分；③没有填写状态标识扣 0.2 分；④在标识上随意涂改或者填写扣 0.2 分；⑤盛转单填写信息不全或错误扣 0.2 分		
检查发现的问题及缺陷：		
扣分小计：	直接责任人：	关联责任人：

附表 26　GMP“一二三四”工程三级检查车间检查（6）

<table>
<tr><td>检查内容</td><td colspan="2">现场管理</td></tr>
<tr><td>检查人</td><td></td><td>检查时间：　　年　　月　　日　　时　　分</td></tr>
<tr><td colspan="3">检查项目：定置管理（工具、器具、容器、洁具、物料等）</td></tr>
<tr><td colspan="3">考核办法：①未按定置要求摆放扣 0.2 分；②工具、器具、容器、洁具使用后，没有进行清洁卫生扣 0.2 分；③岗位人员没有进行物料称量和复核就摆放入中间站扣 0.2 分</td></tr>
<tr><td colspan="3">检查发现的问题及缺陷：

扣分小计：　　　　　　　直接责任人：　　　　　　　关联责任人：</td></tr>
</table>

附表 27　GMP“一二三四”工程三级检查车间检查（7）

<table>
<tr><td>检查内容</td><td colspan="2">物料</td></tr>
<tr><td>检查人</td><td></td><td>检查时间：　　年　　月　　日　　时　　分</td></tr>
<tr><td colspan="3">检查项目：物料平衡（原料、辅料、包装材料、中间产品或者净料及批生产过程工序物料平衡率等）</td></tr>
<tr><td colspan="3">考核办法：①物料使用量超标，扣 0.5 分，并按损失的 100%进行赔偿；②每批次没有进行物料平衡核算扣 0.2 分；③每批次进行了物料平衡核算，但没有符合规定（工艺规程的物料平衡规定）扣 0.2 分；④生产后，物料没有及时按规定进行处理（退库或者销毁）扣 0.2 分</td></tr>
<tr><td colspan="3">检查发现的问题及缺陷：

扣分小计：　　　　　　　直接责任人：　　　　　　　关联责任人：</td></tr>
</table>

说明：

①车间 GMP 工作班组检查表中关联责任人为直接责任人的班组长和所在车间 QA 员，同样的问题在车间出现 2 次（含 2 次）以上，关联责任人扣 0.5 分/人/次，同类问题或者缺陷只扣除 1 次。

②员工每月 GMP“一二三四”工程三级检查的扣分结果由部门负责人填写《员工__月 GMP“一二三四”工程扣分情况汇总表》，交由人力资源处合并质量管理处的抽查 GMP“一二三四”工程扣分情况，报表报财务劳资处按诚信考核规定与员工工资挂钩。

（3）员工_____月 GMP“一二三四”工程扣分附表系列。

附表 28　员工__月 GMP“一二三四”工程扣分情况汇总表

部门：____________　部门负责人：

序号	所属部门	被扣人姓名	被扣分汇总	备注

附表 29　GMP“一二三四”工程三级检查公司检查（1）

<table>
<tr><td>检查内容</td><td colspan="2">生产记录</td></tr>
<tr><td>检查人</td><td></td><td>检查时间：　　年　　月　　日　　时　　分</td></tr>
<tr><td colspan="3">检查项目：批生产记录或者检验记录（及时性、符合性、一致性、完整性、整洁度等）；各类辅助记录（压差记录、温湿度记录、消毒液配制记录、地漏清洁记录、洗衣记录、设备或者仪器使用记录、模具使用记录、物料或者试液领发记录等）</td></tr>
</table>

续表

考核办法：①少记录一次扣0.2分，记录不真实扣0.5分；②记录不及时扣0.2分；③记录不整洁或者不完整扣0.2分；④记录未按要求进行收集和整理扣0.2分；⑤现场出现过期或者失效（未受控）的记录扣0.5分
检查发现的问题及缺陷： 扣分小计：　　　　　　直接责任人：　　　　　　关联责任人：

附表30　GMP"一二三四"工程三级检查公司检查（2）

检查内容	现场管理	
检查人		检查时间：　年　月　日　时　分
检查项目：操作规范性及质量管理技术水平		
考核办法：①没有按照文件及生产指令进行生产扣0.2分；②没有按照质量监控的频次进行质量检查扣0.2分；③违反操作规程扣0.5分；④因为操作不规范生产出不合格产品扣0.5分（造成损失按100%损失赔偿）；⑤新员工或者转岗员工没有进行培训考核扣0.5分		
检查发现的问题及缺陷： 扣分小计：　　　　　　直接责任人：　　　　　　关联责任人：		

附表31　GMP"一二三四"工程三级检查公司检查（3）

检查内容	现场管理	
检查人		检查时间：　年　月　日　时　分
检查项目：工艺纪律		
考核办法：①上班着装不符合GMP或者公司规定扣0.5分；②串岗、溜岗、睡岗每次扣0.5分；③上下班没有按规定进行岗位的清洁卫生扣0.2分；④下班前没有按照规定对本岗位使用过的工器具和洁具进行清洁扣0.2分；⑤交接班时交接不清楚、不完整或者没有填写交接班记录扣0.2分		
检查发现的问题及缺陷： 扣分小计：　　　　　　直接责任人：　　　　　　关联责任人：		

附表32　GMP"一二三四"工程三级检查公司检查（4）

检查内容	现场管理	
检查人		检查时间：　年　月　日　时　分
检查项目：现场工艺卫生		
考核办法：①生产现场卫生不符合（生产垃圾乱摆乱放、水电气有跑冒滴漏现象）要求，扣0.2分；②盛装物料的容器表面洁净度不符合要求（表面应无粉尘或者药液）扣0.2分；③物料或者药液未按规定进行存放或者保管扣0.2分；④设备设施表面残存有大量的粉尘或者药液扣0.2分		
检查发现的问题及缺陷： 扣分小计：　　　　　　直接责任人：　　　　　　关联责任人：		

附表 33 GMP“一二三四”工程三级检查公司检查（5）

<table>
<tr><td>检查内容</td><td colspan="2">现场管理</td></tr>
<tr><td>检查人</td><td></td><td>检查时间： 年 月 日 时 分</td></tr>
<tr><td colspan="3">检查项目：状态标识（质量标识、卫生标识、运行标识、设备完好标识、生产状态标识等）</td></tr>
<tr><td colspan="3">考核办法：①标识不全扣 0.2 分；②填写内容不正确扣 0.2 分；③没有填写状态标识扣 0.2 分；④在标识上随意涂改或者填写扣 0.2 分；⑤盛转单填写信息不全或错误扣 0.2 分</td></tr>
<tr><td colspan="3">检查发现的问题及缺陷：

扣分小计： 直接责任人： 关联责任人：</td></tr>
</table>

附表 34 GMP“一二三四”工程三级检查公司检查（6）

<table>
<tr><td>检查内容</td><td colspan="2">现场管理</td></tr>
<tr><td>检查人</td><td></td><td>检查时间： 年 月 日 时 分</td></tr>
<tr><td colspan="3">检查项目：定置管理（工具、器具、容器、洁具、物料等）</td></tr>
<tr><td colspan="3">考核办法：①未按定置要求摆放扣 0.2 分；②工具、器具、容器、洁具使用后，没有进行清洁卫生扣 0.2 分；③岗位人员没有进行物料称量和复核就摆放入中间站扣 0.2 分</td></tr>
<tr><td colspan="3">检查发现的问题及缺陷：

扣分小计： 直接责任人： 关联责任人：</td></tr>
</table>

附表 35 GMP“一二三四”工程三级检查公司检查（7）

<table>
<tr><td>检查内容</td><td colspan="2">物料</td></tr>
<tr><td>检查人</td><td></td><td>检查时间： 年 月 日 时 分</td></tr>
<tr><td colspan="3">检查项目：物料平衡（原料、辅料、包装材料、中间产品或者净料及批生产过程工序物料平衡率等）</td></tr>
<tr><td colspan="3">考核办法：①物料使用量超标，扣 0.5 分，并按损失的 100%进行赔偿；②每批次没有进行物料平衡核算扣 0.2 分；③每批次进行了物料平衡核算，但没有符合规定（工艺规程的物料平衡规定）扣 0.2 分；④生产后，物料没有及时按规定进行处理（退库或者销毁）扣 0.2 分</td></tr>
<tr><td colspan="3">检查发现的问题及缺陷：

扣分小计： 直接责任人： 关联责任人：</td></tr>
</table>

说明：

①公司 GMP 工作检查表中关联责任人为直接责任人所在车间主任及车间副主任或者部门（处室）负责人，同样的问题在出现 2 次（含 2 次）以上，关联责任人扣 0.5 分/人/次，同类问题或者缺陷只扣除一次。

②车间副主任相关联的为“记录”类；车间主任相关联的为“现场管理”、“物料”类。

③员工每月 GMP“一二三四”工程三级检查的扣分结果由部门负责人填写《员工__月 GMP“一二三四”工程扣分情况汇总表》，交由人力资源处合并质量管理处的抽查 GMP“一二三四”工程扣分情况，报表报财务劳资处按诚信考核规定与员工工资挂钩。

(4) 员工____月 GMP“一二三四”工程扣分情况汇总。

附表 36　员工__月 GMP“一二三四”工程扣分情况汇总表

部门：__________　　部门负责人：

序号	所属部门	被扣人姓名	被扣分汇总	备注

2. 对操作人员所在部门的考核方法

附表 37　实施 GMP“一二三四”工程结合部门工作考核表

序号	所属风险等级	考核办法	备注
1	低等风险	部门审计资料齐全，但在公司月度审计过程中存在有 1~6 个缺陷项目或者缺陷内容，部门及时进行整改落实，并且整改到位，经公司风险管理小组评估后风险等级为低等风险的，扣除处室或者部门所有人员绩效考核或者计件工资总额的 5%，并在当月考核兑现；如已经提出整改要求或者报告，没有按照要求规定或者没有在规定时限内整改完成的，扣除处室或者部门所有人员绩效考核或者计件工资总额的 10%，并在当月考核兑现	
2	中等风险	部门审计资料不全，在公司月度审计过程中存在有 6~10 个（含 6 个）缺陷项目或者缺陷内容，部门及时进行整改落实，并且整改到位，经公司风险管理小组评估后风险等级为中等风险的，扣除处室或者部门所有人员绩效考核或者计件工资总额的 10%，并在当月考核兑现；如已经提出整改要求或者报告，没有按照要求规定或者没有在规定时限内整改完成的，扣除处室或者部门所有人员绩效考核或者计件工资总额的 20%，并在当月考核兑现	
3	高等风险	部门审计资料不全，在公司月度审计过程中存在有 10 个（含 10 个）以上缺陷项目或者缺陷内容，部门及时进行整改落实，并且整改到位，经公司风险管理小组评估后风险等级为中等风险的，扣除处室或者部门所有人员绩效考核或者计件工资总额的 20%，并在当月考核兑现；如已经提出整改要求或者报告，没有按照要求规定或者没有在规定时限内整改完成的，扣除处室或者部门所有人员绩效考核或者计件工资总额的 40%，并在当月考核兑现	

附表 38 实施 GMP“一二三四”工程结合领导岗位职责考核

序号	所属风险等级	考核办法	备注
1	低等风险	①如已经提出整改要求或者报告，没有按照要求规定或者没有在规定时限内整改完成，扣除处室或者部门负责人绩效考核的 5%，并在当月考核兑现 ②如果是重复出现的风险即两个月连续出现的风险（缺陷或者问题）：扣除处室或者部门负责人绩效考核的 10%，并在当月考核兑现 ③连续三次以上出现同样的风险即三个月连续出现的风险（缺陷或者问题）：扣除处室或者部门负责人绩效考核的 20%，并在当月考核兑现；同时公司对该处室或者部门直接负责人进行降半级处理，并进行公司内部公告	
2	中等风险	①如已经提出整改要求或者报告，没有按照要求规定或者没有在规定时限内整改完成，扣除处室或者部门负责人绩效考核的 10%，并在当月考核兑现 ②如果是重复出现的风险即两个月连续出现的风险（缺陷或者问题）：扣除处室或者部门负责人绩效考核 20%，并在当月考核兑现 ③连续三次以上出现同样的风险即三个月连续出现的风险（缺陷或者问题）：扣除处室或者部门负责人绩效考核 30%，并在当月考核兑现；同时公司对该处室或者部门直接负责人进行降级处理，并进行公司内部公告	
3	高等风险	①如已经提出整改要求或者报告，没有按照要求规定或者没有在规定时限内整改完成，扣除处室或者部门负责人绩效考核的 20%，并在当月考核兑现 ②如果是重复出现的风险即两个月连续出现的风险（缺陷或者问题）：扣除处室或者部门负责人绩效考核的 30%，并在当月考核兑现 ③连续三次以上出现同样的风险即三个月连续出现的风险（缺陷或者问题）：扣除处室或者部门负责人绩效考核的 40%，并在当月考核兑现；同时公司对该处室或者部门直接负责人进行降级处理，并进行公司内部公告	

三、《GMP 管理“一二三四”工程》保障措施

采取“现场作业行为规范管理八项达标”措施有：劳动纪律人人达标；设备维护保养正常台台达标；物料堆放件件达标；交接班次次达标；批记录批批达标；成本管理每批达标；现场操作行为时时达标；药品质量、生产计划每批达标。

（1）劳动纪律人人达标。

附表39　劳动纪律达标

主要责任人：人力资源处负责人
责任人：考核办负责人、车间负责人、安保后勤处负责人、总经理办负责人

序号	项目	考核标准
1	按时参加上班前的晨训	未按时参加上班前的晨训1次罚款5元
2	上下班不迟到、早退	上下班迟到、早退1次罚款2元
3	上班不准闲谈,不准高声喧哗、嬉戏打闹	上班闲谈、高声喧哗、嬉戏打闹1次罚款2元
4	遵守作息制度，按时就餐	计时员工及管理人员未到下班时间提前吃饭1次罚款2元
5	上班一律穿戴工作服和劳保用品	上班时间不着工装上岗1次罚款5元
6	按时参加公司会议、学习培训	开会、学习迟到、早退每次罚款2元 无故缺席每次罚款5元
7	讲究社会公德，使用文明用语，不得随地吐痰，乱扔果皮纸屑烟头和其他杂物，不能乱倒垃圾脏物，不得在非指定地点（食堂、宿舍、办公楼大厅以外场所）吸烟、吃槟榔，不得喝酒上岗	员工不使用文明用语1次罚款1元 随地吐痰，乱扔果皮纸屑烟头和其他杂物，乱倒垃圾脏物的1次罚款1元 在非指定地点吸烟1次罚款40元 在非指定点吃槟榔1次罚款5元 喝酒上岗1次罚款4元
8	讲究清洁卫生，每周清理打扫好室内和公共卫生，创造清洁卫生的办公环境	门窗玻璃有灰尘，地面不清洁，室内有蛛网，1处扣2元
9	未到下班时间不得挤在门卫候车，员工应有秩序上车，不许一哄而上，保持车内清洁卫生	未到下班时间在非指定地点候车1次罚款1元 不讲秩序一哄而上，一次罚款1元 在车内乱扔杂物一次罚款2元
10	公司内（含宿舍、食堂）任何时候严禁打牌、赌博，严禁上黄色网站，宿舍严禁使用电炉	凡在公司内打牌、赌博、上黄色网站的员工发现后按每人次罚款20元 在宿舍内使用电炉发现1次罚款50元
11	严格请假手续，凡请假2天内须经车间、人力资源处批准，2天以上（含2天）须经总经理或行政副总经理批准	凡未经批准，擅自离岗者作旷工处理

（2）设备维护保养正常台台达标。

附表40　设备维护保养正常达标

序号	项目	考核标准
1	衡器、温度表、压力表、实验仪器等检测设备是否按要求使用、保养，是否正常运行，是否有记录	衡器、温度表、压力表、实验仪器等检测设备检查时不能正常运行，没有记录。每次罚1元
2	每台设备是否按规定润滑，紧固易松动的螺丝，检查零部件的完整	检查时设备不润滑，要紧固的螺丝松动，设备的零部件不完整，每次罚5元
3	与蒸汽、水有关的管道和设备跑冒滴漏，是否及时维修	与蒸汽、水有关的管道和设备跑冒滴漏，没有及时维修，每次罚1元

续表

序号	项目	考核标准
4	设备是否润滑，需要时时加油的设备是否做到时时加油，如链条等	需要时时加油的设备检查时干燥无油，每次罚2元
5	加温滚筒两端的轴承是否按规定加注油脂	加温滚筒两端的轴承干燥没有油脂，每次罚3元
6	各减速器（含无级变速器、蜗轮蜗杆减速器，摆线针轮减速器）以及油压缸内油箱是否按规定换油	各减速器（含无级变速器、涡轮蜗杆减速器，摆线针轮减速器）以及油压缸内油箱的油，检查时无油或油已经污染变质，每次罚2元
7	空压机内的油面是否低于最低油面	空压机内的油面低于最低油面，每次罚5元
8	高、低压配电屏内外灰尘是否打扫，是否经常检查电器部件	高、低压配电屏内外有积尘，每次罚1元 检查电器部件时有缺损，每次罚1元
9	恒温恒湿机过滤网及室外散热片保持清洁	恒温恒湿机过滤网及室外散热片有积尘每次罚1元
10	空调初、中级过滤器是否要求定时清洗	空调初、中级过滤器堵塞、破损，每次罚1元
11	纯化水装置、管道是否按要求定时消毒、清洗	纯化水装置、管道有沉积物，每次罚1元
12	停机后，是否关好水、电、气、汽，设备表面无积尘、料皮、料垢。是否完工场清，要求漆见本色轴见光	停机后没有关好水、电、气、汽，每次罚1元 设备表面有积尘、料皮、料垢，工场内地面有积水、积尘，每次罚1元
13	设备事故是否按照三不放过的原则来处理	设备事故没按照三不放过的原则处理，每次罚5元

（3）物料堆放件件达标。

附表41　物料堆放达标

主要责任人：考核办负责人
责任人：考核员、车间负责人、安保后勤处负责人、质量管理处QA员

范围	序号	项目	考核标准
车间	1	各种包装材料要根据各产品的要求，分类堆放整齐，不能交叉堆放	各种包装材料交叉堆放，没有按品种、规格、批号分别堆放整齐并挂有标志牌，每次罚1元
	2	原料、辅料、半成品、备品、配件、工具、车辆、五金件等分门类按区域在定置区内摆放整齐，必须做到账、物、卡相符	原辅料、半成品、备品、配件、工具、车辆等不在规定的存放间或存放区内摆放整齐，每次罚1元 没有标志牌，每次罚1元 账、物、卡不相符，每次罚1
	3	拖把、抹布等卫生工具必须洗净拧干在车间内指定地方悬挂整齐	拖把、抹布等卫生工具没有整齐放在车间内指定的地方每次罚1元
	4	料桶在定置区内摆放整齐，要求横成行，竖成列，桶盖要统一，规范，货位卡要完整、准确、清晰	料桶没有在定置区内摆放整齐，桶盖不统一不规范，每次罚1元；货位卡不完整、准确、清晰，每次罚1元

续表

范围	序号	项目	考核标准
仓库	1	物料按类别、按定置堆放整齐，横成行，竖成列	仓库物料没有按其检验情况存放在指定的待验区（黄）、合格区（绿）、不合格区（红）每次罚1元；标志不明显，货位卡不统一，每次罚1元
	2	品种、规格、数量、生产厂家分清，标志明显，字迹工整，使用统一货位卡，卡、账、物相符	品种、规格、数量、生产厂家不清，标志不明显，货位卡不统一，填写不规范，每次罚1元 卡、账、物不相符，每次罚1元
	3	保持仓库卫生和管理有序，坚持“三勤四无”即勤打扫、勤整理、勤检查，无虫伤、无鼠咬、无发霉、无变质	地面有积水、积尘及堆放的物料有积尘，每次罚1元 货物上没有明显的质量标记，养护的中药材有虫伤、鼠咬、发霉、变质没有及时发现和及时处理每次罚5元
	4	物资采用先进先出的方式，定期翻仓，车间退库物料不能任意处理	物资没有执行先进先出，每次罚1元 车间退库物料任意处理，每次罚2元

（4）交接班次次达标。

附表42　交接班次达标

主要责任人：考核办负责人
责任人：考核员、车间负责人、安保后勤处负责人、质量管理处QA员

检查的内容	序号	项目	考核标准
是否严格执行了交接班“面对面，手换手，你不来，我不走”规定和“六不走”规定	1	设备不擦拭、保养好不走	设备表面有灰尘、料皮、料垢，每次罚1元 需加油保养的设备没加油，每次罚1元
	2	工料、产品不定置整齐不走	工料、产品没有在规定的存放间或存放区内摆放整齐，每次罚1元
	3	工具不清点收摆好不走	容器、工具没有在规定区摆放整齐，每次罚1元；没有挂明显的标识牌，每次罚1元
	4	原始记录、清场记录等各种交接班记录不填好不走	原始记录、清场记录等各种交接班记录填写不完全、不规范，每次罚1元
	5	卫生不打扫干净不走	地面有积水，墙面、设备表面有料皮、料垢，每次罚1元
	6	应关的气、水、电、汽闸门开关不关好不走	应关的气、水、电、汽没有关好，每次罚2元
是否严格执行了晨训要求	7	是否对前一天的工作进行了总结，对当天的工作进行了安排，并有记载	没有对前一天的工作进行总结，对当天的工作进行安排并记录，每次罚2元

（5）批记录批批达标。

附表 43　批记录达标

主要责任人：质量管理处负责人
责任人：质量管理处 QA 员、考核办负责人

检查的内容	序号	项目	考核标准
通过批记录批批达标，严格按“四个一”的运行机制，即要做到“一天一统计，一天一整理，一周一查物料平衡，一旬一统计”，巩固 GMP 运行效果	1	批记录做到“及时准确，真实完整，整洁规范”，操作现场是否有记录，记录是否由操作工填写且准确、真实，是否执行复核，填写是否规范整洁	操作现场没有批记录，批记录不是由操作工填写的，记录不准确、真实，没有执行复核，填写不规范、整洁，每次罚 1 元
	2	构成批记录的批生产记录、批包装记录、批检验记录及相关配套附件必须齐全、真实。供应商提供的凭证包括报告单、送货凭证应随货同时验收	构成批记录的批生产记录、批包装记录、批检验记录及相关配套附件不齐全，不真实，每次罚 2 元 供应商提供的凭证包括报告单、送货凭证应随货同时验收，未及时的供应处应当天（传真）向商家索回，不能传真的在第三天向商家邮寄索回，在规定时间内未完成的，推迟一天罚 1 元
	3	完成各项记录的人应根据实际发生情况认真适时填写，不能写成回忆录和备忘录，填写的内容必须正确，不能记流水账	填写记录不及时，填写回忆录或提前填写记录，填写的内容不规范，每次罚 1 元
	4	批记录要及时审核、及时归档	成品入库后第一天车间应完成该批成品的批记录审核并上交生产技术处，生产技术处在第二天上交质量管理处，质量管理处在第四天应审核放行、归档。未及时上交、归档每推迟一天罚 1 元
	5	出现偏差时，是否及时处理，并按偏差意见执行，是否有记录，并纳入批记录；出现不合格物料时供应处及时处理，仓库、车间按处理意见执行	出现偏差或不合格物料时，没有及时处理，每次罚 1 元 没按偏差意见或不合格物料处理意见执行并记录，每次罚 1 元 记录没有纳入批记录每次罚 1 元

（6）成本管理每批达标。

附表 44　成本管理达标

主要责任人：财务劳资处负责人
责任人：考核办负责人、质量管理处 QA 员、车间负责人、生产技术处总调度

序号	项目	考核标准
1	采购的原辅材料和包装材料是否经过三家以上的厂家的比较，其性价比是否合理，供应是否及时	原辅材料、包装材料供应不及时，每推迟一天罚 5 元
2	采购的设备和机物料的性价比是否合理	采购的设备性能不符合要求，机物料质量不合格，每次罚 5 元，并责令调换

续表

序号	项目	考核标准
3	是否严格执行消耗定额标准，根据每批产量计划数和质量合格率指标按指令领料	没有按指定指令领料，每次罚1元（含发料人和领料人）；补料要生产主管签字确认，仓库方可发料，补料手续不全每次罚1元（含发料人和领料人）
4	根据入库单、批记录和《生产日报表》检查每批产品投入产出率是否达标，检查单个产品每批实际消耗是否达到定额消耗标准	根据入库单、批记录和《生产日报表》检查每批产品投入产出率不符合标准，每次罚1元；检查单个产品每批实际消耗超过定额消耗标准，每次罚1元（对有误的消耗定额先报告，经核算复核后予以调整）
5	严格各工序的产品的定额消耗，每批产品的工序消耗是否控制在规定的范围内	每批产品的工序消耗超过规定的范围，每次罚1元
6	当班产品投入产出不达标时，要追查原因，检查是否有浪费现象，同时对出现的问题及时解决，并使之标准化以防止再发生	当班产品投入产出不符合标准时，没有追查原因，没有检查是否有浪费现象，每次罚1元 对出现的问题没有及时解决，每次罚1元
7	减少设备停机时间	正常生产时，设备时时停机影响生产，每次罚1元
8	在每批生产过程中，各车间和工序要密切配合，缩短生产交期	在每批生产过程中，各车间和工序配合不协调，延长了生产交期，每次罚2元
9	供应、财务、生产和质量等部门应密切配合，缩短生产交期	供应、财务、生产和质量等部门配合不协调，延长了生产交期，每次罚2元
10	通过生产调度会形式，合理调度生产，降低水电气消耗，防止长明灯和跑冒滴漏的现象	有长明灯和跑冒滴漏的现象，每次罚2元 两个车间不能同时生产时应先报告后安排，安排欠科学，一次罚款2元
11	接到仓库主管需要协助搬运的报告应主动配合	对仓库搬运不积极配合的，一次罚款2元；对收、发货物造成延误损失的，一次罚主管10元（比如客户离厂而去、延误生产的）

（7）现场操作行为时时达标。

附表45　现场操作行为达标

主要责任人：生产技术处负责人
责任人：考核办负责人、质量管理处QA员、车间负责人、生产技术处工艺主管

序号	项目	考核标准
1	按规定穿戴好工作服、工作鞋、帽、手套、口罩，工作鞋不能穿离一般生产区	没有按规定穿戴好工作服、工作鞋、帽、手套、口罩，每次罚1元 穿白大褂进入卫生间，每次罚1元 工作鞋、白大褂穿离一般生产区，每次罚1元
2	根据设备参数，不得超负荷运行	设备超负荷运行，每次罚1元
3	根据工艺参数，严格执行工艺控制点，如性状、装量差异、混合时间、片重差异、过滤次数、装箱数量等	没有控制工艺点，如性状、装量差异、混合时间、片重差异、过滤次数、装箱数量等，每次罚1元
4	计量器具是否在使用前校准	计量器具在使用前没有校准，每次罚1元

续表

序号	项目	考核标准
5	与药品直接接触的容器、设备内表面使用前是否洁净	与药品直接接触的容器、设备内表面使用前有灰尘、杂物，每次罚 1 元
6	给设备注油时，油是否溢出与药品直接接触	设备注油时，油溢出与药品直接接触，每次罚 1 元
7	是否按生产指令领料，不可避免时是否领最小包装	没有按生产指令领料，不可避免时不是领最小包装，每次罚 1 元
8	各工序流转的物料是否有盘装单	各工序流转的物料没有放盘装单，每次罚 1 元
9	每天必须清倒生产废弃物	生产废弃物没有当天清倒，每次罚 1 元
10	是否 QA 员在场时投料	QA 员不在场监控时投料，每次罚 1 元
11	同一操作间、同一台设备不能同时生产不同品种及不同规格的产品	同一操作间，如同时生产不同品种及不同规格的产品，没有采取有效的隔离措施，每次罚 2 元

（8）药品质量、生产计划每批达标。

附表 46　药品质量达标

主要责任人：生产技术处负责人、质量管理处负责人
责任人：考核办负责人、质量管理处 QA 员、车间负责人、生产技术工艺主管、生产技术处总调度

内容	序号	项目	考核标准
药品质量批批达标	1	物料是否符合药用标准，符合包装材料标准，供应商是否审核合格	原辅料不符合药用标准（没有药用标准的除外）每次罚 1 元 包装材料不符合标准每次罚 1 元 供应商不经审核或审核不合格，每次罚 1 元
	2	原辅料、包装材料、中间产品、成品是否按放行单放行、不合格物料未经处理不能放行，是否及时出放行单	原辅料、包装材料、中间产品、成品没有按放行单放行，每次罚 1 元 不合格物料未经处理就放行使用，每次罚 1 元 没有及时出放行单，每推迟一天罚 1 元
	3	配料时是否在监控下投料，是否一人称量，一人复核，QA 员在场监控	配料时没有第二人复核，QA 员不在场监控，每次罚 1 元
	4	每批的包装品在打印批号、生产日期、有效期时，QA 员是否复核并签字	每批的包装品在打印批号、生产日期、有效期时，没有经 QA 员复核并签字认可，就擅自打印的，每次罚 1 元
	5	生产过程中维修设备时，机物料是否掉入药品中	生产过程中维修设备时，机物料掉入药品中未发现，每次罚 1 元 未及时处理，每次罚 1 元
	6	取样是否具有代表性，取样器具是否符合规定，作为微生物的取样器具是否经灭菌处理	取样器具不符合规定，作为微生物的取样器具不经灭菌处理，每次罚 1 元 取样没有代表性，每次罚 1 元
	7	物料是否密封保存	物料没有密封保存，每次罚 1 元

附表 47　生产计划达标

主要责任人：生产技术处负责人、质量管理处负责人
责任人：考核办负责人、质量管理处 QA 员、车间负责人、生产技术工艺主管、生产技术处总调度

内容	序号	内容	内容
生产计划每批达标	1	检查是否在每天下午 3：00 前由计划员与销售部门衔接各车间的生产计划，计划的衔接是否按照交货先后的原则执行	每天下午 3：00 前，计划员没有与销售部门衔接各车间的生产计划，每次罚 1 元 计划的衔接没有按照交货先后的原则执行，每次罚 1 元
	2	检查生产指令是否完整、准确，指令的各要素是否明确	生产指令不完整、准确，指令的各要素不明确，每次罚 1 元
	3	是否召开生产调度会，计划安排是否周密，车间的生产计划是否及时交给车间主任去安排执行	没有召开生产调度会，每次罚 1 元 车间主任没有及时根据生产计划安排生产，每次罚 1 元
	4	计划员必须随时掌握了解生产进度和生产产量、质量情况，发现问题及时上报或处理，保证按时交货	计划员没有掌握生产进度和生产产量、质量情况，每次罚 1 元 发现问题没有及时上报处理，不能保证按时交货每次罚 1 元
	5	检查每批产品是否按计划、时间、数量完成，产出数和计划数之差不得超过生产指令规定的数量，当延误生产计划时间时检查原因是否分清，责任是否落实到人	产品没有按计划、时间、数量完成，每次罚 1 元 批产出数和计划数之差超过生产指令规定的数量时检查原因不分清，责任没有落实到人，每次罚 1 元 当延误生产计划时间时检查原因不分清，责任没有落实到人，每次罚 1 元
	6	是否两个以上车间生产时才可安排启炉	只有一个车间生产时安排了启炉，每次罚 1 元
	7	有晚班生产时是否安排值班员，值班员是否在岗	有晚班生产时没有安排值班员，每次罚 1 元 值班员不在岗，每次罚 1 元

附录3 湖南新汇制药股份有限公司诚信构建积分管理实施方案

前 言

相对于企业内部基础管理而言，积分制管理是把积分制度用于对人的管理，用积分来衡量人的自我价值，反映和考核人的综合表现，并把各种精神、物质待遇与积分挂钩，达到激励人的主观能动性，充分调动人的积极性的一种管理机制。员工的积分渗透着公司企业文化的感召和精髓，反映出员工认同公司文化的淳朴品质，揭示出员工内心世界爱岗敬业的思想境界和精神文明；公司在按规定支付员工工资以外，特别设定相应的精神、物质待遇，用以与员工产生的积分挂钩，使热爱公司、乐于奉献的员工客观上获得相应的礼遇表示，以克服良莠不齐的平均主义弊端，鼓舞先进，激励后进，弘扬正气，促进发展，彰显了公司与员工互尊互爱的朴实情结。近几年来，公司矢志不渝地开展诚信构建工作，将诚信构建工作融入公司基础管理和药品 GMP 管理的各个环节，广大员工的诚信意识不断提高，取得了较好的管理效果，公司的精神面貌以及生产和销售等各项工作都发生了深刻的变化。当前，公司正扎扎实实地在做好“市场销售、产品创新、资本市场、基础管理”四篇文章，带领员工披荆斩棘，破浪前行。公司顶层决策者高瞻远瞩，再接再厉，将公司卓有成效的诚信构建工作融入积分管理机制，以丰富公司诚信文化内涵，提升公司诚信文化品位。毋庸置疑，此举将进一步夯实公司基础管理，进一步加快实现公司“一二三工程”战略目标。

诚然，“积分管理”也绝对不是一个新兴的“时髦的管理概念”，但也绝对不是一个“过时的管理概念”。把积分作为一种管理手段，这种思想由来已久，源远流长，至今无数个企业都在运用，并且是几乎所有领先公司在管理上的一个重要特征。公司成立10多年来，始终坚持“诚信”、“创新”理念，特别是2008年以来，结合公司实际，引入诚信文化，从内部管理着手，以“诚信考核”为措施，构建了自身特色的“药品生产企业诚信文化建设体系”，为药品生产诚信构建走出了一条具有自身特色的成功之路，此举将进一步夯实公司基础管理，进一步加快实现公司“一二三工程”战略目标。

（一）指导思想

用积分管理机制对员工的能力和综合表现进行全方位量化和考核，并用软件记录和永久性使用，满足员工的精神需求，持续推进公司诚信文化建设，充分调动员工的积极性，激励员工的主观能动性，区分工作态度和工作质量的优劣，拉开精神、物质待遇差距，解决分配上的“大锅饭”，形成“众人拾柴火焰高”的爱岗敬业氛围，把公司“基础管理”这篇文章做到极致，有效地增强各项制度的执行力，促进公司各项战略目标如期实现。

（二）管理方针

公司以“一统二评三结合”为诚信构建积分管理方针。其含义是——“一统”：即运用《新汇员工通用工作标准》来统一员工日常言行举止；“二评”：开展诚信构建岗位职责考核评定，开展诚信构建奉献精神评定；“三结合”：诚信积分管理与诚信构建岗位职责考核评定相结合，诚信积分管理与实施公司《员工通用工作标准》相结合，诚信积分管理与实施公司《内外“零投诉”规定》相结合。通过实施“一统二评三结合”的《诚信构建积分管理方针》，进一步丰富公司诚信文化内涵，牢牢构建起新汇员工爱岗敬业的精神支柱，充分体现出新汇员工的自我价值，不断开创新汇内部基础管理的新局面。

（三）组织体系

成立公司“诚信构建积分管理领导小组”，公司董事长或总经理任诚信构建积分管理领导小组组长，主管任副组长，高管成员为领导小组成员。积分管理领导小组下设办公室（办公室设人力资源处），熊龙富兼任积分管理办公室主任。为充分发挥中层以上干部的领导监督作用，以部门为单位下设11个积分管理执行组（其中部门人数较多的营销、生产系统设立执行分组）。

第1执行组：总经理办公室执行组（名单略）。

第2执行组：人力资源处执行组（名单略）。

第3执行组：营销中心执行组（名单略），其中分成“A6以”直营部、“A6以”招商部、“B6以”业务部、基药业务部、市场管理部、政府事务部6个分组。

第4执行组：中药饮片销售部执行组（名单略）。

第5执行组：创新中心执行组（名单略）。

第6执行组：供应处执行组（名单略）。

第7执行组：财务劳资处执行组（名单略）。

第8执行组：安保后勤处执行组（名单略）。

第9执行组：质量控制处执行组（名单略）。

第10执行组：生产系统执行组（名单略），其中分成设备环保处、生产技术处、前处理车间、固剂车间、液剂车间、中药饮片车间6个分组。

第11执行组：湖南新汇医药有限公司执行组（名单略）。

（四）宣传发动

2014年2月下旬至3月初，为正式启动《诚信构建积分管理办法》的宣传发动阶段（2013年5月起试运行）。

（1）召开高管会议，讨论通过修订版《诚信构建积分管理实施方案》，高层管理人员形成共识，齐抓共管。

（2）召开中层以上干部会议，就《诚信构建积分管理实施方案》（修订版）进行培训。要求学深学透，明确诚信构建积分管理的重要意义并能够熟练操作。

（3）分部门组织学习讨论《诚信构建积分管理实施方案》（修订版），要求学深学透，明确诚信构建积分管理的重要意义，要求各部门写出《积分管理工作计划》。

（五）实施措施

1. 界定积分范畴

（1）积分管理机制人员界定。凡是与湖南新汇制药股份有限公司（含湖南新汇医药有限公司）签订《劳动合同》并在新汇制药（含新汇医药）管理、科研、生产、营销部门上班的新、老员工，属新汇制药使用积分管理的人员。公司董事长、总经理、外聘专家（师傅）和已办理退休手续或已到退休年龄受公司聘用未签劳动合同在公司上班的人员不进入公司诚信积分管理系列，但按本方案规定，有责任和义务执行公司诚信积分奖扣分制度，其中公司老板和总经理还可对作出重大贡献的人员实现诚信积分重奖。

（2）积分管理机制时段界定。属于湖南新汇制药股份有限公司积分管理机制人员界定范畴的人员，参与公司积分管理的时间一律从 2014 年 2 月 7 日起计算积分，所有参与公司积分管理人员的基础积分一律从“零分”开始。

（3）积分管理机制内容界定。实施积分管理的内容包括：

1）固定积分内容。“固定积分”是指员工的能力积分，包括员工的学历、特长、职称、职位等个人具备的才能积分。固定积分的高低由公司积分管理办公室依据员工个人档案资料，根据公司《积分管理奖分扣分标准》一次性核准，报公司积分管理领导小组审定执行。

2）浮动积分内容。“浮动积分”是指员工在履行岗位职责和为人处世中的积分。浮动积分包括：①“岗位职责考核”积分（简称“A 分”），由公司诚信构建考核体系依据员工履职优劣考核确定；②“个人表现考核”积分（简称“B 分”），由公司诚信构建积分管理执行体系依据员工的表现情况，根据公司《积分管理奖分扣分标准》累计评定。

2. 员工积分统计

（1）员工积分统计为：①月度积分（当月积分）；②年度积分（当年积分）；③累计积分（多年积分）。

（2）员工所得“A 分”，是该员工用以与工资挂钩的依据，员工“A 分”乘以 2 加上“B 分”的代数和为该员工每个时段，用以与公司相应的精神、物质待遇挂钩的“诚信综合积分”。

（3）员工在新汇工作期间直至退休之日，其积累的“诚信综合积分”享受本方案规定的待遇（包括员工退休时享受的诚信综合积分特殊津贴），但员工在退休之前离开新汇的，无论任何原因，其诚信综合积分至该员工在新汇工作期间已享受的最后 1 次积分待遇之日起失效。

3. 奖分扣分标准

第 1 条：公司诚信构建考核体系对员工的“诚信（岗位职责）考核”办法及扣分标准继续实施，为“100 分考核扣分制”，其考核得分为“A 分”。员工的“A 分”不实行奖分。

第 2 条：凡违反公司《通用工作标准》，受到公司按《通用工作标准经济处罚细则》处罚的，每次扣积分 20~1000 分。

第 3 条：员工在实施公司《员工通用工作标准》中有突出成绩，受到公司按《通用工作标准奖励细则》表彰奖励的，视其取得成绩的程度奖积分 50~1000 分。

第 4 条：员工德、能、勤、绩综合表现突出，在公司能起到榜样、模范、标兵作用的，由公司诚信积分管理办公室收集、整理材料，报公司老板、总经理重奖积分。

第 5 条：员工未经请假批准不参加晨训，每次扣积分 5 分，上班迟到 30 分钟内（从晨训开始）每次扣积分 10 分，迟到 30 分钟（不含）至 60 分钟扣积分 20 分。

第 6 条：员工大会旷会 1 次扣积分 50 分，迟到、早退一次扣积分 20 分。大会上因违反会场纪律受到处罚的，每次扣积分 20 分。

第 7 条：员工积极参加公司年终文艺活动，对获奖的演出团队分别给予一等奖每人平均 100 分、二等奖每人平均 50 分、三等奖每人平均 20 分的积分奖分。

第 8 条：各部门每月召开会议不少于 2 次，并做好记录，每缺 1 次扣部门负责人积分 50 分。

第 9 条：当月病假休息（持医院证明并向公司请假获准）8 天以上，每天扣积分 5 分。

第 10 条：请事假 1 天以上，每天扣积分 20 分。

第 11 条：元旦、春节、五一、十一国家法定假日上班，每天奖积分 40 分（春节除夕、初一、初二、初三上班人员每天增加积分 20 分）；因公司工作需要通知周末上班未上班者，每次扣积分 50 分。

第 12 条：员工因工作需要，早上提前上班，每小时奖积分 5 分（班车司机在完成接送员工上下班任务后临时安排出车执行公司其他任务，每小时另奖积分 5 分，每次另奖积分 20 分封顶）；员工下午下班后因工作需要安排加班，每小时另奖积分 5 分（每次另奖积分 20 分封顶）。

第 13 条：公司或部门因工作需要周末安排员工加班，每加班 1 天，奖积分 20 分；因工作需要，通知加班不到场的，扣积分 40 分。

第 14 条：员工在上班时间以外不计得失，主动做有利于公司的好人好事，视其所做好人好事的影响力，每次奖积分 5~10 分。

第 15 条：工作不服从安排的每次扣积分 50~100 分。

第 16 条：员工固定积分。高中（含中专、高职）学历每年另加积分 20 分；大专学历每年另加积分 40 分；本科学历（或初级职称）每年另加积分 80 分；硕士学位（或中级职称、执业药师）每年另加积分 150 分；博士学位（或高级职称）每年另加积分 200 分。部门主管、班组长级别每年加积分 50 分；中层副职、地市经理（含创新中心一般创新人员）级别每年加积分 100 分；中层正职（含创新中心副主任）、省区经理级别每人每年加积分 150 分；部门主管、班组长以下的岗位固定积分由各部门根据其岗位、工种职能职责确定不高于 50 分的岗位固定积分。

第 17 条：员工有较高的专业技术水平，在同类岗位中具有专业技术实力和特殊专长，经部门申报，分管副总审核确认，并经诚信积分管理领导小组每月审核确认，每月奖积分 50~100 分。

第 18 条：员工具有胜任本岗位工作以外的个人特长并发挥该特长为公司工作服务，经部门申报，分管副总审核，并经诚信积分管理领导小组每月审核确认，每次奖积分 50~100 分。

第 19 条：7 点至 22 点 30 分电话无法接通又无正当原因的，每次扣积分 10 分。

第 20 条：上班时间不穿工作服、不佩戴厂徽的，每次（当天）扣积分 10 分。

第 21 条：接待外来客人不使用文明语言、服务不到位的每次扣接待人积分 10 分，损害公司形象、对公司工作造成影响的（有人投诉或上司直接发现的）每次扣接待人积分 20~100 分。

第 22 条：违背公司《诚信销售“一二三”准则》的，每次扣责任人积分 10 分，给公司销售工作造成影响和损失的每次扣责任人积分 50~200 分。

第 23 条：以公司名义或以“新汇员工”身份与外界交往不讲诚信，直接或间接影响公司声誉的（有人投诉或上司直接发现的）每次扣积分 10~100 分。

第 24 条：员工在与社会交往中有助人为乐、见义勇为等优秀事迹受到国家机关、企事业单位、人民团体及人民群众表彰、感谢的，视情奖积分 50~500 分。

第 25 条：员工坚持正义，弘扬正气，抵制错误思想和不良行为，视情每次奖积分 50~200 分。

第 26 条：造谣、传谣、信谣或在公共场所说怪话损害公司声誉，凡有人反映的，每次分别扣积分 200 分、100 分、50 分、50 分。

第 27 条：考勤不如实打的每次扣积分 100 分。

第 28 条：下班后不关办公室电源、门卫保安人员或管理人员发现的，每次扣积分 100 分。

第 29 条：员工在公司用水后不关水龙头（直接责任人）或对长流水视而不见的（间接责任人），分别扣积分 100 分、50 分；未发现直接、间接责任人的，扣后勤部门主要负责人积分 10 分；因水龙头无法关闭，报告后勤部门未及时解决的，分别扣后勤、设备部门主要负责人积分 10 分。

第 30 条：在厂区乱丢果皮纸屑烟蒂等废弃物品或对乱丢的废弃物品视而不见的，分别扣积分 50 分、10 分；未发现直接、间接责任人的，扣后勤部门主要负责人积分 10 分。

第 31 条：员工必须掌握和执行 GMP 对卫生的要求，凡违背《GMP 卫生管理内容》（环境卫生、工艺卫生和人员卫生）要求的，对责任人每人每次扣积分 10~20 分。

第 32 条：员工热爱公司，爱护公物，履行节约，主动做对公司有益的事，或者有节约方案并被采纳的，每次视情节奖积分 20~30 分。

第 33 条：员工大会中途如安排抽奖或游戏活动，主持人奖积分 10 分，组织人员奖积分 10 分，参加人员奖积分 5~10 分，优胜者可另奖积分 5~10 分。

第 34 条：向各级媒体就公司发展的正面动态图文及与公司发展有关的论文投稿被采用的，本公司网站、刊物每篇（幅）奖积分 20 分，望城县级每篇（幅）奖 50 分，长沙市级每篇（幅）奖积分 100 分，省级（含外省）每篇（幅）奖积分 200 分，国家级（中央及部委办局）每篇（幅）奖积分 300 分（县级以上媒体指各级报纸杂志、电视、广播、网络）。

第 35 条：介绍人才来公司上班，经人力资源处按规定办理入职手续并经公司领导批准确认为人才的，每一名奖积分 500 分，先兑现一半积分，半年后再兑现另一半积分。

第 36 条：不严格执行岗位职责，导致外部投诉，对公司造成不好影响的，经落实属实，除按“投诉级别”扣当事者相应“A 分”外，按“ABCD”投诉级别，分别扣除当事者积分 200 分、150 分、100 分、50 分。

第 37 条：不严格执行岗位职责，导致内部投诉，经落实属实，除按“投诉级别”扣当事者相应“A分”外，按“ABCD”投诉级别，分别扣除当事者积分50分、40分、30分、20分。

第38条：员工当月本职工作无内部投诉，奖积分20分；员工当月本职工作无外部投诉，奖积分50分。

第39条：凡造成重大经济损失的，除按有关规定负经济责任外，直接责任人按每1元扣积分1分，连带责任人视情节轻重按每50元扣积分1分。

第40条：员工在做好本岗位应知应会工作的前提下，追求卓越，富有创新精神，岗位工作较同类岗位有明显特色，经分管副总提议，并经积分管理办公室报诚信积分管理领导小组审核确认的，视其有利于公司的发展和完美程度，奖积分50~200分。

第41条：实行工龄积分递增制，自本方案正式实施之日起，凡在新汇工作时间满1年的，奖新汇工龄积分500分，每增加1年，按A级员工加300分、B级员工加200分递增工龄积分。

第42条：员工认真贯彻落实公司“一切服务销售，一切服从销售”的工作要求，在服务和服从销售方面作出突出贡献的每件有明显成效的具体事实奖积分100~300分；营销业务人员按月完成销售回款任务，分别按“A6以”、“B6以”、基药、OTC连锁各模式中的第一名另奖积分300分，第二名另奖积分200分，第三名另奖积分100分，各模式营销业务人员未按月完成销售回款任务的倒数第一名扣积分100分。

第43条：员工认真贯彻落实公司年初经营方案，部门全年完成目标任务，奖部门负责人积分300分。营销终端建设成功，湖南基药模式对辖区以县（市）为单位乡镇卫生院产品覆盖90%以上（含），村级卫生室60%以上（含），并对市场价格维护到位，奖当年内地（市）责任人积分1000分。“A6以”招商模式客户回款月平均50万元以上，奖责任人积分500分/年，20万元/月以上奖200分/年，10万元/月以上奖150分/年，5万元/月以上奖100分/年，以下不奖；“B6以”模式一级分销回款300万元以上，责任人奖300分/年，200万元以上奖200分/年，100万元以上奖100分/年，以下不奖；基药模式每县每年回款30万元以上，责任人奖300分/年。

第44条：员工认真执行公司诚信考核“四四三”工程，及时上报工作日报、周报、月报（含营销人员报考勤、报周报）并做到内容真实详尽，分别奖积分5

分、10分、20分，否则分别扣积分10分、20分、40分。

第45条：员工未经上级领导同意，对原则问题随意表态和擅作主张，使公司工作被动造成负面影响的，视影响程度一次扣积分100~300分，营销人员擅自签订不平等合同或改商业配送单位（含从事直营医院不及时签订相关合同）的一次扣积分300分。

第46条：员工对本部门或身边出现的有损公司形象和利益的现象能主动妥善正确处理，一次奖积分20~50分；营销业务人员及时处理呆烂账、区域串货等现象每次奖积分100分。

第47条：员工及时完成公司交办的临时性工作任务一次奖积分5~10分，否则1次视情节扣积分10~20分。

第48条：公司鼓励员工发挥个人聪明才智，关注和支持创造发明，因技术创新，申请专利（或无效竞争对手专利），获得专利受理书后，包装专利发明人奖积分100分、实用新型专利发明人奖积分200分、发明专利发明人奖积分300分。

第49条：公司鼓励员工采撷提供科技项目信息，经公司确认并组织申报后，获得区级、市级、省级、国家级批准的，主要负责人分别奖积分100分、150分、200分、300分，第二负责人分别按60%奖积分，辅助人员及提供准确信息的人员分别按30%奖积分。

第50条：公司鼓励员工为公司的产品不断创新和提升标准、不断研发出具有市场竞争力的新产品共同努力。凡提升标准被收载于《中国药典》的，凡获得新药临床批件、新药证书、新药批文的，主要负责人奖积分1000分，第二负责人按60%奖积分，辅助和参与人员按30%奖积分；获得新药临床批件的，主要负责人奖积分600分，第二负责人按60%奖积分，辅助和参与人员按30%奖积分。创新中心负责的药品申报未获得补充申请批件每次扣主要负责人积分50分，未获得新药临床批件每次扣主要负责人积分100分，未获得新药证书或新药生产批文每次扣主要负责人积分200分，第二负责人分别按60%扣积分，辅助人员分别按30%扣积分。

第51条：生产工艺重大创新、生产设备技术革新及管理工作改革创新（指降低成本、提高疗效、提高生产效率、促进发展等），主要负责人奖积分400分，第二负责人按60%奖积分，辅助和参与人员按30%奖积分；科技成果获得鉴定证书的，牵头人奖积分 500 分，参与人员按 40%奖积分。

第 52 条：各部门月计划任务、年计划任务未按时完成，一般工作扣主要负责人积分 30 分、50 分，重点工作扣主要负责人积分 50 分、100 分，第二负责人和一般工作人员分别按 60%和 30%扣积分。

第 53 条：全员重视执行国家 GMP 标准，坚决落实公司 GMP 管理“一二三四”工程，凡抽查提问时能准确回答其本岗位或其他岗位相关内容的奖积分 20~100 分。

第 54 条：在各级药监部门对公司药品生产的检查中，所检查的项目无缺陷的，奖当班工作人员积分 10 分，被检查出缺陷的，每项扣当班工作人员积分 20 分，并株连当班工作人员的部门负责人 10 分，即扣部门负责人积分 10 分。

第 55 条：全年内实现公司产品外部零投诉，在各级药监部门无任何不良记录，质量控制部门主要负责人奖积分 1000 分；QA、QC 人员，车间、原辅材料供应部门及相关部门第一负责人按 60%奖积分，第二负责人及车间主要操作人员按 50%奖积分，相关操作人员按 30%奖积分。

第 56 条：全年内出现 1 次以上在药监部门备案并公示的药品质量事故或被相关媒体披露的药品质量事故外部投诉，质量控制部门主要负责人扣积分 1000 分；QA、QC 人员，车间、原辅材料供应部门第一负责人及入库验收人员按 60%扣积分，第二负责人及车间主要操作人员按 50%扣积分，相关操作人员按 30%扣积分。

第 57 条：发现药品生产和药品质量事故苗头及时报告，经确认确属事故苗头并采取相应措施控制了药品生产和药品质量事故发生的，奖报告人积分 100 分。

第 58 条：发现药品质量事故苗头未按公司《药品质量事故应急预案》迅速妥善处置的，扣《药品质量事故应急预案》领导小组办公室主要负责人积分 200 分，并分别扣处置不力的相关人员积分 100 分。

第 59 条：全员重视国家《安全生产法》，坚决落实公司《安全生产管理制度》和公司《设备事故管理制度》，年内未发生直接经济损失 5000 元以上的安全事故及设备事故，分别奖生产车间、设备环保部门主要负责人积分 100~300 分，否则分别扣生产车间、设备环保部门主要负责人和事故直接责任人积分 300 分（重大经济损失或人员伤亡事故按相关规定另行追究责任）。

第 60 条：全员重视国家《消防法》，坚决落实公司《消防管理制度》，年内未发生火警和直接经济损失 5000 元以上的火灾事故，分别奖安保后勤部门主要负责人、第二负责人积分 100~300 分，否则分别扣安保后勤部门主要负责人、第二负责人积分 200 分，扣直接责任人积分 300 分（重大经济损失或人员伤亡事故按相关规定另行追究责任）。

4. 奖分扣分权限

（1）固定积分奖分：员工固定积分奖分由诚信积分管理领导小组办公室（人力资源处）依据员工档案资料，按本办法相关条款的规定予以统计，报诚信积分管理领导小组审核确认。

（2）按规定进行扣分：员工有符合本方案扣分标准的，如考勤、请假等，由诚信积分管理领导小组办公室依据人力资源汇总的考勤考核等相关记录对该员工进行直接扣分。

（3）集体活动奖分：凡公司组织的突击性装卸、包药等劳动活动，由诚信积分管理领导小组办公室依据本办法有关条款规定对参与者进行奖分。

（4）诚信积分管理领导小组成员和各执行组长、分组长负责将所管理部门员工中发生的奖扣分事件根据本方案奖扣分标准填报“员工积分奖分意见书”或“员工积分扣分意见书”。在填报中务必坚持客观公正、实事求是，如有弄虚作假，经查实扣直接责任人积分 100 分。

（5）诚信积分管理各执行组长、分组长每月须完成 100 分扣分指标任务（扣分事件不局限本部门，可面向各部门），未完成扣分任务的差额分数，扣除该执行组长、分组长本人当月相同分数的诚信积分。

（6）诚信积分管理领导小组办公室不直接受理未经部门负责人填报和未经分线高管审核的“员工积分奖分意见书”或“员工积分扣分意见书”。

（7）车间、处室中心各部门员工发现身边发生的奖、扣分事件，应及时向本部门主要负责人反映情况，由部门主要负责人综合情况后，按照本方案规定的“奖分扣分标准”，填写“员工积分奖分意见书”或“员工积分扣分意见书”，并经所属分线高管确认、审批后，交由诚信积分管理领导小组办公室对各部门递交的奖扣分意见书进行初审、汇总，100 分以上的重点奖扣分项目要及时报总经理审批。

（8）诚信积分管理领导小组每月初 5 个工作日内集体听取诚信积分管理办公室上一个月初审汇总的奖扣分统计情况报告，对上一个月发生的奖扣分进行集体审查确认。经审查确认后的员工奖扣分结果由诚信积分管理领导小组办公室录入员工积分统计表并按月进行公示。

5. 制定激励机制

实行诚信构建积分管理，积分年年受益，终身受益，使员工中优良作风得到肯定和褒扬，好人好事做得越多，工作质量越高，精神、物质待遇就会越高。反之，就会受到贬斥，精神、物质待遇就会被拉开距离。解决了做多做少、做好做差一个样的分配上的大锅饭问题。随着积分的增加，员工的自我价值感就会提高。

（1）制定员工积分与员工年终奖金挂钩的激励机制。

员工积分与员工年终奖金挂钩办法：

1）公司根据年内销售量状况和盈利幅度，在实现上级证券公司对拟上市公司年利润额定增长储备数额的前提下，核定人均年终奖金发放数额。

2）年终奖金总额除以员工积分总数所得的商（下称“积分商”）为单位积分享受年终奖金的计算依据。

3）根据员工积分高低，从最高分往下录取员工总数的20%，该20%高积分员工的年终奖金计算公式为：积分商×该员工当年积分总分+积分商×公司员工当年平均积分×30%。

4）根据员工积分高低，从最低分往上录取员工总数的20%，该20%低积分员工的年终奖金计算公式为：积分商×该员工当年积分总分-积分商×公司员工当年平均积分×30%。

5）去除高低积分后的60%员工的年终奖金计算公式为：积分商×该员工当年积分总分。

（2）制定员工积分与员工外出旅游挂钩的激励机制。

员工积分与员工外出旅游挂钩办法：

1）公司按惯例每年组织一次员工国内旅游，凡新汇员工每年均有一次参加公司统一组织的国内旅游资格。

2）公司组织员工旅游的公费支付部分与员工积分挂钩，员工用于享受公司公费旅游的积分为当年组织旅游前的年累计积分。

3）员工公费旅游经费分为3个档次：20%高积分者享受公司一等旅游经费待遇，20%低积分员工享受公司三等旅游经费待遇，其余60%员工享受公司二等旅游经费待遇。

4）公司在适当的时候将不定期组织以员工高积分为主要条件的员工出国考察旅游。

（3）制定员工积分与员工脱产培训挂钩的激励机制。

员工积分与员工脱产培训挂钩办法：

1）对员工进行各种形式的培训，提高员工的综合素质，是公司人才队伍建设方针中“提得高”的重要措施之一。

2）员工的积分是员工取得公司公费脱产培训的重要条件。

3）按公司工作需要，公司将不定期地在高积分员工中选拔合适人员带薪脱产参加各类培训机构举办的培训班，或选送到相应的高等学府带薪脱产培训深造。

（4）制定员工积分与员工职位晋升挂钩的激励机制。

员工积分与员工职位晋升挂钩办法：

1）新汇致力为员工创造用武之地，不断为员工拓展发展空间，打造大有作为的发展平台。

2）凡新汇正式员工，均有从一般员工起步，逐步被提拔为车间班组长（部门主管、地市业务经理），车间副主任、车间主任（部门副职、部门正职、省区经理），营销中心副总经理、总经理直至公司高管的职位晋升机遇。

3）员工的积分，是员工获取职位晋升的重要条件之一。同等条件下，高积分员工将优先得到提拔使用。

（5）制定员工积分与员工评先创优挂钩的激励机制。

员工积分与员工评先创优挂钩的办法：

1）公司每年度均开展员工评先创优活动，条件成熟时将不断向国家各级部门机构推举各种荣誉称号的优秀员工。

2）公司内部评先创优和向国家各级部门机构推举各种荣誉称号的优秀员工，员工积分是重要条件。

3）公司将建立健全员工“资历层级晋升办法”，开展“新汇人、新汇骨干、新汇精英”等各个层级的评选活动，出台“购车补助、购房补助直至奖车子、奖房子”等重大奖项，对有重要和特别奉献的员工进行重大精神和物质奖励，员工的积分（含员工自参加新汇以来所创业绩）是获得公司重大精神和物质奖励的重要条件（《新汇老员工业绩评价标准》和《新汇退休员工享受诚信积分特殊津贴办法》另行规定)。

(六)操作流程

(1)制作统一规范的各个流程的"诚信构建积分管理表格"(附相关 9 个样表)。

附表 1 湖南新汇制药股份有限公司积分管理人员花名册

部门名称	姓名	工作岗位	积分起始时间	备注

附表 2 湖南新汇制药股份有限公司员工固定积分评定表

部门名称	员工姓名	固定积分项目					合计
		学历	特长	职位	职称	岗位	

附表 3 湖南新汇制药股份有限公司员工积分奖分核定表

部门名称	积分对象	奖分理由		建议奖分数
奖分提名人		奖分依据		
积分管理办公室意见				核定奖分数

附表 4 湖南新汇制药股份有限公司员工积分扣分核定表

部门名称	扣分对象	扣分理由		建议扣分数
扣分提出人		扣分依据		
积分管理办公室意见				核定扣分数

附表 5 湖南新汇制药股份有限公司员工月度积分统计表

____年____月____日至____月____日

部门名称	员工姓名	本月积分状况			排名状况	
		获奖分	被扣分	本月积分	部门	公司

附表 6　湖南新汇制药股份有限公司员工年度积分统计表

____年____月至____月（分季度统计）

部门名称	员工姓名	本年度积分状况					排名状况	
		1~3 月	4~6 月	7~9 月	10~12 月	全年累计	部门	公司

附表 7　湖南新汇制药股份有限公司员工累计积分统计表

____年至____年（分年度统计）

部门名称	员工姓名	2014~2017 年积分状况					排名	
		2014	2015	2016	2017	4 年累计	部门	公司

附表 8　湖南新汇制药股份有限公司员工积分奖分意见书

被提名人		所在部门		提名人	
奖分意见					
建议奖分	部门领导意见：	年　月　日			
	分线高管意见：	年　月　日			

附表 9　湖南新汇制药股份有限公司员工积分扣分意见书

被提名人		所在部门		提名人	
扣分意见					
建议扣分	部门领导意见：	年　月　日			
	分线高管意见：	年　月　日			

（2）制作两个“积分管理奖扣分意见书投递箱”（设置在公司大厅和餐厅适当位置）。

（3）制作统一规范的面值不同的“诚信构建积分奖分券”。

（4）启动“积分管理软件”，建立电子积分档案。

（5）每周一各积分管理执行小组进行本小组员工奖扣分公示。

（6）每月初公司积分管理领导小组办公室对前一个月的全员积分管理奖扣分进行公示。

（7）每季度举行一次员工娱乐聚会，开展丰富多彩的有奖文化娱乐活动，开展当月积分管理奖分抽奖等活动。

（8）适时进行员工积分与公司精神、物质待遇挂钩活动。

（9）本方案于 2012 年 5 月至 8 月试运行，经修订后于 2014 年 2 月 7 日起正式实施。

（10）本方案由湖南新汇制药股份有限公司诚信构建积分管理领导小组最终解释。

附录 4　负面清单示例

附表 1　质量管理处 2014 年度工作负面清单

系统：质量管理处　　　　填报人：　　　　填报时间：2014 年　8 月 8 日

序号	负面名称	分项序号	负面因素内容及负面影响范围、程度	类别	产生原因	责任人（单位）
一	生产检验	1	未完成每月销售、生产计划和临时增补计划任务所需物料、产品的检验任务，影响了销售发货，最终影响公司目标的完成	A	工作能力差	质量总监、质量管理处处长
		2	未做好留样、稳定性考察样品的储存、检验工作。影响了产品出库后的质量跟踪。对市场上的产品质量无法掌控	B	责任心不强	质量总监、质量管理处处长
		3	未做好饮片车间的检验工作、报告单发放不及时。影响了饮片的销售发货。最终影响公司饮片销售目标的完成	A	责任心不强	质量管理处副处长及饮片 QA 主管
		4	未做好饮片成品留样样品的储存、检验工作。影响了饮片出库后的质量跟踪。对出厂后的饮片质量无法掌控	B	责任心不强	质量管理处副处长及饮片 QA 主管
		5	检验报告单、原辅料及成品放行单不能按时发送，台账不能及时完善，放行未起到实效，影响公司各部门衔接调度，影响公司生产销售	B	责任心不强	QA 主管、QA
		6	中药材、包材、辅料使用前未严格执行验收、取样、检验、储存、放行 GMP 管理规程，质量未得到有效把关。原辅料、包装材料把关不严。造成检验不具有代表性，造成产品质量不合格，影响产品质量，影响销售。造成被抽检存在很大风险	B	工作能力差、责任心不强	QA 主管、QA
		7	未及时跟进原辅料、包装材料、成品检测情况，未在检测周期内开具成品报告单，影响公司各部门的衔接调度，影响生产及销售发货	A	责任心不强	QC 主管、QC
		8	未与 QA 及时做好样品接洽工作，未及时分配样品及检验记录，造成检验不及时，耽误车间生产，影响销售发货	B	工作能力差、责任心不强	QC 主管

续表

序号	负面名称	分项序号	负面因素内容及负面影响范围、程度	类别	产生原因	责任人（单位）
一	生产检验	9	未及时核查样品检出批次，未督促QC在规定的检测周期内完成样品检验和报告（检验不合格未及时报告）导致不合格产品及物料流入下道工序，影响产品质量	B	责任心不强、管理水平差	QC主管
		10	未及时解决及汇报检验室检验过程中出现的突发情况及不合格的检品，耽误了供应处的物料供应，耽误了车间生产，影响产品质量，导致产品不能及时发货	B	工作能力差	QC主管、QC
		11	检验错误、未认真审核检验结果，对试验边缘数据、超常规、超标结果未及时汇报，影响产品质量导致产品不能及时销售出库	B	工作能力差、责任心不强	QC主管、QC
二	GMP日常管理	1	未按GMP“一二三四”工程每月参与现场检查并有记录；未督促相关部门处室，按要求整改到位。未监督新版GMP的正常开展及严格执行。造成日常GMP执行不规范，影响GMP的执行及持续改进。影响公司的基础管理	A	工作能力差	质量总监、质量管理处处长
		2	实验室检验仪器不能正常运行，因设备问题而影响检验。造成检验不及时，影响销售发货	C	责任心不强	质量总监、质量管理处处长
		3	规范质量管理中试剂、标准品、培养基、玻璃仪器等的管理工作并未严格执行，造成日常GMP执行不规范，影响GMP的执行及持续改进，影响公司的基础管理	B	工作能力差、管理水平差	质量总监、质量管理处处长
		4	定期对质量控制实验室进行自查，并对缺陷项目进行整改到位，造成日常诚信考核及GMP执行不规范，影响GMP的执行及持续改进。影响公司的基础管理	B	管理水平差、责任心不强	质量管理处处长
		5	对饮片生产现场物料的摆放、状态标识的填写、清场情况的检查不到位，导致生产现场不规范，影响GMP的执行及持续改进，造成产品混淆与差错的风险	A	工作能力差	饮片QA主管、QA
		6	对饮片车间QA日常监控情况、饮片QC工作情况进行监督检查不到位，导致车间质量信息反馈不及时，影响车间的生产	C	管理水平差、工作能力差	质量管理处副处长及饮片QA主管
		7	未及时对饮片产品批记录（生产、包装及检验、发运）进行审核整理和归档，未做好各种台账和报表及相关物料的审核放行。造成日常GMP执行不规范，影响GMP的执行及持续改进	B	责任心不强、工作能力差	质量管理处副处长及饮片QA主管
		8	未做好饮片相关的偏差管理，变更管理、CAPA（纠正与预防措施）、质量回顾等工作，影响GMP的执行及持续改进	C	责任心不强、工作能力差	质量管理处副处长及饮片QA主管

续表

序号	负面名称	分项序号	负面因素内容及负面影响范围、程度	类别	产生原因	责任人（单位）
二	GMP日常管理	9	对中药饮片仓库检查力度不够，导致仓库管理员对药材及饮片的养护工作不及时不到位，影响饮片的质量	B	管理水平差、责任心不强	饮片 QA 主管、QA
		10	QA 监督检查不到位，把关不严，卫生等不符合要求，仓库、车间、检验室部分异常操作行为未能及时制止及改进。员工操作行为未能及时规范，影响 GMP 的执行及持续改进，造成产品污染等产品的质量事故	C	管理水平差、工作能力差	QA 主管、QA
		11	纯化水系统、空调系统未实际有效地监控，流于形式。造成洁净区的水、环境系统微生物不合格，影响产品的质量	C	责任心不强	QA 主管、QA
		12	供应商资质审核、文件修订，生产、检验的变更及异常未及时启动偏差及变更程序，形成事后补记录的现状。造成 GMP 执行不规范，影响 GMP 的执行及持续改进	C	责任心不强	QA 主管
		13	月审计不合格条款未按要求整改到位，或整改停留在记录层面，新版 GMP 未得到真正有效的运行。造成 GMP 执行不规范，影响 GMP 的执行及持续改进	B	工作能力差、责任心不强	QA 主管、QA
		14	验证未按实际要求操作，停留在记录层面。造成 GMP 执行不规范，影响公司的 GMP 的持续开展及改进。造成产品的工艺在执行过程中存在差异，影响产品的质量	B	工作能力差、责任心不强	QA 主管、QA
		15	未积极配合本部门的每周检查、公司的月审计工作，导致出现缺陷项目，影响 GMP 的执行及持续改进	B	工作能力差、责任心不强	QC 主管
		16	未能及时处理实验室不能正常运行的检验仪器，导致设备问题而影响检验。造成检验不及时，影响车间生产，影响销售发货	C	责任心不强	QC 主管
		17	未按照质量管理中试剂试液、标准品、培养基、玻璃仪器、校准管理等的要求执行。造成日常 GMP 执行不规范，影响公司的 GMP 的持续开展及改进	B	执行能力差	QC 主管、QC
		18	记录不及时，未认真复核每批次检验记录，建立各类数据电子台账，做好检验结果趋势分析，导致检验记录出现错误及缺陷，造成日常 GMP 执行不规范，影响公司的 GMP 的持续开展及改进	B	责任心不强	QC 主管、QC

续表

序号	负面名称	分项序号	负面因素内容及负面影响范围、程度	类别	产生原因	责任人（单位）
二	GMP日常管理	19	未按时完成“制定和修订检品检验标准操作规程及检验原始记录”的工作，造成检验结果不能及时填写，导致检验记录及报告单不能及时发放，影响车间生产	C	工作能力差、责任心不强	QC主管、QC
		20	未及时记录QC室超标、超常规、偏差调查。未能预防及纠正，导致产品检验出现偏差，影响产品质量	B	工作能力差、责任心不强	QC主管、QC
三	成本控制	1	未完成成本控制目标，未完成公司年度质控厂币及外协厂币总额不超生产值的0.22%的目标。造成检验成本浪费，影响公司的利润	B	工作能力差、责任心不强	质量总监、质量管理处处长
		2	未控制采购计划，导致公司每月及年度质控厂币及外协厂币超过生产值的0.22%。造成检验成本浪费，影响公司的利润	B	工作能力差	QC主管
		3	未完成办公用品的每月核定的费用目标，造成办公用品浪费，影响公司的利润	C	工作能力差	QA主管
四	产品质量	1	物料、产品质量检验结果不真实、不准确；产品合格率未达到100%。未及时处理外部质量投诉。影响产品的质量，最终影响销售。给公司造成经济损失	A	工作能力差、责任心不强	质量总监、质量管理处处长
		2	中药材、饮片质量检验结果不真实、不准确；产品合格率未达到100%。未及时处理外部质量投诉。影响产品的质量，最终影响销售。给公司造成经济损失	A	责任心不强	质量管理处副处长及饮片QA主管
		3	产品抽检不合格，发生产品质量投诉，影响公司形象并给公司造成巨大经济损失	A	工作能力差、责任心不强	质量总监、质量管理处处长
五	团队管理	1	未做好本部门月度绩效考核的过程管理、公示及兑现。造成绩效考核流于形式，影响团队的工作效率，造成管理松散，影响公司基础管理	C	组织水平差、管理水平差	质量总监、质量管理处处长
		2	未做好本部门（饮片QA、QC）员工月度绩效考核。造成绩效考核流于形式，影响团队的工作效率，造成管理松散，影响公司基础管理	C	组织水平差、管理水平差	质量管理处副处长及饮片QA主管
		3	对QA月度绩效考核的过程未公示，未及时组织会议及培训，造成QA对新要求、新标准较难接受，岗位职责不明。影响团队的工作效率，造成管理松散，影响公司基础管理	C	组织水平差、管理水平差	QA主管
		4	未保证本处室QC队伍基本稳定、运行正常。造成人员流动频繁，工作质量不稳定，人才培养资源的浪费。影响团队的工作效率，造成管理松散，影响公司基础管理	C	组织水平差、管理水平差	QC主管

续表

序号	负面名称	分项序号	负面因素内容及负面影响范围、程度	类别	产生原因	责任人（单位）
五	团队管理	5	违反通用工作标准，上班迟到、早退、不穿工作服，卫生打扫及定置管理不合格，工作态度敷衍、随意，影响公司的团队精神，影响公司的形象	C	工作能力差、责任心不强	质量管理处全部人员
六	PSUR 工作	1	未完成产品的 PSUR 报告的撰写（定期安全性更新报告），不良反应数据收集不全，影响产品的再注册	C	责任心不强	质量管理处处长、QA
七	其他	1	未能完成领导交办的任务，影响领导的整体调度和安排	C	工作能力差	质量管理处全部人员

说明：①本表“负面名称”是指将负面因素分门别类；②本表“负面因素内容及负面影响范围、程度”是指存在的负面因素和可能涉及的部门或人群以及这种负面因素可能造成的一般影响、严重后果甚至恶果；③本表“类别”是指负面影响有可能产生的“致命性（决定性）、严重性（可缓和性）、一般性影响”后果，依次用“A、B、C”表示；④本表于 8 月 8 日（星期五）上午 8：00~9：00 用电子文档形式报办公室。

附录 5　湖南新汇制药股份有限公司《“一二三工程”战略目标》

公司于 2002 年 7 月在收购原破产企业湘民制药厂的基础上注册成立。由于各种原因原湘民制药厂的破产清算 2009 年才终结，跨时 10 年之久，期间经受了各种波折，于 2011 年 5 月基本结束了产权归属，2012 年结束了职工安置和资产处置等一系列重大问题。现在公司可专心研究生产经营和制定发展战略，根据公司现有条件，制定公司 10 年发展规划。从 2011 年到 2020 年前实现“一好、二多、三高”的战略目标。简称“123 工程”。战略目标确定后，需要公司全员统一认识、坚定信心、坚持不懈地努力实现。具体“123 工程”的内涵为：2020 年前实现“一好、二多、三高”的战略目标，简称“123 工程”，即“一好”：公司效益好；“二多”：一是公司主打产品专利多，二是公司销售市场渠道、终端网络多；“三高”：一是公司主打产品附加值高，二是员工队伍综合素质高，三是员工福利待遇高。

一、“一好”的内涵

从 2011 年起，计划至 2020 年，公司基本实现现代经济标准（即一是实现公司股票上市，证券融资，生产经营与资本经营并举，进入发展快车道。二是实现主打产品关键核心技术属世界前沿技术，拥有完全知识产权）。公司（集团）实现年销售收入 5 亿元以上（其中公司品牌产品占年销售收入 1 亿元以上的 1~2 个），年上缴国家税收 3000 万元以上，年利润 5000 万元以上（含）。在 2011 年销售收入 5000 万元的基础上增长 10 倍，为国家多做贡献。

二、“二多”的内涵

一是公司产品专利多。主要是指公司主要产品（HE）药用菌丝体、6 类复方新药、5类新药、Ⅰ类抗癌新药（猴头健胃灵胶囊（片）、九味肝泰胶囊（片）、蛇胆川贝枇杷膏、滋肾健脑液）专利多。主要以新型（HE）药用菌丝体和主打产品猴头健胃灵胶囊（片）为主，形成较完善的产业链和专利链。从新型（HE）药用菌丝体培养过程，应用生物学、基因工程技术、生物双向固体发酵技术、生物发酵培养放大技术、过程优化技术，到无菌控制和无菌对接在线检测制剂技术等产业链上，分别在各环节关键核心技术上申请多项专利，其中：

（1）新型（HE）药用菌丝体（双向固体发酵）培养过程的核心技术专利：从子实体选种（菌）（一级）培养核心技术、母种（二级）培养核心技术、原种（三级）培养核心技术、栽培种（四级）培养核心技术、二次培养提高转化力技术。在以上从子实体到获得药用菌丝体四级培养过程的各环节中，结合所采用的生物转化基因工程技术、固体双向发酵技术、过程优化技术、无菌控制、无菌对接等关键核心技术申请专利20个以上。

（2）新型（HE）HTJ药用菌丝体药用活性成分及质量标准专利：公司拟在10年内开发出5~10种菌丝体。新型（HE）药用菌丝体因其生产过程采用发酵基质与多种营养基质并掺用中药材药性基质组成发酵组合，经双向性固体发酵，实现中药材二次（生物转化）开发，即获得多种药用菌丝体，该类药用菌丝体中含有多种活性药用成分，其中有提高免疫功能的各种氨基酸、维生素，有助消化的纤维素酶，有多糖、多肽、消炎杀菌、抗肿瘤等药性成分。公司有生产该药用菌丝体的培养技术和成熟经验，且能工业化批量生产，其药用活性成分均衡稳定。因此，将该药用菌丝体作为药材并制定标准，申请收载于2015年版《中国药典》，将其中的各种药用成分质量标准及鉴别和检测方法分别申请40个以上专利。

（3）采用新型（HE）HTJ药用菌丝体为主（君）药，开发6类复方新药，申请专利5个。

（4）采用新型（HE）HTJ药用菌丝体经分离、提纯后，开发5类新药，申请5个以上专利。

（5）采用新型（HE）HTJ药用菌丝体经筛选、分离、提纯，再进行药理基础理论研究，确定靶向的基础上，开发Ⅰ类抗癌新药，在各环节中分别申请专利20个以上。

（6）原有猴头健胃灵胶囊（片）产品质量标准提升，二次开发和工艺创新申请10个以上专利。

（7）九味肝泰胶囊（片）从处方保护、制剂加工、工艺创新、标准提升、检测方法等各环节的关键技术申报专利约 10 个以上。

（8）公司还有 60 多种不起眼的普药。在国家重视提升老产品标准的背景下，通过制剂工艺创新、提升标准、检测方法等创新，提高产品的安全有效性，从而使老产品焕发新的光彩。如公司蛇胆系列（蛇胆川贝枇杷膏、蛇胆川贝液、三蛇胆川贝糖浆等），该类产品只要在主要成分（君）药蛇胆汁的成分鉴别、保存、在线检测方法上有创新突破，就可以将不起眼的小产品创新提升为“重磅炸弹”。类似这一思路，也可以在其他不起眼的普药产品上进行技术创新和申报专利。因而技术创新潜力巨大、空间广阔。计划在各类产品中有选择性地实施二次开发 2~3 个产品，在 2011 年已有专利 10 个的基础上，到 2020 年实现公司各类专利超 100 个，也增长 10 倍。

二是公司销售市场渠道，终端网络多。根据我国医改政策发展趋势和我国国情，综观世界各国医药市场格局，药品销售市场分为“三线”业务。“一线”（主流）业务市场为我国二三甲医院（含公立、私立），“二线”业务市场为（基层）医疗机构，即乡镇卫生院、社区卫生服务中心、村级卫生室。根据我国特色，农村人口多，地域广，目前实施的“基本药物”政策短时期内将会持续，即便政策调整，但该线业务市场永远存在，不会改变。“三线”业务市场为 OTC 市场和各类小诊所。我国零售药店和小诊所遍布城乡，从省会城市、地（市）城市到县（市）区街、乡镇、村级都设有大小不等的零售药店和诊所，药店又分类为（OTC）连锁店、加盟药店、单体药店。根据以上“三线”业务，随着国家医改政策的推进和市场经济的规律，为方便百姓买到药物，该线业务不可忽视。

依据我国行政区划设有 33 个省（市）计算，除台湾、香港、澳门地区以及西藏、新疆外，还有 28 个省（市）。公司应在较发达的 18 个省（市）（包括：北京、河北、山西、上海、江苏、浙江、安徽、福建、江西、山东、河南、湖北、湖南、广东、广西、重庆、四川、陕西）建立自己的销售渠道网络和终端网络。在 2020 年实现销售建有渠道网络 2215 家，其中：“A6 以”模式“一线”业务省（市）级经销配送商 52 家，地（市）级分销配送商 172 家；“基药”模式“二线”业务，省（市）级一级经销配送商 36 家，地（市）级分销配送商 414 家，县（市）级配送商 1277 家；“B6 以”模式“三线”业务（OTC）连锁省（市）级 54 家，地（市）级 210 家。

在2020年前实现销售建有终端网络341505家，其中："A6以"模式"一线"业务省（市）级终端131家，地（市）级终端546家，县（市）级终端2550家；"基药"模式"二线"业务，乡（镇）卫生院终端26060家，村卫生室终端303140家（注：随着新医改的深化，未来基本药物会覆盖省（市）、地（市）、县（市）二甲、三甲医院，因此"基药"终端网络会更多）；"B6以"模式"三线"业务省（市）级（OTC）终端2710家（店），地（市）级（OTC）终端1260家（店），县（市）级（OTC）终端5108家（店）（详见《2020年实现全国省（市）"一、二、三线"业务渠道、终端网络建设计划表》）。

三、"三高"的内涵

（一）公司主打产品附加值（科技含量）高

公司从猴头健胃灵胶囊（片）提升标准和建药用菌丝体工程中心起步，依托该产品和工程中心，以提升现有产品的质量标准，实施工艺创新，提高科技含量为基础，根据不同的药用成分开发15~20个生物药用菌丝体，实现中药二次（生物转化）开发。并在此基础上对药用成分不同的菌丝体进行筛选、分离、纯化、开发5~8个6类、5类和2~3个1类生物技术新药，为人类的健康事业作出更大的贡献，让更多消费者明白"享受未来，新汇制药"的真谛。到2020年公司实现拥有10~15个具有完全知识产权、高附加值（高科技含量）的特色产品，占公司年利润5000万元的70%以上目标，使公司产品在增加经济效益的同时，实现产品社会效益最大化。

（二）员工队伍综合素质高

员工队伍综合素质高体现在如下四个主要方面：一是文化（企业文化）素质，二是业务素质，三是思想素质，四是身体素质。公司是在收购原破产企业湘民制药厂的基础上注册成立的。原湘民制药厂属国有企业，因为管理不善，在产品市场机会很好的条件下，企业却长期亏损。员工无住房（住工棚、"四合院"、挤占"办公楼"），连员工集资建房款也被挪作他用，员工队伍中的大多数人很可怜，值得理解和同情。但由于历史的原因，员工在思想观念、市场意识、企业管理上都需要一个漫长而痛苦的适应市场竞争的过程。

从2002年至2012年的10年间，公司主要任务是稳定人心。严格管理，适应市场竞争的理念与突出稳定滞后于市场竞争的意识进行磨合，这一磨合的结果也是“双向”的结果。因而在提高员工队伍整体素质方面，需要重起炉灶另开张，特别是要建立具有新汇特色的企业文化：提高员工企业文化素质，一是物质文化，二是制度文化，三是精神文化。只有公司文化氛围形成并渗透到员工灵魂深处，才能产生与公司共命运的使命感和责任感。

也因为历史的原因，在提高员工队伍综合素质方面，应面对现实，采取分类、分阶段组织实施。

按员工类别分为两大类：一是经历过国企改制或计划经济的原有老员工；二是新聘的年轻80后和90后的员工。

按员工整体团队分类为：一是中高层管理团队；二是技术创新团队；三是营销团队；四是各类管理人员和生产员工团队。

分阶段：员工队伍综合素质提高需要一个过程，分阶段实施。

第一阶段，也就是第一个3年，即2012~2014年，是解决公司提高本行业（制药）适应能力问题和解决基础管理问题，提高员工队伍按国家修订的新版GMP标准和管理制度，组织生产经营的意识和知识问题。扎实推进公司文化建设，在公司已经形成行之有效的公司文化基础上，进一步建立和完善夯实具有新汇特色的十大管理体系，即诚信制度建设和诚信考核体系；高管人员诚信准则考核体系；社会责任关爱残疾人管理制度体系；技术创新走产、学、研管理体系；产品市场营销（模式）管理体系；质量保证GMP“一二三四”工程管理体系；财务劳资成本（结算中心）控制体系；人力资源12字管理体系；各类计划衔接、绩效考核、奖罚公示兑现管理体系；安全生产标准化（含消防安全）、行政后勤、环境卫生管理体系。经过3年公司制度文化建设和以上具有新汇特色的十大管理体系培训、学习，员工队伍中的老员工在思想观念上增强了市场竞争意识，新聘的80后和90后的员工，主要是人生价值观的改变、爱岗敬业、工作勤奋努力，确立了正确的人生核心价值和参与市场竞争的适应能力。员工队伍的企业文化素质和业务素质有明显的提高。

第二阶段，2015~2017年，是公司对本行业认识提高进一步夯实基础管理的3年。提高员工队伍（包括中高层）对世界全球经济经历了欧债危机和美国的财政悬崖后形成的经济新秩序及新技术，国家推行新医改政策对本行业的影响的认识和如何适应的问题。认识到并能做到：一是中高管团队适应了“一引入，二讲究”的竞争机制（即引入“竞争机制”，讲究“德才兼备、任人唯贤”），确立并能做到“能吃苦、肯负责、会管理、要求严、标准高”的15字标准，特别是高管人员念好“四字经”：“强、多、好、高”，即工作责任心比员工强，创造价值比员工多，执行制度比员工好，工作能力比员工高。二是技术创新团队显示出了突出专业技术、爱岗敬业、多出成果的发展势头，有3~5个6类、5类新药获临床批件或进入临床阶段。三是营销团队正确地确立了“道德底线、商业心态”，规范职业行为，健康持续做销售事业。四是各类管理人员和生产人员普遍奉行“社会负责”、“爱我新汇”、“诚信制药”、“不出差错”。员工队伍在社会上到处都显示出新汇人“有信念、有能力”，基本形成了“生产放心药品，诚对天下苍生”的人生核心价值精神境界和新汇形象，员工队伍思想素质有显著提高。

第三阶段，2018~2020年是公司各项工作见成效的3年。公司形成了较为完整的企业文化（即物质文化、制度文化和精神文化），公司员工队伍整体素质得到全面提高，形成了完善的各类高素质适应公司发展需要的人才队伍梯队，造就了较为完整的各类高素质的员工队伍。主要标志：一是员工认同公司文化，懂得市场竞争核心因素，不仅能念好“转变观念，适应市场；加班加点，满足市场；加快节奏，不误市场；不计得失，心想市场；团结协作，抢占市场”的《市场经》，并能自觉履行。员工队伍对公司发展有强烈的使命感和责任感。二是技术创新成果显著，在行业中形成了拥有完全知识产权的新汇特色产品，实现了主打产品专利多。三是销售业绩优良，实现了公司销售渠道、终端网络多。四是基础管理扎实，形成了销、供、产、人、财、物良性发展。技术创新、市场开发和市场维护、市场竞争核心能力优势明显。

（三）员工福利待遇高

随着公司的发展，不断提高员工的福利和待遇是我们办公司的出发点，也是落脚点。公司创始人与公司员工有着极具深刻意义的感情。在前第一个五年计划中，公司发展特别困难，期间由于员工们的理解和支持，公司“人心不散，制度不乱，信念不变”，使公司奇迹般地生存下来了，这段历史我们永远不会忘记。在公司不断发展的前提下，逐步改善和提高员工的福利和待遇，以2011年为基础，到2020年（预计公司员工600~1000人）人均工资待遇年收入达8万元以上，各类福利（含奖金）年人均2万元，实现人均年收入翻一番。

参考文献

[1]《诚信的文化属性》，百度文库，上传时间：2010 年 5 月 30 日。

[2] 刘克平：《企业诚信文化与企业核心竞争力》，百度文库，上传时间：2010 年 9 月 16 日。

[3] 郑延：《诚信文化与企业核心竞争力》，道客巴巴，上传时间：2012 年 9 月 20 日。

[4] 黄海艳、朱永新：《企业诚信文化与核心竞争力之关系研究》，万方数据，在线出版日期：2007 年 3 月 8 日。

后　记

我于1970年参加企业工作，从事企业管理迄今已有45年。创建和管理安塑股份有限公司（A股上市公司）、湖南新汇制药股份有限公司两家大中型企业，是我企业生涯中的两个重要阶段。《企业管理实战谋略》一书，收录了我在这两个时期分别研究创造的“资本增效目标管理法——企业内部市场化管理创新”和“诚信构建统筹管理——企业诚信文化建设与管理创新”两种不同方式的企业管理办法，现已编辑成册并将付梓问世。24年如一日，我在实践中摸索、总结的这两种管理方法即将与广大读者分享，将接受时代曙光的洗礼和有识之士的审阅，我为之感到欣慰。

今回首，上述两种管理办法的形成，都与其时代背景即我国经济社会发展的潮流密切相关。新中国成立后，我国计划经济根植于国民经济的沃土，十一届三中全会后开始酝酿经济体制改革，到1987年党的十三大时，经济体制改革取得重大突破。我于1990年出任安塑厂厂长，欲进行内部分配制度改革。当时物质条件虽然短缺，但厂里的统一分配制度保证了工人的基本生活，工人感到满足，推进改革有障碍。直至1992年党的十四大明确提出建立社会主义市场经济体制目标后，厂里进行改革才有了明确的大环境，于是安塑的“资本增效目标管理法”模式应运而生；2002年组建新汇制药后，我深感药品生产对人类的健康乃至生命至关重要，我就把“诚信”列入公司的经营理念，但大环境不怎么给力，人们对市场经济本质理解有差异，使得“为人民服务”的奉献精神有所淡化，有的企业片面追求经济效益而损害消费者利益的事端此起彼伏，制药企业药害事件频频发生，严重威胁着人们的身体健康和生命安全。2006年中央提出了“社会主义核心价值体系”概念，把“诚信”纳入我国《公民道德建设纲要》，确立为建设社会主义核心价值体系的道德规范之一。2007年湖南省食药局开始在全省药品生产系统推行诚信构建工作，为企业诚信经营造就了大环境，于是新汇的

“诚信构建统筹管理”模式应时而生。

该两种管理办法以人为本，吻合了时代的主旋律，与国家经济社会发展宏观导向的步子合拍且容易操作，经实践检验产生了良好的经济效益和社会效益，分别得到国家和湖南省人民政府相关部门的大力推介，其中“资本增效目标管理法——企业内部市场化管理创新”1996 年获湖南省企业管理现代化创新成果一等奖和全国企业管理现代化创新成果二等奖，“诚信构建统筹管理——企业诚信文化建设与管理创新”2015 年获湖南省企业管理现代化创新成果一等奖。

古今中外，管理有方的成功企业比比皆是，企业管理的成功人士层出不穷，企业管理的理论书籍文献浩如烟海，而本书从企业管理实战谋略的角度出发，把握时代脉搏，紧贴企业实际，从安塑股份有限公司和湖南新汇制药股份有限公司两家企业的实际管理需要着手，运用“资本增效目标管理法”和“诚信构建统筹管理”办法管理这两家企业，收到了立竿见影的管理效果：即运用“资本增效目标管理法”，把市场经济规律及社会市场化运作模式引入企业内部，把“市场”搬进了企业内部，使一个偏远山区的县办塑料小厂发展成国家大型二档工业企业；运用“诚信构建统筹管理”办法，把诚信文化理念融入企业的各项管理工作，使一个破产倒闭的、以残疾人员为基本队伍的中型企业在激烈的市场竞争中不断走向辉煌。

本书的编辑出版，得益于与我多年来朝夕相处，在安塑股份有限公司、湖南新汇制药股份有限公司共同工作的管理团队和员工朋友，特别是我在研究制定和实施“资本增效目标管理法”、“诚信构建统筹管理”办法的过程中，曾经多次与我的高管团队共同商榷，使这两种管理办法不断得到完善和提升。本书的编辑出版和推广发行，得到了经济管理出版社以及各地新华书店的高度重视、精心指导和大力支持，使本书如期与广大读者见面，但愿成为企业管理者求真务实的补益。

值本书出版之际，谨向关心和支持本书编辑出版发行的所有领导和同人致以衷心的谢意。因本人注重实际，虽在企业界工作 40 多年，但因多次改行，仅凭多年管理实践和乐于奉献的满腔热情，书中内容与企业及各界大方之家有关企业管理学术理论相比有很大程度的局限性，仅供业内友人和有兴趣的读者朋友在企业管理运营中参考，不足或谬误之处，望不吝赐教，容先拜谢。

作　者

2015 年 7 月